婴幼儿照护类专业系列教材

U0854582

0～3岁
婴幼儿家庭教育与指导

主　编／吴晓丹
副主编／王　婷　王雪娇
编　者／刘　婷　于文哲

北京师范大学出版集团
BEIJING NORMAL UNIVERSITY PUBLISHING GROUP
北京师范大学出版社

图书在版编目（CIP）数据

0～3岁婴幼儿家庭教育与指导/吴晓丹主编. —北京：北京师范大学出版社，2022.9（2025.7重印）

ISBN 978-7-303-28170-1

Ⅰ.①0… Ⅱ.①吴… Ⅲ.①婴幼儿－家庭教育－教材 Ⅳ.①G781

中国版本图书馆CIP数据核字（2022）第178419号

出版发行：北京师范大学出版社 www.bnup.com
北京市西城区新街口外大街12-3号
邮政编码：100088

印　　刷：三河市兴达印务有限公司
经　　销：全国新华书店
开　　本：787 mm × 1092 mm　1/16
印　　张：16.25
字　　数：300千字
版　　次：2022年9月第1版
印　　次：2025年7月第2次印刷
定　　价：49.80元

策划编辑：王　超　　　责任编辑：肖　寒
美术编辑：焦　丽　　　装帧设计：焦　丽
责任校对：张亚丽　包冀萌　　　责任印制：赵　龙
封面插图：何若溪

前言

家庭作为社会基本的组成单位，是婴幼儿最初受教育的场所，父母是孩子的第一任老师，也是孩子的终身老师。家庭是婴幼儿认识和走向世界的起点，家庭为其身心健康发展提供了必要的条件。我国有着重视家庭教育的悠久历史和浓厚的文化氛围，当下，社会对婴幼儿家庭教育的重视程度不断加深，2021 年 10 月 23 日颁布的《中华人民共和国家庭教育促进法》更是将家庭教育由“家事”上升为“国事”。习近平总书记在二十大报告中也指出：弘扬中华传统美德，加强家庭家教家风建设。

家庭为人一生的发展与生活涂上了抹不去的底色，因此，原生家庭的重要性越来越受到大众的关注。然而，自发的家庭影响并不等同于家庭教育，父母也不是天然的人生导师。很多家长，特别是新手家长迫切需要了解如何优化家庭建设，怎样取得家庭影响在科学轨道上转化为家庭教育的正效应。本书以此为视角，为家长提供家庭教育的规范化依据。

很多家长对于早期教育存在片面认识，认为 0～3 岁的婴幼儿什么都不懂，不需要教育，只要保证他们健康生长即可；也有一些家长相信“不能输在起跑线上”的论调，不切实际地对婴幼儿进行灌输教化，过早让孩子学习不适于其年龄的知识和技能，走向了儿童全面发展的反面。本书以“培养德智体美劳全面发展的社会主义建设者和接班人”为出发点，遵循 0～3 岁婴幼儿身心发展规律，围绕构建全方位立体化的教育和照护体系组织内容。

本书在内容上力求体现科学性、时代性和实践性的特点，吸收并融合了先进的早期教育理论，编写人员长期深入早期教育机构（含托育机构），观察 0～3 岁婴幼儿的行为表现及其家庭教养方式，掌握了大量第一手资料。编写中突出实用性和操作性，在形式上，力求体现直观性、生动性和互动性的特点，将纸质文本与多媒体技术相融合，使内容更简明易懂、深入浅出、生动活泼。本书既可作为学前教育专业教材，又可供早期教育从业者和婴幼儿家长实践参考。

本教材由吴晓丹教授担任主编，负责设计整体架构，把握教材定位与风格，进行全书的统稿。具体分工为：于文哲负责编写单元一，刘婷负责编写单元二、单元六、单元八，王婷负责编写单元三、单元四、单元五，王雪娇负责编写单元七和单元九，吴晓丹和王婷共同负责编写单元十。编写中，我们参考、引用、借鉴了许多国内外同行的最新研究成果和同类书籍，在此表示感谢；同时感谢于晓晴编辑，她以专业的素养给予了我们大量支持和深入指导，也鼓舞了我们以创新性视角编写本教材的勇气。

本书编写历时三年有余，几易其稿，其间艰辛难以言表。虽然编者们充分研究与创新，及时将国家重要的政策文件如《中华人民共和国家庭教育促进法》《育婴员国家职业技能标准》《国务院办公厅关于促进3岁以下婴幼儿照护服务发展的指导意见》等的精神纳入了教材，但因水平有限，书中难免存在疏漏，恳请广大读者批评指正，以便我们完善和补充。

编者

目 录

单元一　0～3 岁婴幼儿家庭教育概述

导言

家庭是人生的第一个课堂，家长是孩子的第一任老师，也是孩子的终身老师。原生家庭对婴幼儿的深刻影响会伴随他们一生，并辐射到生活的方方面面，家长及其他抚养人是否具有科学的教育理念直接影响其教育行为恰当与否。为了发扬中华民族重视家庭教育的优良传统，引导全社会注重家庭、家教、家风，增进家庭幸福与社会和谐，培养德智体美劳全面发展的社会主义建设者和接班人，2021 年 10 月 23 日第十三届全国人民代表大会常务委员会第三十一次会议审议通过了《中华人民共和国家庭教育促进法》。该法明确了“家庭教育以立德树人为根本任务”，对我国的家庭教育进行了科学、直接的引导与规范。为促进学龄前儿童全面健康成长，家长有必要掌握科学的 0～3 岁婴幼儿家庭教育的相关理论知识。通过本单元的学习，读者可以对 0～3 岁婴幼儿家庭教育的内涵与特点形成较为全面的认识，建立起关于婴幼儿家庭教育初步的、科学的观念，为之后的学习奠定基础，并有利于将相关理论应用于实践，拓宽视野。

学习目标

1. 了解 0～3 岁婴幼儿家庭教育的内涵，领会婴幼儿家庭教育的特点。
2. 理解 0～3 岁婴幼儿家庭教育的功能。
3. 明晰 0～3 岁婴幼儿家庭教育的影响因素。
4. 了解 0～3 岁婴幼儿家庭教育的相关理论。

内容导览

- 单元一　0～3岁婴幼儿家庭教育概述
  - 任务一　家庭教育的内涵
    - 一、婴幼儿家庭教育的含义
    - 二、婴幼儿家庭教育的价值
    - 三、家庭教育的基本要素
  - 任务二　0～3岁婴幼儿家庭教育的特点
    - 一、家庭教育起点的奠基性
    - 二、家庭教育内容的多元性
    - 三、家庭教育形式的多样性
    - 四、家长角色的权威性
    - 五、作用的针对性
  - 任务三　0～3岁婴幼儿家庭教育的影响因素
    - 一、家庭生活环境
    - 二、亲子关系
    - 三、家长素质
    - 四、社会环境
  - 任务四　国内外婴幼儿家庭教育发展与演进
    - 一、中国婴幼儿家庭教育的变革
    - 二、国外婴幼儿家庭教育的发展

注：标注　　的对应内容有配套在线资源，可供延伸学习。

任务一 家庭教育的内涵

《国务院办公厅关于促进3岁以下婴幼儿照护服务发展的指导意见》中指出："人的社会化进程始于家庭，儿童监护抚养是父母的法定责任和义务，家庭对婴幼儿照护负主体责任。"家庭是婴幼儿最早、最重要的受教育场所，相比于机构教育，0～3岁婴幼儿的身心成长主要是受家庭教育的影响。何为家庭教育，家庭对婴幼儿会产生哪些影响，家庭教育涉及哪些要素，这些问题与能否开展好家庭教育息息相关。

一、婴幼儿家庭教育的含义

（一）家庭的内涵

家庭是特殊的社会生活组织，是最普遍的社会群体。与其他社会群体的不同之处在于，它不是出于政治、经济、科技、文化或者娱乐目的而结合的，而是以婚姻为基础，以血缘或领养关系为纽带而形成的社会生活的基本单位，是社会最小的细胞。广义的家庭是指人类进化不同阶段中的各种家庭利益集团，即家族。狭义的家庭是指一夫一妻制构成的社会单元。

家庭能够满足人们在社会和人性多方面的需求，从物质到精神，从生产到消费，从生理到心理，从衣食住行到人格塑造，家庭给予新生一代无可取代的深刻烙印。原生家庭对婴幼儿的深刻影响会伴随他们一生，并辐射到其生活的方方面面，为避免家庭中负面因素对婴幼儿的影响，家长需要树立和践行正确的家庭教育观。

（二）家庭教育的含义

《中华人民共和国家庭教育促进法》（以下简称《家庭教育促进法》）所称的家庭教育，是指父母或者其他监护人为促进未成年人全面健康成长，对其实施的道德品质、身体素质、生活技能、文化修养、行为习惯等方面的培育、引导和影响。

教育是双向互动的过程。一方面，由于成人在知识经验、物质掌控、生活安排和社会能力等方面的显著优势，加上儿童天然具有依恋感、信任感，因此在家庭教育中家长承担着主导作用；另一方面，儿童的个性特征、智力潜能和气质类型也不断影响着家长的教养行为。在相互接纳、碰撞、抵制、理解的过程中，父母与子女逐渐达到了相互认同和适应。社会性意义的亲子关系不是自孩子降生那一刻自然确立的，而是在社会经济文化的宏观背景下，通过家庭中日常的无数次的多侧面、多渠道的亲子互动逐渐形成的。

（二）0~3岁婴幼儿家庭教育的含义

婴幼儿通常是指0~3岁的儿童。这个时期的儿童身体极为脆弱，心理发展尚处于萌芽阶段，不能独立生存，因此需要家长更为细致、周密的抚养和教育。

0~3岁婴幼儿家庭教育是指家长在科学教育观念的指引下，为婴幼儿提供生长发育的良好环境与必要支持，教养结合，教融于养，从而促进婴幼儿动作、智力、语言、情感、社会性、审美情趣等方面的发展，为其健康身体的养成及健康人格的形成奠定良好基础。

21世纪的世界正处于科技日新月异、信息生产和传播迅速的知识经济时代，国际局势、国情现状深刻地影响着每一个家庭的建设。面对各方面思想、观念的发展和变化，家庭教育的策略、内容与方法也应当不断调整。

二、婴幼儿家庭教育的价值

0~3岁是人生的开端，这一阶段的成长对人一生的发展和生活具有不可取代的作用，也会对社会发展产生深远的影响。婴幼儿的绝大多数时间都是在家庭中度过的，他们身体的发育、心智的开启、个性的形成都离不开家庭环境的影响和家长的养育。婴幼儿的家庭教育是由家长或者其他年长者在家庭这个社会组织里自觉地、有意识地对婴幼儿进行的抚养和教育，贯穿于日常生活之中，是有计划与无计划相结合的教育。家庭教育在婴幼儿一生的发展中所处的重要地位和所起的特殊作用，主要体现在以下几个方面。

（一）家庭教育是婴幼儿认识和走向世界的起点

婴儿降生时，对社会和生活一无所知，他们对世界的认识是从对家长的认识开始的。婴幼儿与家长的关系常常成为他们与整个世界联系的基础和纽带，尤其是在人生最初的几年里，家长保证了孩子的生存、生活需要，向孩子传递了一定的社会行为规范和生活经验，帮助孩子学会行走和语言，使孩子掌握了与人交往的基本行为准则。在孩子还不能独立判断事物或做出选择时，家长的判断就是他们最初的行为标准。婴幼儿总是通过成人的言行来认识和评价周围世界，社会意识往往通过家庭的折射才能进入他们的心灵。《家庭教育促进法》指出，“家庭教育以立德树人为根本任务，培育和践行社会主义核心价值观，弘扬中华民族优秀传统文化、革命文化、社会主义先进文化，促进未成年人健康成长”。家长要运用科学的方法践行家庭教育任务，为婴幼儿成长、为培育新时代社会主义合格公民奠定基础。

（二）家庭教育为婴幼儿身心健康发展提供必要的条件和可能性

家长不仅给了子女先天的遗传素质，包括身体的构造与形态、感官和神经体系特征，以及遗传疾病等种种有利和不利的发展因素，而且提供了儿童后天发育成长的环境和条件，使婴幼儿发展的可能变为现实。在家庭教育中，家长通过为婴幼儿提供满足其吃、喝、拉、撒、睡等生理需求的生活环境，满足其好奇和探索的游戏环境，使婴幼儿在与环境的互动中健康成长、增长智慧、养成习惯；家长还通过教养态度与教养方式潜移默化地影响婴幼儿，为儿童心理的发展涂上健康的底色，启蒙其社会性，并内化其价值观、人生观、世界观。

（三）家庭教育是形成婴幼儿性格雏形的关键

家庭不但为婴幼儿创造生活和发展的物质环境，满足其物质需要，而且还给予婴幼儿成人的爱抚、人际交往的愉悦、亲人的理解与尊重，来满足其精神需要。爱是人的本能需要，享有充分的爱和尊重，对婴幼儿身心发展的影响非常重要。家长对婴幼儿的关切、期待、鼓励、引导，有助于婴幼儿的安全感、自信心、自制力、同情心、责任感、道德判断、智慧、语言和社会交往能力的发展；相反，漠不关心、冷漠拒绝、粗暴专制，拒绝满足婴幼儿正当需要的教养态度，会阻碍婴幼儿积极情感和社会性的发展，也会直接影响他们智力和体力的发展。

拓展学习

家长对子女的一生会产生多大的影响？为什么要重视婴幼儿的家庭教育？我们通过一则案例来简单了解一下。

一个苹果，两种人生

美国一位著名心理学家为了研究母亲对人一生的影响，在全美选出50位成功人士——他们都在各自的行业中获得了卓越的成就，同时又选出50名有犯罪记录的人，分别写信给他们，请他们谈谈母亲对他们的影响。有两封回信给他的印象最深。一封来自白宫的一位著名人士，一封来自监狱一名服刑的犯人。他们谈的都是同一件事：小时候母亲给他们分苹果。那位犯人在信中这样写道……

想了解更多内容请扫描文旁二维码。

三、家庭教育的基本要素

（一）婴幼儿

婴幼儿是家庭教育的对象，是家庭教育中被养育的人，他们能否健康成长，是家庭教育是否富有成效、取得成功的最终评价标准。0～3 岁是人一生中生长发育最迅速的时期。以身高和体重来说，仅一年的时间，婴儿的身高就会增长 1.5 倍，体重增加 3 倍；从大脑的生长和发育来说，这一时期也是神经系统形成的关键时期，孕期最后 3 个月到出生后一年半是婴儿的大脑快速生长和发展的时期；在这头三年中，婴幼儿从一个不能独立行动，只能躺在床上运用身体和感觉器官来认识外部世界的新生儿，发展成为一个自己能走、能跑，开始运用思维和语言来认识周围事物的幼儿。0～3 岁又是一个人发展的起始阶段，儿童在身体、智力、情感、社会性等各方面的发展都是刚刚起步，极易形成发展的各种倾向，为以后的发展奠定基础。儿童所接受的教育主要是家庭教育，他们是家庭教育的主体，家庭对其所实施的抚养与教育对他们一生的发展都有着不可磨灭的影响。

（二）家长

家长是在家庭教育中对婴幼儿实施养育活动的人。家长在儿童的素质养成中发挥了巨大的作用，家长是孩子最初的也是最重要的导师。《家庭教育促进法》指出："未成年人的父母或者其他监护人负责实施家庭教育。"可见家长不单指父母，还包括其他监护人和与婴幼儿经常接触的长辈，家长的健康素质、品德素质、文化素质、心理素质都会影响家庭教育的实施和效果。家长是婴幼儿最重要的刺激源，是婴幼儿感知、操作、思考、探究的影响者、促进者，亲子交往的质量和频率是孩子智力、体能、情感和社会性发展的前提。家长的教养方式会对婴幼儿产生重大的影响，有研究表明：父母给予安抚的满足和肯定性评价与子女的服从有极其显著的正相关；父母冷漠、斥责和强制性身体控制与子女的激烈对抗、不理睬、不服从有极其显著的正相关；父母说理、讨论和采取婉转、灵活的控制方式与子女的告知、辩解、讲原因、讲条件的行为有显著正相关；父母缺乏说服力的说教、批评、训斥和惩罚与子女的顶嘴、任性、不服从或阳奉阴违、假装遗忘、变相反抗也存在正相关。

（三）教育影响

教育影响是联结 0～3 岁婴幼儿和家长的纽带与中介的总和，包括家长作用于婴幼儿的影响物以及运用影响物的活动方式，即养育的内容和养育的方法手段。教育影响包括家庭中以进餐、睡眠、盥洗等日常生活为主的保育内容，覆盖健康、社会、语言、审美等方面的教育内容，还有家长养育的途径、方法、手段，以及家庭的物质和精神环境，等等。

在 0～3 岁婴幼儿家庭教育的基本要素中，家长一般居于主导的地位，他们决定养育的方向，构建养育内容，选择养育方式，营造养育环境，起着引导的作用。婴幼儿则一般居于被引领、被控制的地位，然而他们不是一味被动地接受保育和教育，虽然身体弱小，但他们同样具有能动性，他们是养育活动的主体。家长的主导地位和作用能否发挥，取决于他们能否尊重并发挥婴幼儿的主动性。教育影响是家长和婴幼儿共同运用的对象，处于被运用、被接受的地位，婴幼儿通过教育影响与家长互动，在与家长的互动中身心得到发展，教育影响发挥着不可或缺的纽带作用。

任务二 0～3 岁婴幼儿家庭教育的特点

家庭是社会构成的基本单位，人一生最初及最具影响的教育都是在家庭中完成的。家庭教育相比于学校教育和社会教育，有其自身的特殊性，尤其是 0～3 岁婴幼儿身心的特点，更决定了针对他们所实施的早期家庭教育独具特点。

一、家庭教育起点的奠基性

从孱弱的新生儿成长为能够初步生活自理、对世界有初步认识的幼儿，3 岁前家长的抚养与教育功不可没。这一时期的教育是人才培养的奠基工程，人一生的发展与生活都会带着这个时期的印记，这一工程主要在家庭中完成。美国心理学家怀特认为：孩子前 3 年经验的重要性，远远超过我们过去所想象的；对于 0～3 岁婴幼儿，每个生活中简单的动作都是他们日后一切发展的基础；没有什么工作比抚育 3 岁前的孩子更重要。

二、家庭教育内容的多元性

作为全新的生命体，婴幼儿在初登上人生舞台的这几年，既需要维持生命的发展，又需要汲取各种生活经验。因此，家庭教育的内容涵盖面广，涉及生活的方方面面，呈现出多元化的特点，主要包括：（1）对婴幼儿进行日常生活的照料；（2）促进婴幼儿运动能力的发展；（3）促进婴幼儿语言能力的发展；（4）促进婴幼儿认知能力的发展；（5）促进婴幼儿情感及社会性的发展；（6）促进婴幼儿审美情趣的发展。对婴幼儿实施的教育应该是全面的、均衡的，不可偏废。

三、家庭教育形式的多样性

由于每名婴幼儿、每位家长、每个家庭都是不同的，家长依照自己的经验，根据儿童个体的差异性采取相应的养育方式，因此家庭教育的形式各具特色。第一，婴幼儿主要通过不断的模仿来习得生活经验，家长的言传身教是婴幼儿学习的重要途径，家长可以采取直接示范的方式帮助婴幼儿获取直接经验；第二，每名婴幼儿都是独特的个体，家长通过各种机会观察了解婴幼儿，发现孩子的需要，捕捉孩子的兴趣，因势利导施加影响，可以制定符合婴幼儿个性特点的间接教育方式；第三，婴幼儿的需要在活动中得到满足，能力在活动中得以提升，亲子活动、体育活动、游戏活动、劳动活动等，都是家庭教育形式的重要组成部分。

四、家长角色的权威性

家长是家庭教育的主导者和组织者，0～3 岁婴幼儿身心需求的满足依赖于家长的养育，家长在家庭教育中的这种独特地位和作用，决定了他们在孩子心目中享有崇高的威望和巨大影响力，没有辨别能力的婴幼儿天然地认为家长的一切言行都是正确的，家长的一切要求都是不容置疑的。家长能否维护自己的权威，与其是否能严格自我要求，时时处处为孩子做表率有关。苏联教育家马卡连柯曾指出：家长的权威，主要基础只能建立在家长的生活和工作上，建立在家长的公民面貌和家长的行为上。家长能否维护自己的权威，还与其是否尊重、关爱婴幼儿，能否与婴幼儿建立平等的亲子关系有关。

五、作用的针对性

婴幼儿出生就与家长朝夕相处，“知子莫若父”这一古语形象地说明了家长是最了解婴幼儿的人。共同的生活使家长有大量的时间和充足的机会去观察婴幼儿的行为，发现婴幼儿的变化，了解婴幼儿的喜怒哀乐，准确把握婴幼儿的需要，从而可以准确地为婴幼儿提供发展的条件，规避可能的伤害。家长根据婴幼儿的特点，有意识、有组织地营造适宜婴幼儿成长的环境，选择有利于婴幼儿成长的教育内容，采用婴幼儿乐于接受的方式施以正确影响，显现出家庭教育针对性的特点。

拓展学习

“不，不，我就不吃饭，不买那辆车我就不吃！”爸爸妈妈已经哄劝辰辰多时，辰辰仍是这么执拗地坚持着。他常常用“绝食”的方式向父母要东西，他的“倔”劲上来，想干什么就得干什么。家长若不满足他提出的要求，他就会又哭又叫，甚至满地打滚。爸爸妈妈为此很生气，也批评教育过他，但他仍是我行我素，让人发愁。案例中这种孩子执拗的行为问题十分普遍，孩子任性时该怎么应对呢？扫描文旁二维码了解此内容。

任务三　0～3 岁婴幼儿家庭教育的影响因素

每个孩子的成长都带着家庭的印记，千差万别的家庭培养出各具特点的个体。家庭教育的差异性源于诸多因素，这些因素交织在一起形成了不同家庭独有的教育理念与模式，它们共同作用于婴幼儿，发挥着教育功能。

一、家庭生活环境

事物的发展过程都会存在矛盾差异并受多种因素的干扰制约。家庭教育在其运行过程中不仅受到国际局势、社会变迁、经济状况、政策变化等宏观环境的影响，更会受家长素质和家庭结构的左右。家庭环境的差异主要体现在以下几个方面。

（一）家庭成员关系

家庭成员关系即成员之间的互动模式。家庭成员关系构成了家庭氛围的主基调，不同的家庭成员互动模式会对婴幼儿产生不同的影响。和睦融洽的家庭，成员之间的关系紧密和谐，相互包容，相互关爱，和睦相处；共生协调的家庭，成员之间的关系和平稳定，虽然有分歧、争执，但有能力解决矛盾，很快缓和达成共识；失衡摇摆的家庭，成员之间纷争频发，情绪不稳定，气氛大起大落；抗拒分裂的家庭，成员之间长期处于紧张争斗状态，或者彼此冷漠疏离，已经出现很深的裂痕。家庭成员间的互动模式对 0～3 岁婴幼儿会产生潜移默化的影响。

《家庭教育促进法》指出：“未成年人的父母或者其他监护人及其他家庭成员应当注重家庭建设，培育积极健康的家庭文化，树立和传承优良家风，弘扬中华民族家庭美德，共同构建文明、和睦的家庭关系，为未成年人健康成长营造良好的家庭环境。”婴幼儿最主要的学习方式是模仿，家长的言行都会潜移默化地影响孩子，若想儿童长大后拥有平和的心态和情绪，家庭成员间就要相互理解和支持，为婴幼儿营造温馨、愉悦、健康的生活环境。

（二）家庭结构

家庭结构指家庭中成员的构成及其相互作用、相互影响的状态，以及由这种状态形成的相对稳定的联系模式。根据家庭中代际关系的组合形式可以把家庭分为核心家庭、联合家庭、主干家庭、单亲家庭、隔代家庭、留守家庭等。不同的家庭结构会产生相应的家庭成员关系，一般而言，家庭人口越多，家庭结构就越复杂，出现家庭矛盾的可能性也越大。不同的家庭结构由于其不同的家庭成员关系，会对婴幼儿产生不同的影响。

（三）家庭经济状况

家庭经济状况指家庭收入和生活条件，生活水平与经济来源和经济支配密切相关，一般表现为居住条件、学习环境、生活水平等。家庭经济状况影响着抚养行为，最直接地反映为婴幼儿身体的发育状况以及智力发展水平，并通过家长对物质和精神元素的选择影响婴幼儿的认知、个性、审美。一般来说，经济上摆脱了贫困的家庭中，家庭文化用品比生活用品对儿童发展的影响更为直接、有效。有研究表明，在家长重视子女的发展、满足子女的基本生活需要、维护良好亲子关系的家庭中，经济物质条件对儿童的身体素质、学习成绩、品德面貌不存在直接影响；反之，在家长忽视子女的教育，亲子关系疏远、对抗的家庭中，富裕的家庭经济条件或过分讲究吃、穿、用等物质享受可能会使婴幼儿形成自私、依赖、懒惰、骄横、残暴、不求上进等负面个性品性的雏形，优越的经济条件反而会变成损害婴幼儿身心发展的不利因素。

（四）家庭生活方式

家庭生活方式是家长在一定社会意识指导下所呈现的衣食住行、休息、学习、娱乐、消费、劳动、交往等方面的行为方式，主要表现为生活习惯。这些习惯通过婴幼儿的模仿内化为他们的行为模型，对儿童社会化的进程存在着难以预料的影响。如家长的劳动方式会为婴幼儿奠定未来职业的价值取向的基础；家长的消费方式会影响婴幼儿今后的价值判断和选择；家庭的休闲方式则影响着婴幼儿个性的形成；家长的交往方式是婴幼儿未来处理人际关系的榜样。例如，家长教育行为的作用通过家庭的交往活动折射出来，它对婴幼儿具有示范和导向的功能，家长与孩子的有效交往不仅能更好地了解和指导孩子，而且还能为孩子与同龄人、异龄人的交往活动提供范例。

二、亲子关系

亲子关系即家长、子女之间的关系。亲子关系的质量在一定程度上决定着婴幼儿社会化过程是否顺利，也决定着社会化可能达到的水平。0~3岁婴幼儿对家长的态度异常敏感，他们生活在与家长的关系中，时刻体验着与家长的关系。美国心理学家戴安娜·鲍姆林德将家长的教养方式分为以下四种类型。不同的教养方式也就形成了不同的亲子关系。

（一）权威型

家长对孩子实行高控制，反过来又能接受孩子的意见和想法，最终以家长的权威控制为中心。家长尊重孩子同时又能合理要求孩子，孩子更容易形成有自信、自控力强、高自尊、人际关系好等心理特征。

（二）专制型

家长对孩子进行严格控制管理，力图使孩子的行为与家长的目标一致，不采纳孩子的任何意见和想法，也很少与孩子交流。孩子成长过程中会体验到更多的压力，并表现出压抑、自控力较差、退缩等行为特点。

（三）放纵型

家长对孩子宽松、宠爱，很少用规则来管束孩子，经常运用说服、说理的方法教育孩子。对孩子缺乏行为规范，孩子更容易出现冲动、以自我为中心、依赖、焦虑、自制力差等问题。

（四）忽视型

家长对孩子的成长、教育不闻不问，无时间、无精力、无能力教育孩子，与孩子之间很少沟通，感情冷漠，思想上产生了“隔阂”，对孩子的基本需求难以给予关注和反馈，这样的家庭环境容易造成孩子形成冷漠、自控力差和更多的行为问题。

良好的亲子关系是家庭教育的基础，婴幼儿对母亲（或她的代理人）的依恋是家庭教育最好的开端。儿童依恋行为与依恋心理是亲子双方情感的纽带，最初的依恋安全感是在家庭中发展起来的。有研究表明，从小能获得依恋安全感的孩子，日后进入集体教养机构比较容易信任老师和同伴，能较快适应新的环境，能专注于学习和对环境的探索，这样的儿童也很受教师和同伴的信赖，容易形成愉快、合群、好学、善解人意的个性品质。

家长教育行为的作用是通过家庭的交往活动折射出来的，它对孩子具有示范和导向的功能。家长与孩子进行有效的交往，不仅能更好地了解孩子、指导孩子，而且还能为孩子与同龄人、异龄人的交往活动提供范例。

三、家长素质

在对婴幼儿进行家庭教育的过程中，家长的素质直接关系到家庭教育的效果和质量，决定着家庭教育的优劣成败。

（一）家长的身心健康状况

家长的身心健康是影响婴幼儿成长的首要因素。在制约儿童发展的遗传、环境、教育及主动性这四个因素当中，遗传是其发展的物质前提。通过遗传，家长把机体的形态和功能等各种生物基因传递给孩子，为孩子身心发展打下基础。

家长的遗传对孩子身体的影响较大，制约着孩子的健康水平。家长如果体魄健壮、无疾病，就可能为孩子的身体健康成长提供良好的条件；反之，家长如果身体不佳、体弱多病，就可能为孩子身体的生长发育留下隐患。

家长的身心健康状况影响着家庭的生活方式、经济收入、亲子关系、价值取向，这些因素综合地对家庭教育产生根本性的影响。

（二）家长的文化素质

家长的文化素质是影响婴幼儿成长的精神因素之一。《家庭教育促进法》第十八条指出："未成年人的父母或者其他监护人应当树立正确的家庭教育理念，自觉学习家庭教育知识，在孕期和未成年人进入婴幼儿照护服务机构、幼儿园、中小学校等重要时段进行有针对性的学习，掌握科学的家庭教育方法，提高家庭教育的能力。"家长掌握知识的广度和深度、具备的文化水平、拥有的社会经验都集中体现在育儿理念中，反映在育儿的行为方式中，从而影响到儿童的发展。家长擅长某方面的知识、能力，也会影响孩子向某方面发展；如果家长受教育水平较高，往往更重视文化的作用，就会不断学习、进取，主动追求新知识、新方法，这些都会成为孩子模仿的榜样，产生示范作用，激发孩子的学习兴趣和求知欲；乐于学习、善于学习的家长，能为婴幼儿安排丰富多彩的活动，营造浓郁的文化气氛，丰富外界刺激，提高学习效率。

陈鹤琴指出："做家长是一桩不容易的事情，实在要有一种专门的技能，专门的学识。"家长受教育程度高，能够有意识地接受先进的教育理念，主动学习科学的教育知识与方法，并积极地在家庭教育中付诸实践。

（三）家长的教养能力

家长的教养能力是指在一定的教育理念指导下，运用科学的教育知识，解决家庭教育实践中的问题的能力，包括家长教育知识的储备和家长教育子女的方式方法。一般表现为了解儿童的能力、创设情境的能力、选择与运用教育内容与方法的能力、沟通能力、自我调控的能力。

家长的教养能力是影响婴幼儿成长的直接因素。儿童的健康成长关系到国家和民族的前途与命运，近十几年来，我国政府出台了一系列的教育法规，旨在通过健全法律制度体系提高家长的教养能力，进而提升家庭教育质量。“家长身份是一种负有责任的，要求见多识广的身份”，在家庭里，家长扮演着教师的角色，只有“愿意无条件地提供家庭温暖，并且用充满感情的母爱之心去这样做，才是一个良好的父亲或者母亲的真正标志”。家庭教育实践证明，家长双方联合起来，共同关心、教育孩子，发挥各自不同的作用，才能成为孩子的良师益友，才能增加孩子的责任感，促进孩子的社会化。虽然家长不是专职的教师，但家长同样应该具有一定的教育知识与教育能力。

四、社会环境

家长是家庭教育中直接的参与者，他们的观念受到各种社会因素的影响，家庭作为社会生活的基本单位只有与社会建立紧密的联系，其成员才能够生存与发展。家庭所处的时代背景、所属的国家民族、所融入的社区都会通过对家长的影响来影响家庭教育，进而影响婴幼儿的发展。社会的经济、文化、政治、科技等推动着社会的变革也影响着家庭的变革，反映在家庭教育中就是家长教育观念与行为的改变。

近年来，国家对0～3岁婴幼儿的教育高度重视，《关于促进3岁以下婴幼儿照护服务发展的指导意见》中特别强调，应“加强对家庭婴幼儿照护的支持和指导。全面落实产假政策，鼓励用人单位采取灵活安排工作时间等积极措施，为婴幼儿照护创造便利条件。支持脱产照护婴幼儿的父母重返工作岗位，并为其提供信息服务、就业指导和职业技能培训。加强对家庭的婴幼儿早期发展指导，通过入户指导、亲子活动、家长课堂等方式，利用互联网等信息化手段，为家长及婴幼儿照护者提供婴幼儿早期发展指导服务，增强家庭的科学育儿能力。切实做好基本公共卫生服务、妇幼保健服务工作，为婴幼儿家庭开展新生儿访视、膳食营养、生长发育、预防接种、安全防护、疾病防控等服务”，通过这一系列的支持措施，进一步为婴幼儿家庭教育提供便利，加强家庭教育的科学性。

社区内的早期教育机构不仅能为婴幼儿提供集体教养环境，而且能帮助家长提升教育能力。机构对家庭教育的指导发挥了三方面功能：一是通过家长陪同婴幼儿参加亲子活动，接受教师进行的科学育儿现场指导，帮助家长端正育儿态度，掌握科学育儿的内容和方法，提高家长育儿素质和亲子教育的质量；二是机构为亲子双方在群体中的互动提供了机会，在互动中增强婴幼儿的安全感、自信心，唤起家长的童心和育儿的激情，使家长理解和发现自己孩子在同龄儿童中的发展状况，能更有针对性地支持和引导孩子的发展；三是机构为家长提供了相互交流学习的机会。

任务四　国内外婴幼儿家庭教育发展与演进

我国自古以来就重视家庭教育，家庭教育在中华文明的传递中和一代代优秀人才的培育中发挥了重要作用。当今时代对人才的培养既注重传统文化素养又注重国际视野，因此家长有必要向民族传统和世界文明汲取教育营养。

一、中国婴幼儿家庭教育的变革

（一）古代婴幼儿家庭教育的演进

中国教育源远流长，早期教育乃至胎教的历史非常悠久。我国古代众多文献资料中都有对胎教的论述。《饮膳正要》中有这样的记载："古者妇人妊子，寝不侧，坐不边，立不跸。不食邪味，割不正不食，席不正不坐，目不视邪色，耳不听淫声，夜则令瞽诵诗，道正事，如此则生子形容端正，才过人矣。"汉代贾谊在《新书・胎教》中最早明确提出"胎教"一词，书中并有周武王妃妊成王于身"立而不跛，坐而不差，笑而不喧，独处不倨，虽怒不骂，胎教之谓也"的记载。魏晋南北朝至唐代，医学有了很大的发展，胎教成为其重要的门类之一。

关于早期的家庭教育，颜之推在《颜氏家训》中写道："人生小幼，精神专利，长成已后，思虑散逸，固须早教，勿失机也。"一旦放松了对儿童的教育，使之沾染不良习性，即使耗费巨大的时间和精力，也很难补救，同时也强调教育要贯穿个人成长始终。

总的来说，古人早教精辟之处可归纳如下：一是主张"慎始"，简而言之，即主张婚前娶妻嫁女应审慎，这是因为母亲的品德对后人的成长影响很大。二是重视环境因素对幼儿的影响，主张避免周围环境的不利因素，免除不良刺激对幼儿的影响。三是强调心境平和，主张母亲应谨言慎行，修养身心，陶冶情操。古代在儿童教育方面最突出的观点即及早施教，认为教育要及时趁早。人在年少之时，各种道德观念还没有建立起来，此时是进行道德教育的最佳时期，而且这时儿童处在语言、思维发展的关键期，记忆力旺盛，抓住这个时期，儿童发展可达到事半功倍的效果。

（二）现代婴幼儿家庭教育的发展

现代婴幼儿的家庭教育出现了巨大的变化，主要体现在社会和家庭对于家庭教育重视程度不断加深、家庭教育的指导越来越科学化、操作越来越规范化、家长的学习意识不断增强、教育程度不断提高等方面。从原来单纯关注婴幼儿身体的生长发育到既关注婴幼儿保育又兼顾教育方面，运用多种形式，整合多项资源，促进婴幼儿全面、健康成长。

随着国家宣传力度的加强与家庭教育观念的不断更新，越来越多的家长对婴幼儿早期教育的重视程度加深，他们不断尝试新的教育方法，包括寻求早期教育机构的帮助，这些都极大地促进了婴幼儿家庭教育的快速发展。相信在国家的大力支持下，家长会更加明晰自己的教育理念，建立起符合社会主义核心价值观的育儿观，掌握科学的早教知识，提升科学育儿水平。

虽然家长对家庭教育越来越重视，家庭在婴幼儿养育方面的物力、精力投入越来越大，然而由于家长素质、家庭情况、社会影响等因素的差异，有相当数量家庭的教育效果适得其反。还存在部分家长对家庭教育缺乏足够重视，仅完成抚养的任务，抱持“有苗不愁长”“树大自然直”的观念，导致家庭教育缺失，不利于婴幼儿的发展。

二、国外婴幼儿家庭教育的发展

（一）古代婴幼儿家庭教育发展历史

古希腊著名思想家、哲学家柏拉图非常重视早期教育，他主张儿童的教育开始得越早越好，他认为早期教育是个体以道德为核心的各方面素质养成的启蒙阶段。“凡事开头最重要，特别是生物。一个人成为什么样的人，从小所受的教育至关重要。在一个人的年幼阶段，最容易受到陶冶，你要把他塑造成为什么形式，就能塑造成什么形式。”柏拉图指出儿童从出生到接受正规教育这个阶段的早期教育是最难的，因为孩子的肉体和精神有最大的可塑性，错误对待孩子将对其造成最持久的伤害。幼年时，儿童的性格正在形成，任何事情都会“先入为主”，幼年时期印入儿童心灵的形象在一生中都是难以磨灭和改变的。早期教育的主要任务在于对儿童施加合适的影响，恰当利用儿童容易接受外界影响、可塑性强的有利时机，对儿童施以良好的教育，使儿童从小就养成良好的性格和品德。因此，“一个人从小所受的教育把他往哪里引导，却能决定他往哪里走”。可见柏拉图对启蒙教育的重视。柏拉图的早期教育思想对后世有着深远的影响，启发着人们思考早期教育问题。

（二）现代婴幼儿家庭教育的发展变化

早期教育的发展日新月异，并形成了一定的国家地域特点。英国强调学会倾听孩子、理解孩子和支持孩子。英国政府认为，增加早期教育投入，从人的长期发展角度看，其实是一种降低成本的做法。他们的研究证明，如果政府多投入 100 英镑，儿童中心的质量将会提高 10% 到 12%。相比而言，美国认为早期教育应该释放潜能，让孩子在游戏和体验中学习。“教育从第一天起”的观念在美国家长心中根深蒂固。美国教育一个典型特点是“重视体验”多于“知识传授”，教师认为教给孩子学习能力比教会他做具体的算术题更重要。在美国，“游戏 + 体验 = 学习”的教学方式被普遍认可，老师们一般不会将不属于这个年龄段的知识技能灌输给孩子，而是让他们多动手、多体验，在各种益智、团队游戏中学会体验和探索的本领，更主动更交互地认识周围的事物，形成健康的价值观和学习方法。在加拿大，儿童稍大一点时可以送其到“Play school”，不是去上课学习，而是参加美术、劳作以及唱游等活动，而且这些早教学校不会设置写字和计数等课程。加拿大的早教专家普遍认为，幼儿期是动作能力均衡发展的关键期，也是培养创造力的重要时期，因此培养动手能力更为重要，若让孩子过早认字、写字和计数，会耗费幼儿的体力和脑力，延缓他们的动作发展。日本非常重视培养独立人格，教导幼儿学会不给别人添麻烦。在日本，家长在孩子很小的时候就给他们灌输一种思想：不要给别人添麻烦。在日常生活中，从家长到早教学校都会注意培养孩子的自理能力和自强精神。法国注重气质陶冶、重视孩子的艺术教育，有调查表明：法国有 52% 的家长认为艺术启蒙和艺术训练是使学生由失败转向成功的良方；72% 的家长认为艺术科目应该成为学校真正的教学科目；92% 的人强调指出，艺术科目对促进儿童的智力发展十分重要。

从以上这些各不相同的国外早期教育模式中，可以看到不同国家、不同文化背景下早教理念的差异，也印证了早教没有最好的模式，更没有固定的某一种模式，不同的教育体系会培养不同特点的公民。

学习检测

一、简答题

1. 什么是家庭教育？
2. 家庭教育主要包括哪些基本要素？
3. 家庭教育有什么特点？
4. 什么是家庭教育内容的多元性与基础性？
5. 什么是家庭教育角色的多重性与权威性？
6. 影响婴幼儿家庭教育的因素有哪些？
7. 家庭环境对于婴幼儿家庭教育有哪些影响？
8. 社会环境对于婴幼儿家庭教育有哪些影响？
9. 中国古代婴幼儿家庭教育有哪些特点？
10. 西方婴幼儿家庭教育的内容有哪些？

二、材料分析题

材料：一篇妈妈的日记

表弟一家来我家吃饭。饭后小乐要看动画片。看了一会儿，我就喊小乐去睡午觉。小乐不停地说："不，不，还要看……"我说："你睡醒再看好不好？不然你下午会没精神的。"小乐不停摇头，表示不同意，我说那你再看十分钟。他点点头。过了十分钟，我提醒小乐时间到了，小乐的视线仍离不开电视，并没有主动离开的意思。我也没什么耐心，走过去强行关了电视。没想到这个时候，小乐很生气地跳了起来，抓起遥控器就往地上摔。我非常生气，厉声吼道："你在干嘛？"小乐看我脾气上来了，撇了撇嘴快要哭了出来。小乐爸爸听见动静，立马跑了过来问："怎么啦怎么啦？"我很生气地把刚才的事情说了一遍，小乐爸心领神会，用手示意我把孩子交给他，就把小乐抱进房间里去了。后来，小乐爸跟我说："建议你去跟孩子道个歉，孩子因为你关了电视他很生气，而且你后来还吼他。"我不服："为什么要道歉？他说话不算数，还摔遥控器，我不能生气吗？再说了，孩子那么小，他懂什么！"小乐爸拍拍我，意味深长地说："那是你的标准，你不能按照你的标准来评价他的对错，孩子有自己的需求。"我陷入了沉思。

问题：

1. 想一想：早期家庭教育对婴幼儿的成长具有哪些重要影响？
2. 谈谈案例中体现了婴幼儿家庭教育的哪些特点。

实践体验

1. 到托育机构或社区早教中心，访问家中有 0～3 岁婴幼儿的家长，了解家庭教育现状。

参考访问提纲如下（可根据实际情况添加问题）：

（1）您家孩子多大了？

（2）家中有几个孩子？

（3）您家庭的月总收入大约是多少？每月婴幼儿生活支出大概为多少？都花在哪些方面？

（4）您和孩子每天在一起的时间大概是多长？在一起都做哪些事情？

（5）在孩子 0～3 岁期间，您对他的期望都有哪些？

（6）如果孩子不听话哭闹，您会怎么做？

（7）您在育儿过程中遇到过哪些困难？

（8）您怎么看待 0～3 岁家庭教育？您会通过哪些途径获得家庭教育知识？

2. 情景模拟：设想你是一名早期教育指导师，家长对你提出的家庭教育策略不以为然，指责你说得不对，你会怎么做？

单元二　0～3 岁婴幼儿家庭教育的实施

导言

《家庭教育促进法》第五条规定："家庭教育应当符合以下要求：（一）尊重未成年人身心发展规律和个体差异；（二）尊重未成年人人格尊严，保护未成年人隐私权和个人信息，保障未成年人合法权益；（三）遵循家庭教育特点，贯彻科学的家庭教育理念和方法；（四）家庭教育、学校教育、社会教育紧密结合、协调一致；（五）结合实际情况采取灵活多样的措施。"家长作为婴幼儿成长的第一任老师，生养孩子仅完成了一部分任务，教育孩子是更加需要专业知识和智慧的活动。合格的家长必须明确早期家庭教育的重要意义，掌握正确的育儿理念和科学的育儿知识。家庭教育理念即对家庭教育的认识，主要包括家庭教育目的、应遵循的原则、科学的内容和方法。家庭教育理念影响着 0～3 岁婴幼儿家庭教育的过程和实施，决定着 0～3 岁婴幼儿家庭教育的方向和效果。通过本单元的学习，可以明确 0～3 岁婴幼儿培养的规格及科学的培养策略。

学习目标

1. 了解 0～3 岁婴幼儿家庭教育的目的和任务。

2. 理解 0～3 岁婴幼儿家庭教育的原则。

3. 掌握 0～3 岁婴幼儿家庭教育的方法。

4. 能够依据 0～3 岁婴幼儿家庭教育的原则，选择、运用适当的教育方法去实施家庭教育。

内容导览

- 单元二 0~3岁婴幼儿家庭教育的实施
  - 任务一 0~3岁婴幼儿家庭教育的目的、意义及任务
    - 一、0~3岁婴幼儿家庭教育的目的
    - 二、0~3岁婴幼儿家庭教育的意义
    - 三、0~3岁婴幼儿家庭教育的任务
  - 任务二 0~3岁婴幼儿家庭教育的原则
    - 一、安全健康原则
    - 二、尊重原则
    - 三、一致性原则
    - 四、生活化原则
  - 任务三 0~3岁婴幼儿家庭教育的方法
    - 一、游戏法
    - 二、榜样示范法
    - 三、强化法
    - 四、惩戒法
    - 五、陶冶法

任务一　0～3 岁婴幼儿家庭教育的目的、意义及任务

家庭教育不同于有目的、有计划、有组织的学校教育，是一种非正式教育，但家庭教育与学校教育一样，都承担着培养下一代的任务，那么要培养什么样的人是必须回答的问题，即要有明确的教育目的。婴幼儿的家庭教育在教育目的实现的过程中起着重要的奠基作用，肩负着重大使命。

一、0～3 岁婴幼儿家庭教育的目的

人的实践活动以目的为依据，目的是个体行动的准绳与评价的标准。0～3 岁婴幼儿家庭教育的目的即家庭对 0～3 岁婴幼儿培养质量规格的总设想或主观规定。每一位家长对于要把孩子培养成什么样的人，早在孩子刚出生甚至是尚未出生的时候就已经有了设想。这些设想反映了家长对社会需要和对人生的理解，充满了美好的期望。孩子出生后，父母便会依据自己的设想为孩子选择、设计发展的方向，并按照一定的期望或要求加以塑造，使其获得成长。明确家庭教育目的有助于家长进一步理解教育与婴幼儿发展之间的关系，避免家庭教育的盲目性与随意性。

教育目的是家庭教育的核心问题，国际 21 世纪教育委员会提交给联合国教科文组织的报告中对国际社会应培养什么样的儿童提出明确期望：新世纪教育的宗旨是使儿童“学会认知”，善于学习；“学会做事”，具有较强的动手能力、解决问题能力、人际交往能力和冒险精神；“学会共同生活”，能够了解别人，尊重别人，参与别人的活动，与别人进行合作；“学会生存 ”，发展体力、记忆力、判断推理能力，增强自主性和责任感，提高审美能力，充分展现自己的人格特征。

2017 年，党的十九大报告强调：“要全面贯彻党的教育方针，落实立德树人根本任务，发展素质教育，推进教育公平，培养德智体美全面发展的社会主义建设者和接班人。”2018 年，习近平在全国教育大会上强调坚持中国特色社会主义教育发展道路，培养德智体美劳全面发展的社会主义建设者和接班人。2021 年 4 月，全国人大常务委员会第三次修正的《中华人民共和国教育法》，将教育方针规定为：“教育必须为社会主义现代化建设服务、为人民服务，必须与生产劳动和社会实践相结合，培养德智体美劳全面发展的社会主义建设者和接班人。”2022 年 1 月实施的《家庭教育促进法》中明确指出，家庭教育要以立德树人为根本任务，培

育和践行社会主义核心价值观，弘扬中华优秀传统文化、革命文化、社会主义先进文化，促进未成年人健康成长。因此，0～3 岁婴幼儿家庭教育的目的，就是通过各种家庭教养活动，促进婴幼儿身心健康成长。

拓展学习

《教育——财富蕴藏其中》是由雅克·德罗尔任主席的国际 21 世纪教育委员会向联合国教科文组织提交的报告。报告涵盖了未来教育改革和发展的主要方面，并在理论与实际相结合的基础上提出了教育原则及迎接挑战的对策建议。想要了解报告中更多教育原则的相关内容请扫描文旁二维码。

根据国家、国际社会以及时代对人才的培养要求，我们可以从儿童的个性结构和社会价值两方面对 0～3 岁婴幼儿的家庭教育目的进行简要概括：养育和教育相结合，使婴幼儿德、智、体、美全面发展，养成良好的行为习惯与个性品质，为婴幼儿未来的学校教育奠定基础，使其能身心健康，和谐、全面地发展。

二、0～3 岁婴幼儿家庭教育的意义

（一）0～3 岁婴幼儿家庭教育为个体一生发展奠定基础

0～3 岁婴幼儿家庭教育决定着婴幼儿未来发展的可能性。0～3 岁是人一生中生长和发展最迅速、变化最大的时期。在最初的 3 年里，婴幼儿从几乎时时需要人照顾逐渐成长为有一定个体倾向性的独立个体。家庭教育在很大程度上决定了孩子未来发展的可能性，孩子年龄越小，这种作用就越明显。洛克曾说：“我们幼小的时候所得的印象，哪怕是极其微小，小到几乎察觉不出，都有极为长久的影响；正如江河的源泉一样，一点点人力便可以把它导入他途，使河流的方向发生根本改变；从根源上引导，河流就有了不同的流向，最后流到十分遥远的地方去了。”正是因为 0～3 岁这一阶段对婴幼儿的重要意义，婴幼儿阶段的家庭教育将对人一生的发展产生烙印般的作用，影响着婴幼儿未来的成就和发展。因此，家长对婴幼儿的教育要从出生抓起，把握好个体人生发展第一关，谨慎认真，科学育儿。

（二）0～3 岁婴幼儿家庭教育为未来的学校教育奠定基础

现代社会中，系统的学校教育是个体发展的重要途径，接受学校教育需要儿

童具备身体、心理、智力、个性等各方面的基础条件，奠定基础的工作主要就由早期的家庭教育完成。苏联著名教育家苏霍姆林斯基曾将儿童比作一块大理石，要将这块大理石塑造成一座雕像需要六位雕塑家：家庭、学校、儿童所在的集体、儿童本人、书籍、偶然出现的因素。其中家庭作为个体接受教育的第一场域，影响着儿童的学校教育和社会教育。家庭教育是个体接受的最早的，也是最持久的教育，对个体的影响最深刻，也最全面。0～3 岁的家庭教育可以培养幼儿良好的习惯、情感态度，为其未来的教育活动奠定基础，还可以避免或消解社会不良现象对个体发展的不利影响。例如，如果在早期家庭教育中，父母能培养婴幼儿懂礼貌、讲卫生的行为习惯，儿童即使日后在社会生活中接触到乱扔垃圾等不良行为，也不易受他人影响。

（三）0～3 岁婴幼儿家庭教育对社会发展影响深远

家庭是构成社会最小的细胞，只有健康的细胞才能构筑健全的机体。0～3 岁婴幼儿家庭教育的质量影响着未来社会成员的整体素质，从而影响未来社会的发展。高质量的家庭教育可以间接推动社会的发展，低质量的家庭教育则会阻碍社会的发展。“推动摇篮的手，就是推动世界的手。”因此，应从人生的开端着手，通过高质量的家庭教育培养高素质的社会公民，提高我国人才质量，进而提升我国的综合实力。

三、0～3 岁婴幼儿家庭教育的任务

《家庭教育促进法》第三条指出：“家庭教育以立德树人为根本任务，培育和践行社会主义核心价值观，弘扬中华民族优秀传统文化，革命文化、社会主义先进文化，促进未成年人健康成长。”因此，0～3 岁婴幼儿家庭要切实促进孩子身体、心灵各方面的全面发展。

（一）促进身体正常发育和机能协调发展

英国教育家洛克在《教育漫话》中提出：“健康之精神寓于健康之身体”，“我们要工作，要有幸福，必须要有健康”。首先，家长需要为 0～3 岁婴幼儿提供饮食起居等良好的生活条件，精心护理婴幼儿的日常生活；掌握给婴儿洗澡、换尿布、穿脱衣物的方法；为婴儿提供科学合理的营养饮食，掌握为婴儿喂奶的姿势、步骤、断奶方法，辅食的喂养量和喂食方法，关注婴幼儿偏食挑食现象并及时予以纠正；做好卫生保健、疾病预防工作；注意婴幼儿的人身安全。其次，在日常养育中注意发展他们的身体感知能力、运动能力，注意婴幼儿抬头、翻身、坐、爬、

走、跑等大肌肉关节的发展以及手与手指等部位的小肌肉群运动；培养婴幼儿的敏捷性、平衡感、柔韧性等能力；注意发展婴幼儿的感觉器官，使其获取丰富的直接经验。最后，要注意婴幼儿良好生活习惯的养成。建立科学合理的生活常规，养成良好的就餐习惯、睡眠规律以及排便规律，促进婴幼儿的身体健康生长发育，增进身体健康，为婴幼儿身心各方面发展提供物质前提。

（二）发展认知和语言能力

0～3岁婴幼儿通过自身的身体探索活动——看、听、摆弄和操作等，感知和了解周围环境，发展认知和语言能力。家长应营造丰富的生活环境，刺激婴幼儿的认知发展，激发婴幼儿的认知兴趣，培养其动手操作、主动探究的习惯，发展他们的感知觉、注意、记忆、想象和初步的思维能力；让婴幼儿在生活中借助实物和游戏感受自然及其变化现象、日常生活的丰富多彩，激发婴幼儿的好奇心和求知欲。家长还应培养婴幼儿倾听语言的兴趣，发展婴幼儿理解和运用语言的能力；通过感知活动丰富婴幼儿的直接经验，培养他们认识和探究周围环境的兴趣。

（三）培养社会性和良好情感

婴幼儿的社会性发展是其未来人格发展的重要基础。社会性的发展水平直接关乎婴幼儿未来人格发展的方向和水平，良好的亲子依恋关系，能够培养他们的安全感和积极情绪情感。因此，培养婴幼儿主动与同伴的交往，是0～3岁婴幼儿家庭教育的不可忽视的任务。总的来说，婴幼儿阶段家长应积极塑造婴幼儿文明的行为，奠定婴幼儿开朗活泼性格的基础，通过积极的人际交往体验，培养婴幼儿良好的社会性和积极的社会情感。家长要让婴幼儿的自我意识从“以自我为中心”顺利发展并逐渐过渡到“去自我中心”的阶段；家长要为婴幼儿创造与家人、兄弟姐妹、同龄小伙伴接触的机会，丰富其人际交往的经验，使其掌握与他人相处的方法，以便其更好地适应未来的社会生活。

（四）熏陶审美情趣

审美教育是人类文明的必然结果，审美教育可以陶冶性情、开发智力、培养意志。0～3岁的婴幼儿通过视、听、动的协调活动，直观地、表面地感知美好的事物。婴儿出生后，便显现出审美感知的最初萌芽，6个月左右的婴儿会尝试用手去抓眼前色彩醒目或有声响的物体，一旦成功就会流露出喜悦、欢快的表情，这便是人生最初体验到的审美乐趣。因此，0～3岁婴幼儿家庭教育要注意结合这一时期婴幼儿感知的特点培养他们对美好事物的兴趣，呈现丰富的美感刺激，开发婴幼儿的审美潜能。

0~3 岁是婴幼儿审美发生发展的关键期。听觉方面，婴幼儿分辨音节高低、强弱的能力最强，是培养音乐感和节奏感的最佳时期，家长要给婴幼儿提供充足的说儿歌、听音乐、玩乐器、做律动的条件与机会，通过多感官感知声音和音乐的美好。视觉方面，0~3 岁的婴幼儿视觉发展迅速，从模糊到清晰，从无色到有色，家长应为他们提供比例合理、色彩鲜艳的视觉刺激，使婴幼儿在富含审美价值的环境中成长，受到审美熏陶。触觉方面，涂鸦、绘画能让婴幼儿建立表达自我的自信心，同时可以培养婴幼儿的独创性，形成基本的美感，家长应为婴幼儿提供多种多样的美术材料与手工材料让婴幼儿进行大胆涂画。家长要给予婴幼儿肯定和鼓励，用多种方式增强婴幼儿表达美感的自信心。总之，家长应创设丰富的环境，提供审美机会引导婴幼儿感受美，鼓励他们表达美，开发其审美潜能，塑造其美的心灵。

任务二 0~3 岁婴幼儿家庭教育的原则

家长不能因婴幼儿的弱小和不成熟随心所欲地对待，家庭教育要有所为，有所不为，即要遵循一定原则。婴幼儿家庭教育原则是根据 0~3 岁婴幼儿身心发展特点、婴幼儿家庭教育的任务提出的，是婴幼儿家庭教育中必须遵循的基本要求，是婴幼儿家庭教育经验的总结和概括，是进行良好家庭教育的行为准则。

一、安全健康原则

（一）基本内涵

安全主要是指婴幼儿的生命安全，健康包括婴幼儿的身体健康和心理健康。安全健康原则是指家长在进行家庭教育时，最大限度地保护婴幼儿的生命安全和身心健康，做好安全防护，合理安排膳食，均衡营养，注意疾病预防与控制。

（二）基本依据

刚出生的婴儿身体娇嫩，机体抵抗力、免疫力低，几乎没有抵御外界风险的能力，尚不具备自我保护能力。所以家长在养育婴幼儿的过程中要把保护婴幼儿的生命安全放在首位。

（三）基本要求

首先，家长要保护婴幼儿的生命安全，为婴幼儿营造安全温馨，适宜婴幼儿健康成长的生活环境。要保持家庭干净整洁、安全卫生，将危险品、容易吞咽的小物品等放到婴幼儿接触不到的地方，防止婴幼儿异物吸入、吞咽或中毒；要避免婴幼儿接触烟和酒；要尽量避免婴幼儿到厨房玩耍，防止烧伤烫伤；必要时在家安装阳台防护栏、爬行护栏和床上围栏，防止跌落伤。

其次，家长要尽己所能保护婴幼儿身体健康。条件允许的情况下，要尽量母乳喂养，适当补充维生素 D。要带婴幼儿到户外晒太阳，促进钙的吸收，预防佝偻病。婴儿满 6 个月后，家长应科学合理地为其添加辅食。要为婴幼儿提供安全、营养的食物，保证婴幼儿成长所需营养。需要注意的是，不建议在 1 岁以内的婴儿食物中添加糖、盐等调味品。要帮助婴幼儿养成良好的口腔卫生习惯，预防龋齿，要帮婴幼儿养成良好的睡眠习惯，按时接种疫苗。

最后，家长要注意保护婴幼儿的心理健康，为婴幼儿提供支持性的环境，创设温暖、愉快的情绪氛围。要注意观察婴幼儿，敏锐捕捉他们的生理需求和心理需求，积极回应并及时满足。0～3 岁是婴幼儿建立安全感的关键期，通过建立稳定的信任和情感联结，形成良好的亲子依恋关系有助于婴幼儿良好社会性的发展。家长要观察了解婴幼儿的情绪表达特点，把握婴幼儿情绪变化，正确判断其需求，理解其需求并给予及时恰当的回应，满足其爱抚、亲近、搂抱等情感需求，要肯定和鼓励婴幼儿适宜的态度和行为。

二、尊重原则

（一）基本内涵

尊重原则是指家长在养育过程中，应当尊重婴幼儿的人格，以平等人格主体的身份实施家庭教育。做到尊重婴幼儿的身心发展规律和心智特点，尊重婴幼儿的个体差异，尊重婴幼儿的人格尊严、社会地位以及基本人权。不得打骂、虐待或歧视婴幼儿，不因 0～3 岁婴幼儿心智尚未成熟而强加不合理的要求。

（二）基本依据

首先，《家庭教育促进法》指出，要“尊重差异，根据年龄和个性特点进行科学引导”。尽管 0～3 岁的婴幼儿身心各方面发展尚未成熟，属于无民事行为能力人，但从出生便享有民事权利。他们是发展的主体，是有情感、有个性的社会人，而不是家庭或个人的附属品。因此，家长应尊重婴幼儿作为生命个体的基本权利。其次，婴幼儿的成长具有连续性、阶段性、顺序性与不平衡性，具有专属于这一阶段的成长特点和规律。因此，家长应依据这些规律对婴幼儿进行科学的养育和教育。再次，每一名婴幼儿都是独立的个体，尽管每个阶段有其发展的规律性，但个体间的发展依然存在巨大的差异。因此，家庭教育不能“一刀切”，人云亦云，不能“尽信书”，亦不能“无书”，要尊重婴幼儿的个体差异，因材施教，静观其行，因势而成。最后，每一个婴幼儿都是有着丰富个性的完整的人，是有着巨大发展潜能的人，生来就拥有多元智能。因此，家长应尊重婴幼儿的智能特点，树立正确的儿童观，发现孩子的闪光点，促进其全面发展。

（三）基本要求

家长应结合 0～3 岁婴幼儿身心发展的阶段特点和婴幼儿的个性特点实施家庭教育影响，既不过于严厉，也不过于宠溺。不能将婴幼儿看成“小大人”或“成人的附属品”，用成人的标准施以要求，而应该把婴幼儿看成是身心发展尚未成熟的、需要被尊重与平等对待的独立个体。例如，有的婴儿不喜欢换尿布，每当换尿布时就会表现出强烈的情绪反应，大肆哭闹，有的家长便把婴儿强行摁住，甚至会恶声训斥。实际上，婴儿换尿布哭闹很可能并不是讨厌换尿布这件事本身，而是不喜欢被强迫。如果妈妈换一种方式，如一边换尿布一边逗婴儿玩，伴随温柔地抚摸小屁股，这些有利于消除婴儿对换尿布产生的心理阴影，哭闹的现象就会逐渐消失。再如，6 个月左右的婴儿面对陌生人或陌生环境会哭闹，对此很多家长不理解，往往会用训斥或恐吓的方式制止婴儿哭泣。儿童发展规律告诉我们，6 个月婴儿认生是正常现象，对于婴儿而言，家门外的一切都是新鲜的、未知的，这时家长要有足够的耐心，温柔地安抚婴儿，尊重其心理发展特点，让婴儿慢慢放松，获得安全感，哭闹自然就会停止。

《家庭教育促进法》要求家长应“平等交流，予以尊重、理解和鼓励”。虽然婴幼儿的身心发展尚未成熟，但他们与成人在人格上是平等的，是和成人同样具有独立人格的个体，家长应在日常养育中给予婴幼儿充分的尊重。家长应以婴幼儿身心发展的现实性与可能性为前提，以促进婴幼儿在身体、智力、语言、社会性、审美等方面全面和谐发展为宗旨，实施养育与教育相互融合、相互渗透的教育。

三、一致性原则

（一）基本内涵

一致性原则是指家长在进行家庭教育时，应当将来自各方面对婴幼儿的教育影响进行组织与整合，使其相互配合，协调一致，以相同的要求前后连贯地进行，以保障婴幼儿能够健康成长。《家庭教育促进法》明确提出：家庭教育、学校教育、社会教育要紧密结合、协调一致。家庭教育影响的一致性在很大程度上影响着婴幼儿的性格、人际关系、思维方式、解决问题的方式等方面。

（二）基本依据

不同家庭成员之间、早期教育机构以及社会各方面因素都会影响婴幼儿的发展，每一因素都有其各自特点，如果这些因素之间的教育要求不一致，教育影响不连贯，又不能加以协调整合，必然导致家庭教育收效甚微，有可能完全无效化，甚至起到相反的作用。苏联教育家苏霍姆林斯基曾说："父母对孩子的要求必须保持一致，因为一旦孩子感到母亲和父亲对'不可以''可以''应该''不应该'等问题有不同看法时，那么即使最合理的要求也会变成暴力、强制。"因为，在婴幼儿出现某种行为时，家长的一致肯定或否定，会让婴幼儿清楚地知道自己的行为正确与否，以影响其在其他类似情境中的行为。反之则会阻滞婴幼儿是非判断能力和自我控制能力的发展，养成孩子任性、不讲理的恶习，也不利于家长权威的建立。例如，生活中有些家长会因为彼此教育观念不一致而争吵，导致在家庭中出现差异很大的教育方式，从而使婴幼儿茫然不知所措。

（三）基本要求

1. 父母对婴幼儿的教育要求要一致

第一，父母的教育理念要一致。在家庭教育的过程中，父母应该共同分析婴幼儿的发展情况，沟通好教育观念，明确对婴幼儿提出的要求以及具体实施方法，达成一致的教育观念，在家庭教育中相互配合、协调一致地发挥作用。父母不一致的教育理念，会使家长错失培养婴幼儿良好习惯和兴趣的关键期，错过成长的敏感期。

第二，父母的教育行为要一致。在教育过程中父母要根据沟通好的教育观念实施教育行为。不要出现理想与现实脱节的情况。当婴幼儿能听懂话时，要讲道理、明是非。当其犯错时，一方批评教育，另一方不要袒护，也不要在婴幼儿面前指责对方，而要相互配合、协调一致。例如，在婴幼儿小肌肉发展的初期，每一个婴幼儿都有在家里的墙上、地上到处乱画的阶段。这时，有的妈妈认为孩子把家里画得很乱是不好的行为，会训斥孩子并把画笔藏起来，可是爸爸认为孩子愿意画就随便画，采取不理会不干预的态度，这样就会导致婴幼儿不知所措或出现双面行为。正确的做法是父母双方就婴幼儿应不应该涂鸦，在哪儿涂鸦达成一致，共同引导婴幼儿的涂鸦行为。

第三，父母对婴幼儿的要求要前后一致。事前制定的行为标准和奖惩原则在事后要按照约定执行，不要随意更改，从而提高婴幼儿对父母的信任感，更愿意服从父母的教养。

第四，父母对婴幼儿的感情也要前后一致，不能乖巧时爱不够，淘气时斥责打骂，否则会加重或延长婴幼儿的反抗期表现，也会使婴幼儿渐渐养成唯我独尊的行为方式，不懂得尊重他人。

需要强调的是，当前有很多父亲认为对 0～3 岁婴幼儿的教养只要保证他吃好睡好身体好就行了，而这些都是母亲的事，自己起不了什么作用。这种育儿观念是对婴幼儿教养的误解。《家庭教育促进法》中明确指出，实施家庭教育应当父母共同参与，发挥父母双方的作用。因此，自孕育的初期开始，从照顾孕妇到婴幼儿的养育和教育，父亲需要全程参与，担负起一个丈夫和父亲的责任。避免造成“丧偶式”育儿。在婴幼儿出生前，父母要共同商定育儿原则，沟通彼此的教育观，明确父母双方各自承担的任务及需要扮演的角色。

2. 代际之间对婴幼儿的教育行为要一致

在现有家庭结构中，三代同堂的比例很高，祖辈往往会参与婴幼儿的家庭教养活动，隔辈亲会让祖辈更容易宠爱孩子。因此父母要与老人沟通好教育观念，取得老人对教育要求的认同，当出现教育冲突的时候，双方要及时做出调整，避免婴幼儿在差异性要求的家庭教育环境下形成不良的个性和品质。对日常行为规范及奖惩规则，父母与祖辈要保持一致的态度，齐心协力，相互配合，不要使婴幼儿自认有“撑腰的人”，认为规则都是可以商量的，而非必须遵守的，从而导致婴幼儿习得在父母面前执行一套规矩，而在祖辈面前没有规矩，甚至出现撒谎、不服从等对立违抗行为。例如，有时祖辈心疼孩子，就会偷偷违背约定好的教育规则：“奶奶给你买这个吃，你不要让你妈妈知道啊！”因此，要尽量保证老人与父母之间教育要求的一致性，做到关心爱护与严格要求并重。此外，在条件允许的情况下，父母要尽量保证亲自养育。很多老人虽然有一颗爱孩子的心，但是他们更倾向于根据已有经验育儿，而非科学育儿。

例如，进餐活动是婴幼儿一日生活的重要环节，父母一定要和老人沟通好教育原则，制定科学合理的生活常规，坚定贯彻执行，保证家庭教育影响的一致性。有些老人为了让婴幼儿尽快吃完饭，常常有很多不同的“招数”，如会把食物泡软，一口水一口饭或采用汤泡饭的方式进餐；还有的老人为了让婴幼儿多吃点，追着喂饭；更有老人为了避免婴幼儿哭闹，给婴幼儿玩具，边玩边吃或边看动画片边吃饭。这样不仅不利于婴幼儿良好饮食习惯的养成以及身体健康成长，而且容易造成两代人之间的矛盾，进而影响婴幼儿的发展。

3. 家庭与早期教育机构对婴幼儿的教育要求要一致

婴幼儿在进入早期教育机构之前的主要活动场所是家庭，受到的全部教育影响都源自家庭成员，尤其是父母。新时代的家长逐渐意识到科学育儿对婴幼儿未来成长与发展的重要性，通过书籍、网络、专家讲座等各种途径获取科学育儿的知识与方法。但由于缺乏系统的教育理论学习，加之初为家长，经验不足，难免会出现照本宣科，理论与实践相脱节的情况。而早期教育机构以专业的教育理论和心理学理论做支撑，以0～3岁婴幼儿的身心发展特点为依据，拥有先进的教育理念和科学的教育方法。一方面，家长可以学习早期教育机构先进的教育理念和方法，将零散的教育知识整合起来，不断修正家庭教育实施，对婴幼儿施加系统一致的教育影响；另一方面，由于目前针对0～3岁婴幼儿的早期教育机构的管理尚不完善，早期教育机构的教育质量良莠不齐，这就需要家长不断丰富自身的教育理论素养，对早期教育机构的教育质量有基本的判断力和辨别力，为婴幼儿选择正规的早教机构。

四、生活化原则

（一）基本内涵

生活化原则是指婴幼儿家庭教育要与日常生活相互渗透、协调统一。婴幼儿教育生活化包含两个方面：一是指教育对生活的改造，在婴幼儿的日常生活中渗透教育，让生活中有教育；二是指生活对教育的影响，让教育行为体现出生活化的特点，让教育中有生活。

相关视频

情景一：在生活中渗透教育。如视频中的家长在帮助孩子擤鼻涕时，会伴随相应的言语指导，引导孩子掌握擤鼻涕的正确方法，让孩子逐渐能够学会自己擤鼻涕，进而养成良好的卫生习惯。具体方法请扫描文旁二维码观看视频“擤鼻涕”。[①]

① 活动视频“擤鼻涕”由曹宇坤及其儿子箖箖倾情提供。

情景二：将教育融入生活。视频中的家长将亲子游戏与当前的季节相结合，在大雪过后与孩子进行模拟下雪的游戏。扫描文旁二维码可以观看11个月婴儿与家长进行的亲子游戏“下雪了”。

（二）基本依据

我国著名教育家陶行知先生说：“生活即教育。”生活本身蕴藏了一切哲理和智慧，生活中的一切细节都可以成为教育本身。《家庭教育促进法》提出在开展家庭教育时要“相机而教，寓教于日常生活之中”。婴幼儿的教育主要是在日常生活中进行，通过生活活动帮助婴幼儿感知、观察和了解身处的物质世界。因此，婴幼儿教育即是在生活中进行生活教育。0～3岁婴幼儿的养护与教育是分不开的，没有脱离生活的教育，也没有脱离教育的生活。照料婴幼儿的生活和促进婴幼儿能力的发展不可分割，二者相互融合。婴幼儿一日生活的所有活动都蕴含教育价值，在生活活动中，学习是婴幼儿成长的重要途径。无论是吃喝拉撒睡一类的生活活动，躲猫猫、拼图一类的游戏活动，还是阅读识字类的学习活动，都具有重要作用，这些活动对婴幼儿的发展都是不可缺少的。

（三）基本要求

家长要充分认识和利用一日生活中的各种活动的教育价值，将教育融入婴幼儿的日常生活之中。例如，想要培养婴幼儿的独立性，家长就可以在进餐活动时注意引导婴幼儿逐渐学会自主进食。家长要善于发现生活活动中的教育机会，正确地引导与示范。例如，给婴幼儿擦鼻涕是生活中常见的活动，它虽然是典型的照料行为，但家长不同的处理方式，会给婴幼儿带来不同的教育影响。有的家长会带着心中的爱，用温柔的动作、支持性的语言、科学的方法为婴幼儿擦鼻涕。这时，婴幼儿会感受到家长的爱，产生积极的情感体验，获得安全感，并在家长温柔的提醒下，掌握擦鼻涕的正确方法，逐渐养成自己擦鼻涕的良好卫生习惯。有的家长则认为擦鼻涕只是单纯的照料活动，便随意擦一下了事。由于后者意识不到生活活动中的教育价值，失去了教育的机会，无形中限制了婴幼儿的发展。

例如，苹果是生活中常见的水果，也是添加辅食初期的重要食物。家长可以结合视觉、嗅觉、味觉、触觉等多感官的探索帮助婴幼儿感知和认知苹果（图2-1）。

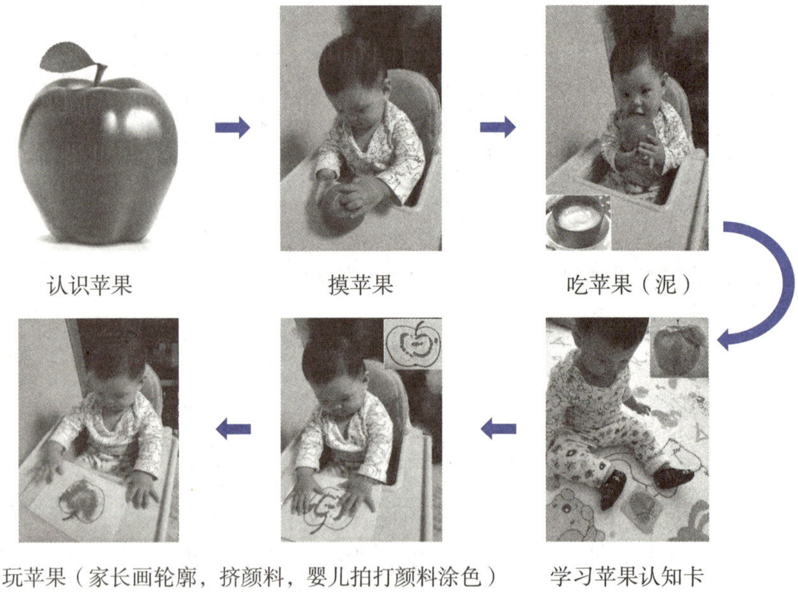

图 2-1　宝宝认识苹果

任务三　0～3 岁婴幼儿家庭教育的方法

“任其事必图其效，欲责其效，必尽其方。”教育方法的运用直接关系家庭教育的成效。婴幼儿家庭教育方法是指家长为达成教育目的和任务，依据 0～3 岁婴幼儿的年龄特点和个性特点，所选择和运用的具体措施和手段。实施家庭教育时，只有在正确理念的指导下采用科学的家庭教育方法，才能保证婴幼儿家庭教育的目的和任务的达成。掌握科学的婴幼儿家庭教育方法对提高家庭教育质量有重要意义。婴幼儿家庭教育中常用方法有如下几种。

一、游戏法

（一）内涵

游戏法是引导婴幼儿以游戏的形式开展学习活动的教育方法，是婴幼儿家庭教育中最重要也是最常用的方法。

0～3 岁婴幼儿处于感知运动时期，亲子游戏、动作游戏和玩物游戏是这一时期婴幼儿主要的游戏形式。其中，亲子游戏是婴幼儿出生后最初两年的主要游戏形式。家长是婴幼儿与物质世界之间的中介，家长通过提供玩具和游戏材料以及与婴幼儿的共同游戏来促进婴幼儿的发展。早期亲子游戏的发展趋势是从被动到主动，刚开始婴儿处于被动角色，喜欢与家长的互动，8 个月左右，婴儿开始主动发起游戏。因此，家长在婴儿出生后可以尽早地与婴儿进行游戏。

（二）意义

游戏本身具有愉悦性、自主性、虚拟性、灵活性以及无外在目的的本质特征，符合婴幼儿的年龄特点。游戏可以促进婴幼儿身体、认知、社会性情感等多方面发展。《家庭教育促进法》指出，在开展家庭教育时要“亲子养育，加强亲子陪伴；共同参与，发挥父母双方的作用”。对于 0～3 岁婴幼儿来说，最重要的莫过于与家长建立起安全的依恋关系，因为早期的安全依恋预示着学前期的伙伴接纳、积极的社会性参与和更丰富复杂的游戏行为。亲子游戏正是在父母发起的亲子陪伴中进行的，符合《家庭教育促进法》的基本要求，同时有利于促进良好亲子依恋的形成。

亲子游戏一方面可以使婴幼儿感受到父母的关注和爱，与父母形成密切的情感联系；另一方面婴幼儿在游戏中的表现以及在游戏中获得的快乐又可以强化父母与婴幼儿之间的情感联结，进一步推动父母与婴幼儿进行更高层次、更复杂的游戏。以“躲猫猫”游戏为例，在简单重复的躲藏互动中，不仅能够使婴幼儿从事物的“消失—再现—再消失”中获得乐趣，而且也蕴含着丰富的教育价值。婴幼儿在与家长玩躲猫猫的过程中，逐渐获得了客体永久性概念，知道了即便挡住视线，人和物也没有消失；婴幼儿通过仔细观察，判断家长的躲藏位置，空间感知力得到提升；从蒙眼到等待再到揭开遮挡的过程中，婴幼儿经历了从看不见家长的紧张到发现家长的兴奋，体会到了更多的情绪变化和愉快的心情。

（三）要求

任何年龄阶段的儿童都需要游戏，但不同年龄的婴幼儿在游戏方式、游戏内容上有所不同，因此家长应根据婴幼儿不同年龄阶段游戏的特点进行指导。家长通过陪伴婴幼儿进行互动游戏、提供适宜的玩具和游戏材料，同时用柔和的声音、笑脸、柔软的手和身体的拥抱、言语的肯定等给予情感支持来促进婴幼儿的游戏，使他们的游戏超越当前的能力，将游戏的价值最大化，促进婴幼儿全面发展。

早期亲子游戏主要有直接的交互模仿，如凝视、微笑、表情、声音、动作等的相互模仿，例如，妈妈在给婴儿换尿布时，对婴儿说话或做出“臭臭”的表情。大约在婴儿 3 个月时，婴儿开始出现回应，会做出欢乐的表情或动作，由此具有社交性质的亲子游戏就产生了。因此，家长可以在日常生活中模仿婴儿，可以用有趣的、夸张变调的声音同婴儿说话，对婴儿做鬼脸；用自己的脸与婴儿的脸贴蹭；挠痒痒；让婴儿在膝盖上弹跳；对着婴儿唱歌；等等。

家长还可以以物为中介进行协同游戏活动，即可以借助玩具或物品来进行。如，家长用拨浪鼓逗弄婴儿；婴儿出生后1～2个月，家长可以借助镜子进行游戏，刺激婴儿的视觉发展，同时帮助婴儿获得有关于自我意识的经验；1～1.5岁的幼儿可以玩积木游戏，这有利于婴幼儿动手操作能力的发展，还能培养婴幼儿色彩感知力和应用能力；1.5～2岁的幼儿可以通过“和面”游戏、沙子游戏、穿珠游戏锻炼手部肌肉，发展感知觉。

角色游戏是最有利于发展幼儿社会性的游戏之一。2～3岁幼儿的家长可以在家为幼儿创设娃娃家、医院等游戏场景，让幼儿逐渐学会站在他人的立场上思考问题，学会关心帮助理解他人。通过商店游戏，让幼儿在商品的买卖中获得数概念，在自然生活中学会加减的实际意义。需要注意的是，针对2～3岁幼儿使用游戏法时，家长需要明确游戏最突出的特点是通过操作体验、在轻松愉快的氛围中培养婴幼儿各方面的兴趣和能力，切勿将游戏当作达成教育目的的手段，忽视游戏的愉快性与自主性。

二、榜样示范法

（一）内涵

榜样示范法是指在家庭教育中，家长以自身良好的行为或借助具有极大说服力的具体形象去感染、教育、影响婴幼儿的教育方法。尤其适用于缺乏基本辨别是非能力又善于模仿的婴幼儿。

（二）意义

苏联教育家马卡连柯指出：“父母对自己的要求，父母对自己的尊敬，父母对自己一举一动的规范，这是首要的和最基本的教育方法。”对0～3岁婴幼儿来说，生活中第一个具有决定意义的榜样便是父母。由于婴幼儿缺乏生活经验和辨别是非善恶的能力，因而父母及家庭成员的作风、品德、个性等就会潜移默化地对婴幼儿的行为产生影响。父母要利用这一契机，使用榜样示范法对婴幼儿的发展产生积极影响。

（三）要求

《家庭教育促进法》要求：在开展家庭教育过程中要做到“潜移默化，言传与身教相结合”。孔子也说“其身正，不令而行；其身不正，虽令不从”。家长希望婴幼儿成为什么样的人，家长自己首先就要成为那样的人。在使用这一方法的过程中，需要父母以身作则，加强自身的修养，在树立良好榜样的同时，逐渐教会婴幼儿做出正确的价值判断。家长要用真挚的感情，点燃孩子胸中炽热的感情之火，只有这样才能实现心灵上的沟通、情感上的交流，如此家长的教育才能为孩子所接受。父母要成为孩子的榜样，将基本的价值观和行为方式传递给婴幼儿，就不能自己做一套，让婴幼儿做另一套。比如，家长希望孩子养成读书习惯，那么家里应该有很多书籍，家长能够在日常生活中做到经常看书，这样孩子会自然而然地模仿。婴幼儿的观察力和敏感性远超成人，家长的行为对婴幼儿的影响要远远大于口头说教，只有家长以身作则，教育才能更有效。因此，无论在什么场合、什么情况下，家长都要保持言行一致，做孩子生活中的榜样。

三、强化法

（一）内涵

强化法是运用强化手段帮助婴幼儿形成某种行为习惯。强化分为正强化和负强化，正强化是指婴幼儿在做出某种行为或反应后，家长给予一个愉快刺激，如给一个奖励或一个拥抱，从而提高某种期待中的良好行为出现的概率；负强化是指婴幼儿在做出某种行为或反应之后，家长撤除一个厌恶刺激，如撤销一个惩罚，从而提高类似行为发生的概率。

（二）意义

强化法的运用可以提高婴幼儿良好行为的发生概率，帮助家长激励婴幼儿良好行为的发生，使婴幼儿养成良好的生活卫生习惯。强化物的使用是为了鼓励适当的行为的出现，降低不适当行为的发生概率。

（三）要求

在使用强化法时，尽量以正强化为主，慎用惩罚，恰当地使用表扬与鼓励。家长可以借助食物、水、温暖的拥抱、微笑、表扬、肯定、游戏等强化物对婴幼儿的良好行为进行强化。第一，要注意强化的有效性。家长要在婴幼儿达到或基本完成了某种行为或任务时，给予一定的强化刺激。要使婴幼儿明确地知道强化物的出现是由于某种特定行为的产生。如果尚未达到期望目标或任务，就呈现奖励，久而久之强化就会失去效用。第二，要注意强化的时效性。要做到及时强化，当婴幼儿出现一定的期待行为时，家长就要及时地给予肯定、鼓励或表扬，以此取得最佳强化效果。第三，要控制好强化的频率。家长在使用强化时，间隔时间不宜过长，婴幼儿在得到家长的表扬或鼓励后会有一个兴奋期，由于婴幼儿年龄尚小，持久性和控制力较差，强化效果持续时间较短，因此，家长可以通过温暖的微笑、肯定的赞扬、温柔的抚摸等方式适时给予强化。最后，家长可以适当运用普雷马克原理，利用发生频率较高的活动来强化发生频率较低的活动，从而促进低频活动的发生。例如，“先吃了你的蔬菜，然后你就可以玩玩具”。

四、惩戒法

（一）内涵

惩戒法是家长对婴幼儿的不良观点、不好行为做出否定评价，以帮助其改正缺点与错误的一种家庭教育方法。惩戒主要用在性质和后果较为严重的行为上，是要剥夺孩子的某种权利，给孩子以痛苦的体验，需要强制执行。

（二）意义

使用惩戒法的意义在于通过否定孩子的不良观点、不好行为可以引发婴幼儿的内疚感、羞愧心和不愉快的情绪体验，使他们从所犯的错误中吸取教训，并学会用意志克服自己的不良行为习惯。

（三）要求

首先，惩戒要适度。根据婴幼儿不良习惯的程度给予惩罚，不要让婴幼儿感到家长的惩罚是随心所欲的，是不公正的。其次，要罚之有理。在惩戒时，一定要让孩子知道为什么受罚，向孩子讲清楚被罚的道理。

需要注意的是，如果惩戒法使用不当，容易造成亲子关系紧张，甚至会使婴幼儿产生反抗行为。使用惩戒法的关键不在于是否进行惩戒，而在于什么时机、如何使用这一方法。使用这一方法需要注意：第一，父母使用这一方法的前提应是父母对孩子的爱护、尊重，要体现出父母对孩子的期望与信任，而不是父母作为“权威”对孩子进行的单方面发泄式惩罚；第二，要让孩子明确受惩戒的原因，向孩子指出错在哪里，帮助孩子明确如果错误不及时纠正，任其发展下去会有什么危害，或是已经造成了什么危害，并指出如何改正，今后应当怎么做；第三，惩戒法作为一种“反强化”的教育方法，应慎重使用，以免起到反作用。

五、陶冶法

（一）内涵

陶冶法是指家长为婴幼儿创设良好的情境，通过耳濡目染，潜移默化地培养婴幼儿思想情操和完整人格，使婴幼儿心灵受到感化的一种教育方法。陶冶的方式有很多，适合婴幼儿的陶冶法主要有环境熏陶和艺术陶冶等。

（二）意义

环境和艺术作品本身蕴含有丰富的教育价值，优秀的艺术作品和优雅的生活环境中蕴含着强大的精神力量。这种价值很难通过语言准确地描述出来，但它可以通过作品和营造的氛围传递出来，使婴幼儿直接感知到。因此，借助环境和作品可以启发婴幼儿对真善美的感受，这对婴幼儿精神世界的成长具有启蒙意义。

（三）要求

孟子曰“仁言不如仁声之入人深也”，陶冶法就是要让家里的每一面墙都能够“开口说话”，让生活中的一事一物都发挥教育作用。家长要精心为婴幼儿创设有教育意义的家庭环境，家庭陈列干净整洁，家庭装饰美观有趣，要营造轻松愉快、生机勃勃的家庭氛围，引导婴幼儿从情境中吸取有益的精神营养。艺术来源于生活，又高于生活，艺术作品具有高度的概括性，寓意深厚，感人至深。家长可以借助音乐、绘画、儿歌、诗歌、影视等艺术作品感染婴幼儿，给婴幼儿以美的享受，熏陶其性情，增强其对美的感受性，启发其创造力。

学习检测

一、选择题

1. 0～3 岁婴幼儿家庭教育是一种（　　）。

A. 正规教育　　B. 非正规教育

C. 社会教育　　D. 学校教育

2. 联合国教科文组织提出了未来教育的四大支柱是（　　）。

A. 学会求知、学会生活、学会学习、学会做人

B. 学会认知、学会做事、学会共同生活、学会生存

C. 学会生活、学会成长、学会学习、学会生存

D. 学会求知、学会生活、学会成长、学会共处

3. 在婴幼儿家庭教育中，家长以自身良好的思想行为品德去感染、影响、教育婴幼儿，这是（　　）。

A. 正面说理法　　B. 榜样示范法

C. 暗示提醒法　　D. 惩罚法

4. 通过为婴幼儿创设良好的情境，潜移默化地培养婴幼儿思想情操和完整人格，使婴幼儿心灵受到感化的教育方法称为（　　）。

A. 榜样示范法　　B. 自然后果法　　C. 陶冶法　　D. 强化法

5. 0～3 岁婴幼儿家庭教育的一致性原则要求养育者做到（ ）。

①父母对婴幼儿的教育要求要一致

②代际之间对婴幼儿的教育行为要一致

③家庭与早期教育机构对婴幼儿的教育要求要一致

A. ①②　　B. ①③　　C. ②③　　D. ①②③

二、简答题

1. 简述 0～3 岁婴幼儿家庭教育的意义。

2. 0～3 岁婴幼儿家庭教育的任务有哪些？

3. 0～3 岁婴幼儿家庭教育的基本原则有哪些？

4. 0～3 岁婴幼儿家庭教育方法有哪些？

三、材料分析题

材料：3 岁的米粒活泼可爱。一天跟着爸爸妈妈去郊游，看到厚厚的白雪，整个人一下就扑了上去，在雪地上印出了自己的轮廓。米粒得意地说："看！这是我的影子伙伴。"妈妈指着米粒的湿衣服说："你走路就不能好好走！才给你换的新衣服，瞧你都弄成什么样了！浑身脏死了！"爸爸阴沉着脸说："我就说不出来玩，在家背会儿唐诗、做做算数多好。这一天什么也学不着，疯玩一天。"

米粒原本高兴的小脸立刻由晴转阴，眼泪啪嗒、啪嗒地掉了下来。

问题：米粒父母的做法是否恰当？请结合婴幼儿家庭教育原则相关理论加以说明。

实践体验

选择一个有 0～3 岁婴幼儿的家庭进行跟踪观察，观察并记录其家庭教育遵循了哪些家庭教育原则，采用了哪些家庭教育方法；同时观察与分析家长在实施家庭教育的过程中有哪些不恰当的教育行为。

单元三　0~3 岁婴幼儿家庭教育的指导

导言

随着社会的发展，家庭教育对婴幼儿发展所起的作用越来越受到重视。特别是多子女生育政策的施行，使得家长对育儿知识获取和育儿指导的需求越来越迫切。据调查，仅有 10% 的家长会带婴幼儿参加早期教育机构的亲子活动或将孩子送入托育机构，那么家长在家庭中如何更好地育儿？没有参加过早期教育机构活动的家长该如何获得科学育儿信息？除了早教机构的活动，还有哪些途径可以为家庭育儿提供帮助？通过学习本单元，将可以找到以上问题的答案。

学习目标

1. 领会 0~3 岁婴幼儿家庭教育指导的目的和意义。
2. 明确 0~3 岁婴幼儿家庭教育指导的内容和原则。
3. 掌握 0~3 岁婴幼儿家庭教育指导的方法。
4. 了解早教机构对家庭教育资源利用的内容。
5. 了解家庭教育指导师应该具备的素质。

内容导览

- 单元三　0～3岁婴幼儿家庭教育的指导
  - 任务一　0～3岁婴幼儿家庭教育指导的目的与意义
    - 一、0～3岁婴幼儿家庭教育指导的目的
    - 二、0～3岁婴幼儿家庭教育指导的意义
  - 任务二　0～3岁婴幼儿家庭教育指导的内容
    - 一、端正育儿理念
    - 二、传授育儿知识
    - 三、指导建构良性家庭氛围
  - 任务三　0～3岁婴幼儿家庭教育指导的原则
    - 一、科学性原则
    - 二、适切性原则
    - 三、非替代性原则
  - 任务四　0～3岁婴幼儿家庭教育指导的实施
    - 一、0～3岁婴幼儿家庭教育指导的策略
    - 二、0～3岁婴幼儿家庭教育指导的途径
    - 三、0～3岁婴幼儿家庭教育指导的方法
  - 任务五　早教机构对家庭教育资源的科学利用
    - 一、早教机构对家庭教育资源科学利用的内容
    - 二、早教机构对家庭教育资源科学利用的方法
    - 三、家庭教育指导师的素质

任务一 0～3岁婴幼儿家庭教育指导的目的与意义

0～3岁是人一生发展的奠基阶段，家长若从开始就能接受科学的家庭教育指导，对婴幼儿一生的发展会起到极大的助益作用，取得事半功倍的效果，可以避免很多悲剧的发生。《家庭教育促进法》要求父母或者其他监护人“用正确思想、方法和行为教育未成年人养成良好思想、品行和习惯”，“未成年人的父母或者其他监护人应当树立正确的家庭教育理念，自觉学习家庭教育知识，在孕期和未成年人进入婴幼儿照护服务机构、幼儿园、中小学校等重要时段进行有针对性的学习，掌握科学的家庭教育方法，提高家庭教育的能力”。然而很多家长往往只养不教，把一个人的教育成败单纯归因于学校教育，认为好的学校和好的老师就可以培养出优秀的孩子，一些家长更是漠视自身育儿素质，不重视教育知识的学习、教育观念的更新和育儿水平的提高，沿袭陈旧的教育理念与方式，导致错失早期教育的关键期，亲子关系紧张、家庭氛围不良。

家长不因孩子的出生取得了家长身份就自然会当家长，如何从一名新手家长成长为有效陪伴婴幼儿健康成长的合格家长，需要专业机构和人员的指导，从而帮助0～3岁婴幼儿家长丰富育儿知识、提高育儿技能、解决育儿问题。

一、0～3岁婴幼儿家庭教育指导的目的

传统观念上，家长往往认为孩子是自己的“私有财产”，如何教育孩子别人无权置喙。然而，每个人都是社会人，盲目的家庭教育会催生很多社会问题。《家庭教育促进法》指出“家庭教育要遵循家庭教育特点，贯彻科学的家庭教育理念和方法”，家庭教育指导可以帮助教养人树立科学的教育观念，提高育儿水平。

1. 帮助家长树立科学教育观念，端正家庭教育态度

最新的脑科学研究发现：3岁前人类的大脑会建立一个独一无二只属于自己的脑结构，3岁前一个人如何被对待，会影响他将来对待自己和家人的方式。家庭教育学者尹建莉说：儿童所谓叛逆期、反抗期都是成人对儿童的“妖魔化”，其实是儿童不被理解和接纳的结果。科学的家庭教育观念需要家长学习如何尊重、理解和接纳儿童。婴幼儿期心理发展中遇到的问题得不到重视和合理对待，将会成为束缚儿童健康成长的枷锁，影响家庭和谐、社会安定，甚至会桎梏孩子的一生。当下社会飞速发展，各种教育理念和教育知识层出不穷、鱼龙混杂，科学的家庭

教育指导就是帮助家长树立科学的教育理念，端正家庭教育态度培养符合未来社会发展需要、符合婴幼儿自身的儿童。

2. 解决家庭实际育儿问题，提高家长育儿水平

目前，0～3 岁婴幼儿家庭以外固定的、专业的学习和活动场所数量严重不足，仅有的早教机构和托育机构的教育质量也参差不齐；很多家长缺乏学习科学育儿知识的专门途径，家庭教育实践中很多困惑、问题无法解决，贻误教育时机。因此，多途径的、专业的、科学的、有针对性的家庭教育指导非常必要，也迫在眉睫。家庭教育指导的目的就是从专业的视角帮助家长梳理家庭育儿的问题并找到原因，用专业的知识提供科学的育儿策略，有预见性地帮助家长避免一些常见问题，切实提高育儿水平。比如，3 个月的婴儿还不能翻身是因为家里人抱得太多，婴儿没有练习的机会，或者有的家庭给婴儿准备太软的床不适合婴儿做翻身的练习；再如，8 个月的婴儿不宜使用学步车，否则会影响腿部的发育、身体的协调与平衡感的建立。

二、0～3 岁婴幼儿家庭教育指导的意义

（一）对社会的价值

美国经济学家、诺贝尔奖获得者詹姆斯·赫克曼（James Heckman）指出，一个国家和家庭对 0～3 岁婴幼儿的早期教育投资的回报率是最高的，达到了 1 ∶ 18。0～3 岁婴幼儿的家长若能接受专业的、科学的家庭教育指导，并给予婴幼儿合理的早期启蒙，婴幼儿将来会成为国家的栋梁、未来经济的创造者，而不会依赖低保或社会救济生存，徒增社会经济负担。同时，接受良好教育指导的儿童极少会误入歧途。可见，良好的早期教育可以增加社会回报，减少犯罪，促进社会的稳定。

（二）对家庭的价值

近年来，新手父母越来越意识到 0～3 岁婴幼儿教育的重要性，为了给孩子提供良好的早期教育，他们不辞辛苦地参加各种早教班，关注育儿微信公众号，参加父母沙龙、育儿讲座等。家长们若得到科学的、合理的家庭教育指导，便可解决育儿困惑，缓解育儿焦虑。专业的、科学的、有针对性的家庭指导可以节省新手父母在海量信息中筛选、甄别科学育儿知识和解决育儿问题的大量时间，使他们少走弯路；可以协助父母亲与祖父母在育儿的基本问题上达成共识，减少家庭成员之间由于育儿观念不同产生的矛盾冲突，有利于和谐的、亲密的家庭氛围的建立，提高家庭幸福指数。

（三）对婴幼儿的价值

接受家庭教育系统指导的家长能够掌握科学育儿理念和育儿方法，从而提高婴幼儿综合素质，为其一生的发展奠定基础。有研究表明，家长若在 1 岁前为孩子提供良好的早期教育，15 个月时，孩子学习新事物的能力、说话的流畅性及智商测试等各项指标与未接受过早期教育的孩子相比有明显优势，2～3 岁时的差异更大。得到育儿指导的家长更能够依据婴幼儿身心发展规律为其提供科学的教育与养护，他们可以创设适宜的家庭环境，选择安全的外部环境，利用安全保障措施确保婴幼儿的生命安全；可以依据婴幼儿的月龄阶段特点与需求，为他们提供科学的护理和照顾，从而增强婴幼儿体质，减少疾病的发生；可以高质量地陪伴婴幼儿，满足他们归属感和安全感的心理需求，平稳度过 3 岁前这一建立归属感和安全感的最重要阶段；接受过科学指导的家庭教育，其养育的婴幼儿各项能力发展更迅速、质量更高。

任务二　0～3 岁婴幼儿家庭教育指导的内容

《家庭教育促进法》第十四条指出："父母或者其他监护人应当树立家庭是第一个课堂、家长是第一任老师的责任意识，承担对未成年人实施家庭教育的主体责任，用正确思想、方法和行为教育未成年人养成良好思想、品行和习惯。"但调查发现：很多家长认为家庭教育就是请家教、上辅导班。因此，家庭教育指导需要落到实处，要让家长明确贯彻科学理念、依据科学规律、采用科学方法对婴幼儿德智体美劳全方面进行培育。0～3 岁婴幼儿家庭教育指导要侧重于家长育儿理念的树立、育儿知识的掌握及和谐家庭氛围的营造。

一、端正育儿理念

育儿理念是家庭教育的先导，引领家长的育儿行为，是家庭教育的思想依据。受全球经济发展的影响，出生于 20 世纪八九十年代的 0～3 岁婴幼儿父母已不再被传统育儿理念束缚，他们更愿意接受国内外先进的、科学的理念。0～3 岁婴幼儿家庭教育指导首要是指导家长更新育儿理念，包括尊重儿童、承认儿童是独立的完整的个体；从小培养婴幼儿的生活自理能力，让其 3 岁前学会自己吃饭、穿衣、如厕等；通过婴幼儿独立性的培养，帮助其建立自信心。教育家长要摒弃传统观念中那些会对婴幼儿身心造成伤害的陈旧观念，如家长照护次子女时，不能忽视长子女在弟（妹）降生后的心理变化，家长不应持有"你是哥哥（姐姐），应该让着弟弟（妹妹）”这样的育儿观念，避免长此以往对长子女心灵造成创伤，影响其健康成长。

科学的育儿理念不等同于全新的育儿理念，传统的育儿经验中也凝练着人类的智慧。盲目追求新颖的育儿理念和方法不仅不能促进婴幼儿健康地发展，还可能会对婴幼儿的身心造成伤害，甚至付出生命的代价。

拓展学习

扫描文旁二维码阅读相关文本，了解面对婴儿哭闹的适宜方式。

二、传授育儿知识

2019 年 5 月，国务院办公厅印发《国务院办公厅关于促进 3 岁以下婴幼儿照护服务发展的指导意见》（以下简称《意见》）指出：“发展婴幼儿照护服务的重点是为家庭提供科学养育指导，并对确有照护困难的家庭或婴幼儿提供必要的服务”。

新手家长对照护和养育婴儿常常感到惶恐和茫然，主要有三方面原因：一是育儿知识匮乏，二是从非正规渠道获得的育儿知识不科学，三是不了解可以获得科学育儿知识的途径。作为负有家庭教育指导责任的托育机构、早教机构或其他与养育婴幼儿相关的单位或个人应该为家长提供科学的、有针对性的知识，指导家长进一步了解婴幼儿发育特点，使其掌握在不同场合保护婴幼儿生命及健康的知识与技能。家庭教育指导主要从以下几方面普及育儿知识。

1. 婴幼儿生长发育特点知识的科普

把 0～3 岁婴幼儿的身体发育特点按照月龄为家长讲解，如新生儿、0～1 岁婴儿、1～3 岁幼儿在身长、体重、头围、胸围、呼吸、消化、神经、感觉器官等身体方面的发育特点，并告诉教养人判断发育异常与否的指标。

2. 婴幼儿心理发展特点知识的科普

为家长提供 1 岁前每个月、1～3 岁每三个月的月龄特点，可按照大运动、精细动作、语言、认知和社交性发展五大能力来介绍，并且给出如何发展每阶段各项能力的指导措施。

3. 婴幼儿护理知识的科普

帮助家长明确婴幼儿各阶段的照料要点，学会如何预防一些常见病和传染病的发生，并学会科学照料生病的婴幼儿的方法。

4. 营养与喂养知识的科普

帮助家长不同阶段婴幼儿最适合的食物种类与特点，使其科学、合理地为孩子提供营养的膳食。

5. 教育理论知识的科普

为家长提供科学的教育理论知识，如蒙台梭利的敏感期理论、维果茨基的最近发展区理论、感觉统合理论、皮亚杰的认知发展理论等，从而遵循教育规律实施家庭教育。

6. 安全知识的科普

可科普的安全知识包括：家庭中如何避免安全隐患，如插座、饮水机、桌布、柜子等；出行安全中如何过马路、如何使用安全座椅、如何用婴儿推车等；食品安全即如何选择安全、健康的食物和零食，如何避免高油高糖高盐食物摄入；生活用品安全如衣服、玩具、洗涤剂、尿布、纸尿裤、鞋子等。

指导者可以通过资料发放、文字讲解、视频观看、动作示范、实操指导等方式传递这些科学知识，让家长在育儿过程中知其然，也知其所以然，不再盲目、焦虑，从而最大限度确保婴幼儿安全和健康发展。

拓展学习

由于缺乏对婴幼儿的科学认识，有一种传统育儿方法：新生儿出生后把腿绑起来，预防“O”形腿的发生。这样做真的可以预防吗？这种做法会对婴幼儿造成什么影响呢？扫描文旁二维码阅读资料，我们来了解一下，“新生儿绑腿”可以避免“O”形腿吗？

三、指导建构良性家庭氛围

苏霍姆林斯基在《家长教育学》中写道：我能一眼认出这样的孩子，他的父母是深深地、热烈地、忠诚地、相依为命地相亲相爱着。在这样环境中长大的孩子，心地温和善良、宁静、心灵健康、真诚地相信人的美好，听信教师的讲话，对影响人们心灵的细微事物能敏锐感受。

海灵格说：孩子是家庭的守护神。孩子假装生病，其实是在传递一种期望：我渴望家庭幸福。在经济快速发展、人们物质欲望激增的背景下，容易造成家庭中一味追求财富、忽略亲子关系、轻视家庭氛围等问题。家庭氛围对一个人产生的影响非常大，现代家庭需要和谐氛围营造的指导。

家庭教育指导需要让家长重新认识良性家庭氛围的作用。夫妻关系是维系一个家庭的核心关系，相亲相爱、互相理解和包容的夫妻关系是对婴幼儿最好的家庭教育，孩子从小在爱的滋养下成长，可以学会爱自己和爱他人。爱孩子是父母的本能，但亲子关系不能凌驾于夫妻关系之上。孝顺是中国的传统美德，母慈子孝是和谐家庭的追求目标，也是对孩子良好的教育熏陶，但孝顺不等于一切都顺从老人。有调查显示，我国离婚率呈逐年走高的趋势，在离婚的这些夫妻中，有20%是由于老人的介入。指导者需要让老人学会放手，明确自己的身份和自己的家庭位置，适当退出子女的生活，维系和谐的家庭氛围。孩子生活在充满爱的家庭氛围中能够学会爱的能力，学会与他人和谐相处，可以轻松愉悦地生活，提高生活幸福指数。

任务三　0～3岁婴幼儿家庭教育指导的原则

为确保家庭教育指导的有效性，家长一方面要以科学的教育理论、正确的育儿理念为前提，另一方面要遵循科学的指导原则。

一、科学性原则

科学性原则指家庭教育指导应遵循教育规律，依据科学的教育理论，争取科学的方法，运用科学的育儿知识对家长进行指导的原则。首先，教育理论和理念具有科学性，专业的家庭教育工作者需要具备一定的教育理论和科学的教育理念，沿着科学的路径实施指导；其次，传递的育儿知识具有科学性，在“互联网+”的背景下，婴幼儿的发展特点和教养知识到处可见，需要指导者用专业的眼光帮助家长进行甄别和筛选；最后，指导方法具有科学性，指导者在对家长进行指导时，应结合指导内容采取理论联系实际、直观与抽象相结合的方法，如采用示范/演示、实践、反馈、再示范/演示、再实践、再反馈的科学方式，使家长掌握家庭教育的真谛，收获育儿理论及知识，切实解决家庭育儿困惑，使整个家庭受益。

案例

家长对某早教机构教师非常信任和尊重，孩子们也很喜欢她，每天都盼着上她的亲子课。这位老师平时特别注重自身早期教育理论知识和科学理念的学习，她工作了 5 年，积累了丰富的育儿经验和指导亲子互动的方法。她在每次亲子活动前都能及时跟家长沟通，了解婴幼儿在家一周的活动表现并予以记录。当家长和婴幼儿参加活动时，她会认真观察并记录婴幼儿的活动状态及能力水平、家长与婴幼儿的互动方式，发现有进步的地方予以鼓励，敢于对家长不合理的指导提出合理建议。一次，一个两岁的幼儿一直往柜子里钻，家长批评幼儿这样做不对，老师看到后，告诉家长这是幼儿空间敏感期的表现，并给家长提供了很多发展幼儿空间探索能力的游戏和途径，如玩捉迷藏游戏，变成小乌龟钻在椅子、桌子底下玩等。家长回去后用大纸箱给幼儿做了一个小窝，他特别开心，家里的笑声多了，亲子关系也更近一步，家长和幼儿都非常受益。

二、适切性原则

适切性原则指进行家庭教育指导时应对不同的婴幼儿、不同家庭情况的家长采用相应的指导内容、途径和方式，具体问题具体分析，做到有针对性地解决问题。不同月龄的婴幼儿成长中遇到的问题不同，需要分年龄甚至分月龄进行指导；不同性别的婴幼儿也有相应的教育侧重，也要区别对待；每名家长的教育背景不同，文化水平不同，指导者要分层指导，以便每个家长都可以听懂会用，也需要结合家长的不同需求给予相应的指导策略和方法；隔代教育的问题在婴幼儿的家庭中很常见，就需要针对父母和祖父母进行分别指导，尽量统一他们的教育观念和方法，避免家庭矛盾；每个家庭的结构不同，对于单亲家庭，指导者也需要有针对性地给出切实可行的建议和方法；也可以根据不同年龄人群获取信息的习惯方式来推荐学习育儿理念和知识，如给年轻家长推荐公众号、APP，给老人看更具有可视性、更易操作的图片、视频等。

案例

每到冬天换季时，很多0～3岁的婴幼儿会由于免疫力差而生病。某早教机构的负责人发现很多孩子不能来园上课，于是推出了入户补课的方案。老师们根据婴幼儿的月龄段，选择合适的教具、音乐、游戏进入家庭，带领婴幼儿和家长在家里玩游戏，同时指导家长借助家里的物品延伸游戏玩法，还把婴幼儿冬季防护暖心小知识打印成册分发给家长。特殊时期特殊方式对待，家长对这个活动评价很高。

三、非替代性原则

非替代性原则指家庭教育指导者不能越位替代家长履行教育和养育职责，不能替代家长的职能。在家庭教育中，父母的角色是不可替代的，不可以由祖父母、外祖父母、托育机构、早教机构或其他教养人替代。苏联教育家苏霍姆林斯基认为：家长修完了“家长教育学”的课程才可以生孩子。父母是孩子的第一任老师，也是人生最重要的老师，父母有质量的陪伴和关注，可以使婴幼儿拥有快乐、幸福的童年。因此，成为合格的父母，需要学习。指导师应向父母传递“父母的角色是无可替代的”理念。父母不能把孩子的教育推给祖父母或外祖父母，不能把教育孩子看作是学校的事情。0～3岁是一个人性格养成、安全依恋建立、习惯养成的关键期，父母的陪伴、言传身教是最好的教育方式。母亲的温柔、体贴、细心、及时满足可以让婴幼儿建立起最初的安全感和信任感，这对他们一生的健康成长起决定性的作用。父爱如山，父亲在育儿中的参与对孩子健康成长、家庭关系和谐至关重要。

在我国一些农村地区，部分3岁以下婴幼儿存在智力低下的情况。其中，有部分婴幼儿在获得了玩具、书籍等教育资源补给后，智力有所提高；而那些缺乏父母陪伴的婴幼儿的智力则难以获得改善。

任务四　0～3岁婴幼儿家庭教育指导的实施

家庭教育对婴幼儿形成健全人格和身心健康成长起着莫大的作用。家长作为家庭教育的实施者，对育儿指导有强烈需求，0～3岁婴幼儿散居在社区中，对家长进行系统育儿指导困难重重。为了使家庭教育指导工作可以顺利地、有效地开展，提高家长育儿水平，需要借助教育部门、妇幼保健院、妇联、卫健委、家庭教育指导中心、早教机构（包含早教中心、亲子园、托育机构、幼儿园园中园等）、社区、高校等，通过多种途径和多种方式多管齐下。《家庭教育促进法》指出："省级以上人民政府应当组织有关部门统筹建设家庭教育信息化共享服务平台，开设公益性网上家长学校和网络课程，开通服务热线，提供线上家庭教育指导服务。……县级以上地方人民政府可以结合当地实际情况和需要，通过多种途径和方式确定家庭教育指导机构。……家庭教育指导机构对辖区内社区家长学校、学校家长学校及其他家庭教育指导服务站点进行指导，同时开展家庭教育研究、服务人员队伍建设和培训、公共服务产品研发。"

一、0~3 岁婴幼儿家庭教育指导的策略

1. 个别指导与团体指导

按照指导人数，家庭教育指导可以分为个别指导与团体指导。专业的家庭教育指导师对家长进行指导时，可以根据一次指导的人数进行个别指导或团体指导，每种指导的适用条件和实施途径、方法均有不同。

当家长有个性化的问题需要解决时应该施以个别指导，如指导者现场观察到家长与婴幼儿互动时方式不合理、家长留言咨询、特殊儿童的特殊问题等，可以通过面对面访谈、电话回访、微信语音或文字回复、相关资料推荐、家访等方式指导，这种指导具有及时性、针对性强的特点。

当家长遇到共性育儿问题时，可以采用团体指导，如婴幼儿在同一个年龄段出现的发展性共性问题、科学育儿理念的宣传、年轻父母学习护理方法及针对祖父母或外祖父母的传统观念更新等，可以通过大型育儿讲座、父母沙龙、微课堂、分发宣传资料、张贴育儿海报、推选公众号或 APP 等的方式进行指导，这种方式受众面广。

2. 单向指导与交互指导

按照指导者与家长的互动方式，家庭教育指导还可以分为单向指导和交互指导两种。

单向指导是指导者向家长单方向传递育儿信息，不需得到家长反馈的指导。适用于大面积做宣传、普及育儿理念和知识时，如社区中育儿资料的分发、公众号的推送、海报的张贴等。但是，有多少人阅读了这些信息，阅读后有什么收获，是否能解决了家长的育儿困惑，育儿效率是否有提高，家长还想得到什么帮助等，指导者均得不到反馈，这种指导受众面广，但针对性不强、效率低。

交互指导是指导者在指导过程中通过与家长互动得到家长的反馈，并进一步

深入地、有针对性的指导。早教机构、家庭教育指导中心、社区等的指导者可以通过观察亲子互动、发放问卷、访谈、建立“婴幼儿成长手册”等方式发现育儿问题，通过约访、家访、父母沙龙、公开讲座等途径帮家长有针对性地解决实际育儿困惑，在解决困惑的同时，进一步了解家长的困惑，以便进一步深入地指导。

二、0～3 岁婴幼儿家庭教育指导的途径

2019 年 1 月 18 日，在全国教育工作会议上，教育部原部长陈宝生对家庭教育提出要求：“积极推动将家庭教育纳入基本公共服务体系，争取专门经费支持，通过家委会、家长学校、家长课堂、购买服务等形式，形成政府、家庭、学校、社会联动的家庭教育工作体系。”家庭教育指导主要采取以下途径。

1. 家长委员会

0～3 岁婴幼儿家长委员会是由早教中心、托育机构或社区活动中心的婴幼儿家长代表组成，代表全体家长参与机构民主管理，支持和监督机构做好教育工作的群众性自治组织，是各机构与婴幼儿家长沟通的桥梁和纽带。家长代表可以收集并反馈给机构教养人育儿的焦点问题，如 1 岁半幼儿的排便习惯如何养成、2 岁幼儿出现“叛逆”如何应对等，也可以提出机构管理与服务的不足与改进建议等。家长可以通过意见箱或不定期集中会议的形式反馈，这是家长与机构沟通并解决问题的有效桥梁，可以有效提高机构的教育水平。

2. 家长学校

家长学校是以 0～3 岁婴幼儿家长为主要对象，为提高家长素质和家庭教育水平而组织的成人教育机构，是妇联、早教机构、妇幼保健院、教育部门、社区开展家长工作、提高家长教育水平的有效途径。《家庭教育促进法》第十条指出：“国家鼓励和支持企业事业单位、社会组织及个人依法开展公益性家庭教育服务活动。”第二十五条指出：“省级以上人民政府应当组织有关部门统筹建设家庭教育信息化共享服务平台，开设公益性网上家长学校和网络课程，开通服务热线，提供线上家庭教育指导服务。”有的家长学校依托上述单位，有的家长学校是独立私营性质；有实体的家长学校，也有网络的家长学校。家长学校可以通过家庭教育指导资料下发、海报张贴等途径强化家长对家庭教育重要性的认识，提升自身素质。家长学校也可以邀请一些育儿专家开展专题讲座，更新家长育儿观念，解决育儿困惑，提高育儿水平。在网络平台上，也可以科普育儿的知识、方法等。

3. 早期教育机构

早期教育机构，简称早教机构，是 20 世纪 60 年代在欧美、日本等地兴起，

90 年代在我国起步并迅速发展起来的针对 0～3 岁婴幼儿及其家长的教育机构。目前我国的早教机构主要包括早教中心、亲子园、托育机构、幼儿园托班以及作为一种社区服务功能的公益性早期教育指导机构。早教机构的两项基本职责是教育、养护婴幼儿和指导家长科学育儿。

《家庭教育促进法》第四十四条指出："婴幼儿照护服务机构、早期教育服务机构应当为未成年人的父母或者其他监护人提供科学养育指导等家庭教育指导服务。"

国家卫生健康委的调查显示，城市 35.8% 的 3 岁以下婴幼儿家长存在托育需求，无祖辈参与照看的家庭托育需求达 43.1%。为了满足教养人既要上班又要有高品质照护与育儿的需求，托育机构和幼儿园托班应运而生。国务院办公厅颁布的《国务院办公厅关于促进 3 岁以下婴幼儿照护服务发展的指导意见》中指出要"大力推动婴幼儿照护服务"，"遵循婴幼儿成长特点和规律，促进婴幼儿在身体发育、动作、语言、认知、情感与社会性等方面全面发展"。

私营早教中心一般按月龄实施各领域的亲子教育活动，从而实现对婴幼儿的教育和对家长的指导。每节课根据月龄段设计活动，活动的组织包括团体指导和个别指导。团体指导涉及每项活动的设计原则、游戏注意事项、活动目标以及家庭延伸和家长指导策略；教师根据活动中预设的婴幼儿发展目标及观察到的婴幼儿的发展水平、亲子互动中的常见问题，与家长当面或微信、电话沟通，实现一对一及时的、有针对性的交流与指导。在婴幼儿受到教育的同时，家长也收获育儿指导，提高育儿水平，增进亲子感情。

公益性的早期教育指导机构侧重对家长的指导。通常会收集各月龄婴幼儿发展遇到的共性问题进行父母沙龙、微信群父母课堂等活动，线上线下结合起来，帮助家长及时解决育儿困惑。

早教机构也会定期举行大型的专家育儿讲座，短时间内向众多家长传递大量的科学教育理念和方法，达到普及早期教育知识、更新家长教育观念的目的。

4. 大众传媒

大众传播媒介是进行信息的复制、传递的机械和组织，具有传播速度快、受众面广、影响大的特点，传统传媒有印刷类、广播、影视等，目前互联网也作为非常重要的传播媒介。在"互联网 +"的背景下，大众传媒在婴幼儿家庭教育指导方面的途径越来越多元，如报纸、杂志、书籍、海报、微信、APP、微博、音频、电视、电影等；育儿信息的载体也呈现出多样化，有文字、图片、视频、音频等；指导教养人的内容更加丰富，涉及育儿的方方面面，如孕期的保健及胎教、婴幼儿身心发育特点、营养喂养、护理保健、成长问题及对策、亲子游戏及指导、隔代教育等。面对如此丰富的形式和海量的信息，家长们经常无从选择，到底谁说的才是科学的，对自己育儿是有帮助的，自己慢慢尝试这些理论和方法又难免耗时走弯路。相关教育部门、早教机构或家长学校的专业指导师应该甄别后给教养人们推荐一些专业的、通俗易懂的书籍和受年轻父母喜爱的公众号或 APP。

图书市场上有关育儿的书籍非常多，哪些是值得选择看的呢？我们来了解一些经典的、尊重婴幼儿发展规律与特点、对教养人育儿真正起到启发和引领作用的优秀育儿书籍。

拓展学习

扫描文旁二维码，阅读“优秀育儿书籍推荐”，了解适合家长阅读的育儿图书，以便在为家长提供咨询指导时提出建议。

三、0~3 岁婴幼儿家庭教育指导的方法

政府机构、妇幼保健院、社区、早教机构、托育机构、家长学校等单位对 0~3 岁婴幼儿家长进行指导时，由于每个单位的职能不同，指导师素质的差别，也由于家长的年龄、文化水平、需求不同，家庭结构多样，家庭背景差异，可以接受指导的时间不同，应根据具体情况采用适宜的方法，使指导更有针对性、实效性。

1. 专题讲座

早教机构、社区服务中心等机构根据家长的需求可以定期或不定期地举办主题性的育儿讲座，规模可大可小（图 3-1）。讲座可以短时间内向大量的家长传递育儿理念、知识，解决育儿困惑，具有受众面广的特点。讲座一般由早期教育专家、医生、儿童保健专家、营养师等主讲，每次讲座会围绕一个主题开展，主题由讲师自己确定，或在指导师与家长互动过程中生成主题。讲座前，主办机构需要邀约讲师、确定讲座内容，随后进行讲座的宣传，场地、人员、时间的安排等；讲座时，由于家长的差异性，讲师应使用比较通俗易懂的语言讲解并加入游戏互动，便于家长吸收并运用；讲解结束后，讲师可以与家长互动，家长也可以提出疑问，讲师进一步解答，起到针对性指导的作用；讲座后，主办机构还可以向家长进一步收集意见及育儿困惑，反思讲座形式与效果，以便更有针对性地指导教养人。

图 3–1　育儿讲座

2. 沙龙活动

沙龙（图 3-2）是有经验的指导师引导家长就普遍关注的或有争议的问题开展讨论、分享、交流的活动。托育机构、家长学校、早期教育指导中心等机构与 0～3 岁婴幼儿家长接触机会较多，便于收集家长育儿的困惑和共性问题，从而确定沙龙主题，比如，什么时候给婴幼儿断奶、婴幼儿不愿意分享怎么办、婴幼儿总喜欢打人等，然后张贴海报或微信群通知，邀约感兴趣的和有需求的家长参加。沙龙进行时，指导师先说明活动的主题，并罗列出一些观点，组织家长进行讨论，最后指导师总结大家的可行性经验，同时给出科学的建议和指导。沙龙活动中，家长的主体地位明显，参与度高，问题的分析与解决也比较彻底。

图 3–2　父母沙龙

3. 情境模拟

情境模拟是指导师在指导之前，先让家长描述亲子之间或婴幼儿之间互动的场景，然后模拟此情境，发现问题，探索解决问题的方法。由于没有掌握婴幼儿行为背后的心理特点，家长可能会根据婴幼儿生活中的一个行为就给婴幼儿贴上标签；有的家长不明确亲子互动中婴幼儿的表现是否正常，但是在咨询时又描述不清楚。前述两种情况都需要家长描述并模拟亲子互动的每个细节，情境再现，以便指导师从中发现问题，并有针对性地提出指导建议，解决家长的困惑。该方法直观形象，既方便指导师发现问题，提出具体指导措施，又有利于家长学以致用。

4. 角色扮演

角色扮演（图 3-3）是指导师让家长互相扮演亲子互动或婴幼儿互动中的角色，体验角色的心理感受，从而解决冲突的方法。为了帮助家长解决亲子互动和婴幼儿间互动的冲突，有心理咨询经验的指导师可以先让家长描述一个需要解决的问题情境，然后再让他们扮演不同的角色，在体验式互动的过程中，让家长真实体会角色的心理感受，表演结束后分享“感受”“想法”“决定”，指导师进而提出解决方法。接下来由家长用新的处理方法再一次进行角色扮演，再次分享“感受”“想法”“决定”，做到真正了解并能够运用解决问题的办法。这种方式可以让家长有真切的体验感、参与感，明确并会运用解决问题的方法，这对指导师的素质有非常高的要求。

图 3–3　角色扮演

5. 家长开放日

家长开放日是早教中心、婴幼儿托育机构、幼儿园托班在固定的时间邀请家长一起参观或参与婴幼儿在园生活、师幼互动的活动。通过参观，家长可以了解婴幼儿在园所丰富多彩的生活与活动，观摩教师与婴幼儿互动的方法，学习科学的教育理念；家长还可以体验愉悦的亲子互动，增进亲子关系。这一方法能够加强家庭和园所的互动与交流，增进家长对婴幼儿的了解，达到家园教育一致的目的。

6. 约谈

约谈是家庭教育指导师与家长相约，商谈婴幼儿教育过程中的特定问题，以便解决家长育儿困惑的方法。约谈要建立在指导师了解家长育儿问题的基础上，指导师通过观察亲子互动、电话沟通、微信互动、家园联系册或婴幼儿成长手册，了解家长的育儿困惑或需求，与家长面对面交流，解决问题。指导师可以直接给出解决方案，也可以提供一些参考资料，如相关公众号、APP、微博、视频或音频资料等。这个方法解决问题针对性强、效果好。

7. 搭建网络平台

在“互联网 +”的背景下，可以通过搭建相应的网络平台指导家庭教育。早教机构、家长学校、社区等均有为家庭教育服务的微信群、公众号、微博、APP 等，可以定期推送有关婴幼儿的身心发展知识、育儿理念、营养膳食、保健护理、亲子游戏；也可以组织定期或不定期的专家微信课堂，提高家长的育儿水平。微课堂开始前，指导师要提前收集家长的困惑，以便与讲师互动，有针对性地解决问题。家长也可以在网络平台互动，进行育儿经验交流。通过网络平台的互动与学习，不受时空限制，年轻父母非常容易接受。

8. 家访

家访（图 3-4）是家庭教育指导师在对婴幼儿发育状况、亲子互动状况充分了解、发现问题的基础上，深入家庭中对家长和婴幼儿进行指导的方法。指导师可以给婴幼儿建立成长档案，随时监控婴幼儿发育状况及教养人的育儿困惑；也可以通过观察、面对面互动、电话或网络交流了解家长的需求，预约入户进行家访。在家庭环境中进一步观察、询问，找到该婴幼儿家庭教育中存在的问题，并且与家长深入沟通，提出改进建议，给出系统解决方案，通过示范或

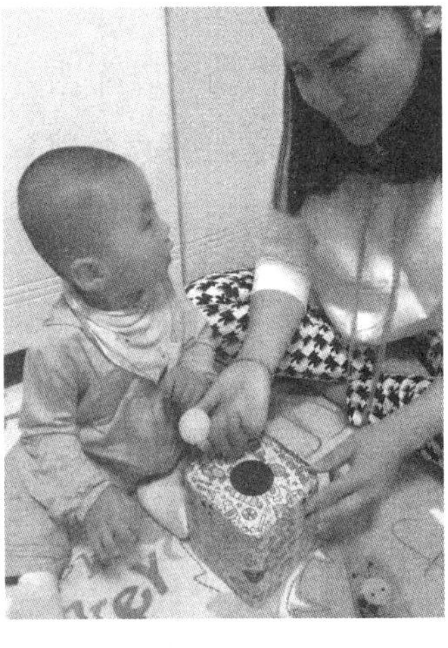

图 3-4 家访

演示的方式让家长掌握方法。家访可以深入地发现并解决问题，能够结合家庭的实际情况给出解决方案，针对性强。

9. 线上课程

早教机构根据家长的需求，综合婴幼儿卫生学、婴幼儿心理学、婴幼儿教育学、婴幼儿游戏等专业知识开发系统的网络课程，深入浅出地向家长传授科学的育儿知识、护理技能、亲子互动游戏等。课程可以是专题的，也可以是综合的。这种方法能够使家长利用碎片时间相对系统地学习育儿知识与技能，具有较强的灵活性。

任务五 早教机构对家庭教育资源的科学利用

“家庭教育资源可以界定为：在家庭教育过程中，一切显现的或潜在的、物质的或精神的、客观的或主观的、可以发掘利用的对儿童教育和心理发展产生重要影响的家庭人力、物力、财力和信息资源的总和。”①家庭教育资源对儿童的认知、情感与社会性的发展都起着直接影响作用。早教中心、亲子园、托育机构、幼儿园附设托班等早教机构是婴幼儿和家长除了家庭之外，活动比较频繁的场所，也是可以给婴幼儿和家长提供教育和影响的最主要场所。早教机构利用好家庭教育资源，对早教机构为婴幼儿家庭服务、指导师开展工作起重要作用。

一、早教机构对家庭教育资源科学利用的内容

早教机构在指导家庭教育过程中，充分利用家庭教育资源主要体现在人力资源和物质资源两方面。

1. 人力资源

早教机构可以筛选出家庭教育意识强、家庭文化氛围浓厚、家庭关系和谐的家长分享他们的教育理念、方法和经验，唤醒其他家长的教育意识，更新教育观念。不同学历和职业背景的家长都是可以利用的资源，如医生、儿童保健专家、心理健康指导师、早期教育指导师等，都可以成为早教机构传播教育理论、育儿知识和解决方案的得力助手。有些祖父母观念新颖或对婴幼儿在生活照料方面有科学经验，也可以成为教养人的榜样。

---

① 刘天娥：《流动儿童家庭教育资源的现状研究》，载《中国发展》，2011 年第 3 期。

2. 物质资源

每个家庭会为婴幼儿购买大量的玩教具、生活用品、绘本等物品，有些物品仅使用几天或没有使用过，早教机构可以通过开展“跳蚤市场”等活动，为家长提供购买或互赠的平台，既能互通有无，又能增进家长间的情感交流。早教机构举行各种活动所需的物料也可以由家长提供，减少投资成本。适合婴幼儿的玩教具并非只能通过购买获得，早教机构可以指导家长利用废旧物品制作玩教具，指导师带领家长和婴幼儿一起制作玩教具，并将这一制作过程作为亲子游戏来体验，也可以充分利用婴幼儿熟悉的生活物品进行教育。

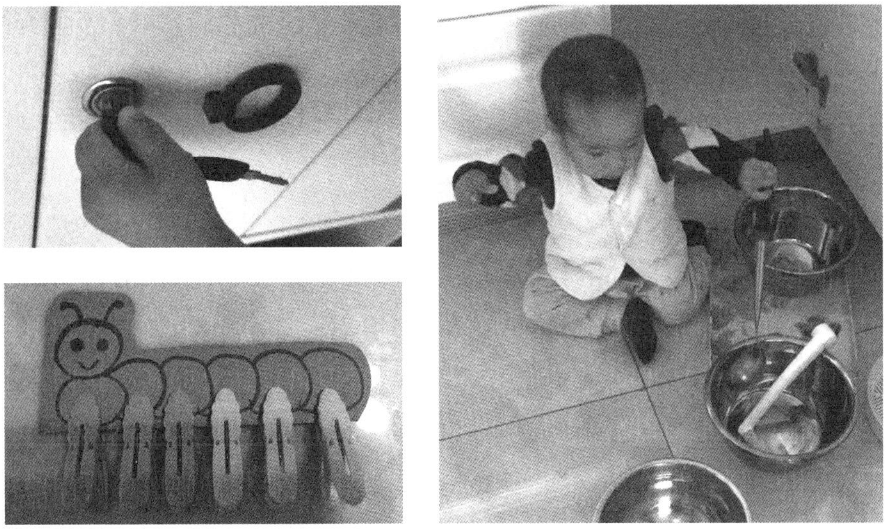

图 3-5 生活物品的利用

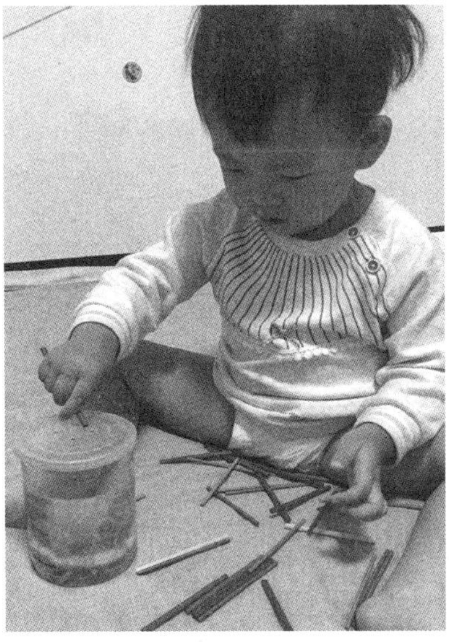

图 3-6 废物利用——插小棍

二、早教机构对家庭教育资源科学利用的方法

早教机构对家庭教育资源的利用可以综合采用以下方法或根据实际情况重点采用某种方法。

1. 利用网络交流、学习

在“互联网 +”的时代，人们的生活节奏加快，需要方便、快捷的方法交换育儿心得，家长的互动交流可以利用微信群、微博等形式进行，方便易行，不受时空限制，容易被年轻父母接受和使用。

2. 建立家长委员会

家长委员会中的家长代表具有较高的家庭教育积极性和参与性，他们可以给早教机构提出合理化管理、服务建议，也能以点带面，调动其他教养人的积极性，有助于提高教养人整体教育水平。

3. 父母沙龙

父母是家庭教育的第一责任人，父母沙龙能够调动家长的主体意识，发挥主体作用。这种线下深入的经验交流活动，是家长思想碰撞、观念更新和育儿水平提升的绝好机会。

4. 亲子活动

早教机构可以举行丰富多彩的亲子活动，如生日会、母亲节、植树节、采摘、踏青、端午节、动物音乐狂欢节、手工 DIY 等，增加家长的育儿参与度，提高亲子互动质量。

具有多种颜色的彩虹伞（图 3-7）总是能吸引婴幼儿的注意力，它不仅发展婴幼儿的颜色视觉，还可以通过抖伞、钻山洞、捉小鱼等活动发展婴幼儿的动作能力。

图 3–7　亲子活动——彩虹伞

相关视频

扫描文旁二维码观看视频“抖伞”，了解利用彩虹伞开展的婴幼儿游戏。

三、家庭教育指导师的素质

袁淑英和刘兆熙在《中国实行家庭教育指导师的必要性》一文中提出：“家庭教育指导师是指能运用家庭教育指导的理论方法和技术体系，对来访者家庭的亲子沟通、家庭教育提供专业指导帮助的人员。”目前家庭教育指导师主要由各级家庭教育指导中心、早教机构、社区服务站的家庭教育指导老师、营养保健师、早期教育指导师等构成。《家庭教育促进法》指出：“国家鼓励高等学校开设家庭教育专业课程，支持师范院校和有条件的高等学校加强家庭教育学科建设，培养家庭教育服务专业人才，开展家庭教育服务人员培训。”

合格的家庭教育指导师需要具备以下素质：

1. 扎实的专业基础知识

0～3 岁婴幼儿家庭教育指导师，原则上应具有专科及专科以上的学前教育专业、早期教育专业、儿童营养保健专业或相关专业的学习经历，具备相对扎实的早期教育基础理论、营养保健知识和指导家庭亲子互动游戏的技能。非相关专业毕业人员，需参加正规的、高品质的家庭教育指导知识、技能培训，成绩合格并取得母婴护理、幼儿照护等相关的职业技能等级证书，方可从事该行业。

2. 对家庭教育指导工作和婴幼儿的热爱

做好任何工作不仅需要激情，更需要长久的热情。0～3 岁婴幼儿家庭教育指导师应具备对该行业尤其是对婴幼儿的热爱。处于安全感建立敏感期、对陌生人存在焦虑和恐惧的婴幼儿，更需要指导师精心的呵护与关怀。

3. 良好的沟通技能

科学育儿理论、理念、方法在家庭教育指导实践中取得实效，离不开指导师与家长的有效沟通；面对不同学历层次、年龄结构的家长和不同月龄的婴幼儿，都需要指导师具备沟通的技巧，以使指导工作顺利开展。

4. 得体的仪态

家庭教育指导离不开口头语言和书面语言，肢体语言的运用对指导效果也大有裨益。指导师得体的穿着、规范的行为、和善的态度不仅有利于树立指导师的专业形象，利于家长认同和接受育儿指导，更是对家长和婴幼儿最好的熏陶和影响。

据调查，目前，全国中小学阶段家长没有接受过家庭教育指导的有三成，0～3 岁婴幼儿在家庭中散居，缺乏集中生活和学习的环境，更加缺乏指导。有些家长还没有意识到早期教育及家庭教育的重要性。可见，家庭教育指导工作任重而道远，然而目前的家庭教育指导师数量和水平都远远满足不了家庭的需求，政府部门应加强对该行业的重视，加大资金投入，加大培训力度，也倡导早教机构、家庭教育指导中心、家长学校、妇幼保健院、社区等相关的机构建立合作与联盟，为 0～3 岁婴幼儿家庭教育指导工作贡献力量。

学习检测

一、简答题

1. 简述 0～3 岁婴幼儿家庭教育指导的意义。
2. 简述 0～3 岁婴幼儿家庭教育指导的内容。
3. 分别说出个别指导策略与团体指导策略的适用条件、途径与方法。
4. 阐述大众传媒这种指导途径的建立方法。
5. 详细阐述家庭教育指导师应具备哪些素质。

二、材料分析题

某早教机构针对不同阶段婴幼儿的发展举办了一系列家长沙龙活动，其中有针对 7～12 个月婴儿的主题“宝宝喜欢扔玩具怎么办”，有针对 2～3 岁幼儿的主题“宝宝不喜欢分享怎么办”。两个沙龙分别由不同的老师组织。

第一位老师在沙龙前查阅了很多相关资料；沙龙中，她讲解了婴幼儿在这个阶段大动作、精细动作、认知、语言等发展的特点，并结合特点分析了该阶段婴儿喜欢扔玩具的原因；最后给家长提供了几个针对性的解决问题的办法。家长很有收获。

第二位老师在沙龙前也查阅了大量相关资料；沙龙中，她请每位家长谈对幼儿分享行为的认识以及自己宝宝分享时的表现和案例，然后针对家长的分享，结合该阶段幼儿的心理特点，分析幼儿不愿意分享的原因和分享行为发生的条件，以及幼儿分享后家长应该如何对待；最后和家长们玩了一个分享的游戏，家长特别满意。

请你说出哪位老师的组织更符合沙龙的组织形式。

请你给另一位老师的沙龙活动提出改进建议。

实践体验

1. 组成一个 6 人小组尝试用“角色扮演”的方式帮助家长解决一个育儿问题。

2. 选择一个有 0~3 岁婴幼儿的家庭，进行入户走访，观察婴幼儿发育特点和亲子互动活动，尝试发现问题，并给家长提出合理的解决策略。

3. 列出你认为比较专业的育儿公众号或 APP，有针对性地给家长分享一篇育儿文章，并说明你推荐的文章是如何帮家长解决问题的。

单元四　0~3岁婴幼儿家庭照护

导言

婴儿离开母体独立生活后，需要适应外界温度、湿度、声音等环境条件的变化。婴幼儿的正常生长发育与全面合理的营养、良好的作息习惯密不可分，而这些都离不开家长对其生理特征的了解、悉心的生活照护和相应的身心保健。通过本单元的学习，家长可以了解0~3岁婴幼儿身体发育的特点和保育要点，掌握基本生活照护的方式，以及护理保健的基本措施。

学习目标

1. 了解0~3岁婴幼儿的身体发育特点及保育要点。
2. 了解0~3岁婴幼儿日常照护和卫生保健的相关知识。
3. 能富有爱心地对0~3岁婴幼儿进行回应性照料。
4. 掌握0~3岁婴幼儿日常生活照护的基本方法。
5. 掌握0~3岁婴幼儿护理保健的基本方法。

内容导览

- 单元四　0~3岁婴幼儿家庭照护
  - 任务一　0~3岁婴幼儿身体发育特点及保育要点
    - 一、0~3岁婴幼儿身体各系统生长发育特点及其保育要点
    - 二、0~3岁婴幼儿感觉器官发育特点及其保育要点
  - 任务二　0~3岁婴幼儿生活照护
    - 一、身体怀抱
    - 二、饮食照护
    - 三、睡眠照护
    - 四、盥洗照护
    - 五、大小便观察与照护
    - 六、衣物照护
    - 七、出行照护
  - 任务三　0~3岁婴幼儿卫生保健
    - 一、体格锻炼
    - 二、身体检查
    - 三、疾病预防

任务一 0~3岁婴幼儿身体发育特点及保育要点

0~3岁的婴幼儿身体处于快速发育阶段，能否健康成长并适应外界环境的变化，很大程度上取决于家长能否依据其身体发育特点予以科学的喂养和照护。只有在科学了解婴幼儿身体发育特点的前提下，才可能实施有效的、高质量的保育。

一、0~3岁婴幼儿身体各系统发育特点及其保育要点

（一）运动系统

1. 0~3岁婴幼儿运动系统的特点

运动系统包括骨、骨骼肌和骨连接。

婴幼儿的骨骼数量多于成人，随着身体发展，骨骼融合，到成年时骨骼的总数量就减少到206块。婴幼儿时期骨骼生长速度非常快，出生时体长约50厘米，0~1岁增长25厘米，1~2岁增长10~15厘米，2岁以后每年增长5~7.5厘米。婴幼儿腕骨没有钙化，脊柱生理弯曲尚处于形成阶段。婴儿的前囟门（顶骨和额骨之间的菱形缝隙）在1~1.5岁闭合，后囟门（顶骨和枕骨之间的三角形缝隙）在3~6个月闭合。由于骨骼有机成分含量较高，无机盐含量较低，婴幼儿较成人骨骼柔软，不当姿势易导致弯曲变形。婴幼儿的大肌肉发育较早，小肌肉发育较晚，肌肉既易疲劳又易恢复，关节窝浅，猛力牵拉易脱臼。

2. 0~3岁婴幼儿运动系统的保育要点

家长需要给婴幼儿提供骨骼生长所需的营养，多带婴幼儿到户外玩耍、晒太阳，促进骨骼长粗；不要让婴幼儿从高处往下跳，避免伤到骨盆；多让婴幼儿练习俯趴抬头、爬行，不要过早走路；注意走姿、坐姿、站姿，预防脊柱侧弯，促进脊柱生理性弯曲的形成。同时要注意囟门的清洁与护理，如果1岁半以后前囟没有闭合，可以去医院进行检查。婴幼儿的运动要适度；小肌肉动作发育不完善，出现动作不精细不稳定的情况时，家长不能苛责婴幼儿。牵拉婴幼儿手臂时，切勿用力过猛，以防关节脱臼。

（二）呼吸系统

1. 0~3岁婴幼儿呼吸系统的特点

呼吸系统包括鼻、咽、喉、气管、支气管和肺。

0~3岁婴幼儿的呼吸系统各器官发育薄弱，易受外界影响引发疾病，需要悉心护理。婴儿鼻腔短小狭窄，鼻毛发育不完善，鼻黏膜充血易肿胀，容易鼻堵影

响呼吸，易烦躁、拒乳。鼻泪管和咽鼓管也易受鼻咽部细菌的侵蚀，引发泪囊炎或中耳炎。婴幼儿会厌软骨发育不良，吃东西过快或同时说话，容易呛到或导致异物误入气管。气管和支气管弹性差、黏膜纤毛运动差，不能很好地清除微生物及黏液，易受外界环境影响，引起感染，影响健康和正常生长发育。婴幼儿肺部功能发育也不成熟，易感染形成肺炎。

鼻腔是重要的嗅觉器官。婴幼儿的嗅觉很灵敏，出生十几天的新生儿可以通过嗅觉找到妈妈。婴儿会对清香表现出满足，对臭味等难闻的气味皱眉。

2. 0~3 岁婴幼儿呼吸系统的保育要点

若发生鼻堵，家长需要及时帮助婴幼儿清理鼻腔分泌物，清鼻涕可以用吸鼻器，浓稠的鼻涕可以用棉签旋转取出，干的鼻涕痂可以先用奶或水润湿，再用专用夹子（图 4-1）夹出。2 岁以后，家长可以教幼儿正确擤鼻涕的方法，按压一侧鼻孔，擤完一侧再擤另一侧。婴幼儿应避免吃坚果、花生等大颗粒物体，家长需学习海姆利克急救法，以防发生急性呼吸道异物堵塞。新鲜的空气含氧量高，家里要多开窗，多带婴幼儿在户外活动，促进肺部发育，也可避免呼吸系统疾病的发生。

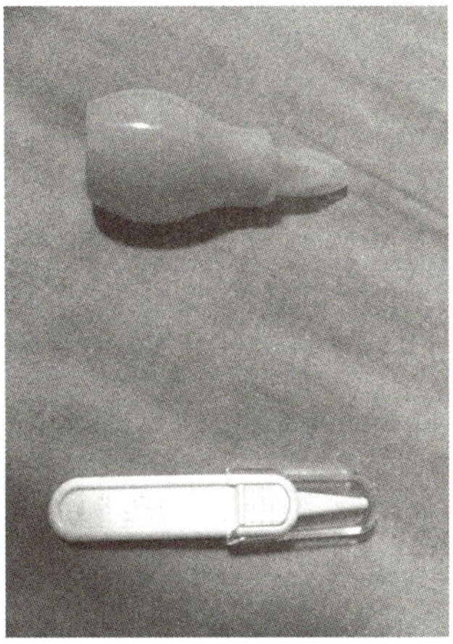

图 4-1　吸鼻器、鼻夹

家长可以有意识地让婴幼儿嗅闻不同气味的物体，丰富其嗅觉经验。

（三）循环系统

1. 0~3 岁婴幼儿循环系统的特点

循环系统是一个密闭的、连续性的管道系统。通过循环，把氧气和营养物质运送到全身组织，同时把机体产生的二氧化碳和其他废物排出体外。循环系统包含血液循环系统和淋巴循环系统。

血液循环系统包括血管、血液和心脏。心脏是动力器官，血管是运送血液的管道。婴幼儿的心脏相对于成人较大，而且心肌纤维细，弹性纤维少，每搏输出量少，为了满足旺盛的新陈代谢，心率很快，年龄越小，心率越快。婴幼儿血管壁薄，弹性小，随年龄增长，血管壁加厚。年龄越小，血压也越低。婴幼儿血浆含水量较多，含凝血物质较少，凝血速度较慢。白细胞吞噬能力弱，发生感染容易扩散。淋巴循环系统由淋巴管、淋巴结、脾和扁桃体组成。婴幼儿的淋巴循环系统还未发育完善，防御和保护的功能较差。

2. 0~3 岁婴幼儿循环系统的保育要点

婴幼儿生长发育快，血液循环量增长快，家长应提供合理饮食，避免缺铁性贫血的发生。家长要根据婴幼儿的体质安排适宜的活动，活动时，婴幼儿需穿宽松的衣物，确保血液循环通畅；为保证输送到骨骼肌的血液有回流到心脏的时间，活动前要热身，剧烈运动后逐渐放松再停止，否则脑供血不足，婴幼儿会出现恶心、呕吐等现象；活动后若有大量汗液排出，可以给婴幼儿喝点淡盐水，切忌喝大量白开水增加心脏负担。

（四）消化系统

1. 0~3 岁婴幼儿消化系统的特点

消化系统由消化道和消化腺两部分组成。消化道包含口腔、咽、食管、胃、小肠、大肠和肛门，消化腺分泌消化液，不同的消化酶协同作用，可将食物分解为各种物质，以便于机体吸收利用。

婴幼儿口腔黏膜细嫩、血管丰富，易受伤。婴儿在 6～7 个月时乳牙开始萌出，最晚不晚于 1 岁，2 岁半左右出全，共 20 颗左右。乳牙牙釉质薄，牙本质松脆，易发生龋齿。喝奶时，婴儿的舌头包裹住乳头或奶嘴，添加辅食后，舌头搅拌食物，舌头对各种味道也很敏感。3～4 个月时，婴儿的唾液腺开始发育，唾液分泌增多，由于口腔浅，婴儿不会及时下咽，所以易流口水，称生理性流涎。婴幼儿食管短，黏膜薄嫩，易受损伤。婴儿的胃是水平位，胃容量变化较大，新生儿 30 毫升，3 个月 120 毫升，1 岁时达 250 毫升，3 岁时 680 毫升。婴幼儿的肠道吸收能力强，消化能力弱，容易发生肠胀气，引起“肠绞痛”，婴幼儿的肠道固定性较差，容易脱肛。婴幼儿肝脏的再生能力强，解毒能力差，胰腺对淀粉类和脂肪类物质消化能力弱。

2. 0~3 岁婴幼儿消化系统的保育要点

婴幼儿消化功能不健全，喂养不当会引起消化不良，便秘或腹泻，家长需要格外注意。出牙前，要给婴儿磨牙棒或磨牙饼干，促使牙齿萌出；同时注意口腔的清洁，两餐之间喂白开水，早晚可以用干净的纱布或指套擦洗，幼儿 1 岁半时开始学习漱口，2 岁后学习刷牙，避免龋齿的发生。婴幼儿 6 个月后，家长可以为其添加辅食，饮食要清淡易消化，膳食营养搭配合理，进餐时要细嚼慢咽，促进消化。要让婴幼儿从小养成良好的排便习惯，避免便秘导致脱肛。人工喂养时，要确保奶嘴里奶液充盈，避免吸进过多的空气，喂完奶后拍嗝，避免漾奶。如果婴儿发生肠胀气，可让婴儿俯卧或做排气操，促进气体排出。

（五）泌尿系统

1. 0~3 岁婴幼儿泌尿系统的特点

泌尿系统包括肾、输尿管、膀胱和尿道。

婴幼儿的肾脏调节机制不成熟，排泄和吸收功能较差，水分摄入过多易出现水肿。婴幼儿的输尿管长且弯曲，易发生扭曲导致梗阻，形成尿潴留，引发感染。婴幼儿的膀胱容量小且储尿功能差，故年龄越小，每天排尿次数越多，如新生儿每天排尿 20 余次。由于神经系统发育不完善，对排尿控制能力差，婴幼儿会出现不自觉排尿。婴幼儿尿道短，尤其是新生女婴尿道仅 1 厘米，外阴口暴露且接近肛门，易受粪便污染，若不注意清洁易诱发尿路感染。

2. 0~3 岁婴幼儿泌尿系统的保育要点

婴儿在 6 月龄前充足的奶液便可满足身体对水分的需求，不需要额外加水。6 月龄后，应少量多次合理饮水，既满足机体对水的需求又不增加肾脏的负担。饮水或喝奶后，家长要注意观察婴幼儿，排便后及时更换尿布或纸尿裤。家长要重视女婴外阴的清洁，从前往后擦拭、清洗，避免污染尿道口，导致泌尿道感染。婴幼儿 1 岁半以后，家长要为其准备小马桶，培养其自主排尿。婴幼儿需要穿封裆裤，既卫生又安全，也有助于培养其自我保护意识。

（六）生殖系统

1. 0~3 岁婴幼儿生殖系统的特点

生殖系统分为男性生殖器和女性生殖器，男女生殖器都包含内生殖器和外生殖器。

婴幼儿的生殖系统发育缓慢，到青春期才会开始发育。3 个月后，男婴阴囊处若是空的，则需要就医检查是否为隐睾症。

2. 婴幼儿生殖系统的保育要点

家长要注意保持婴幼儿外阴的清洁，给他们穿宽松的内裤和外裤，避免穿硬的牛仔裤，尤其是高温时，过紧的裤子可能影响睾丸的发育。

（七）内分泌系统

1. 0~3 岁婴幼儿内分泌系统的特点

内分泌系统是人体的调节系统，由内分泌腺组成，人体主要的内分泌腺包括甲状腺、甲状旁腺、肾上腺、垂体、松果体、胰岛、胸腺和性腺等。内分泌腺分泌激素以控制和调节机体的新陈代谢、生长发育、生殖等生理过程。

婴幼儿阶段是人一生中生长发育最快速的阶段。脑下垂体分泌生长激素，夜间分泌尤为旺盛，婴幼儿时期充足的睡眠和良好的睡眠质量能为生长激素的分泌提供保障。碘是合成甲状腺素的原料，碘严重缺乏可使婴幼儿患克汀病，导致身材矮小、智力低下、耳聋。婴幼儿的性腺发育缓慢，进入青春期之后才开始迅速发育。

2. 0~3 岁婴幼儿内分泌系统的保育要点

家长要给婴幼儿提供适宜的睡眠环境，使他们养成良好的睡眠习惯，确保其睡眠时间充足且睡得踏实、内分泌系统正常发育。孕妇和婴幼儿需要合理膳食，在医生指导下适当补碘，避免甲状腺素分泌异常。婴幼儿切勿滥用保健品，以防性早熟。

（八）神经系统

1. 0~3 岁婴幼儿神经系统的特点

神经系统是人体的调节系统，可使人体成为一个统一的整体。神经系统包含中枢神经系统和周围神经系统。

0～3 岁婴幼儿脑发育迅速，出生时婴儿的脑重 390 克，3 岁的幼儿脑重可达成人脑重的 80% 左右，出生时脑体积为成人的 50%，3 岁时可增长为成人的 80%。出生后一年内，大脑神经细胞在大量信息刺激作用下以每秒 700～1000 个的速度形成神经突触，3 岁左右神经突触数量达到顶峰，经常参与大脑活动的突触会得到强化，并被保留下来，没有强化的突触和神经元则会逐渐萎缩，即用进废退。1 岁前婴儿的神经纤维没有髓鞘化，动作笼统不分化，用玩具逗引婴儿时他会手舞足蹈、全身晃动。3 岁幼儿大脑的神经网状结构逐步稳定。婴幼儿大脑皮质易于兴奋，也易于疲劳。交感神经的兴奋性强而副交感神经兴奋性较弱，故胃肠消化能力极易受情绪影响。

2. 0~3 岁婴幼儿神经系统的保育要点

家长要为婴幼儿提供大脑生长发育需要的营养物质，如优质蛋白质、脂类、无机盐等；由于婴幼儿大脑对氧气的需求量占身体需氧量的 50%，因此要确保婴幼儿能够摄入新鲜的空气。家长还要从婴幼儿的兴趣出发安排丰富多样的活动，丰富的刺激可使大脑神经突触的数量增加，网状结构更加复杂；活动时要动静结合，使大脑的不同区域交替兴奋与休息；婴幼儿需要建立良好的生活节律，确保神经系统得到充分休息。吃饭前，家长不要批评婴幼儿，让其进餐时保持愉悦情绪。

二、0~3 岁婴幼儿感觉器官发育特点及其保育要点

（一）眼

1. 0~3 岁婴幼儿眼的发育特点

眼睛是人类发育很早且迅速的感觉器官。孕 5 个月时，胎儿视网膜开始发育，出生时，新生儿可以扫视并跟踪距眼睛 20 厘米的物体，此时视敏度仅为成人的 10%，出生后半年视敏度迅速发展，2 岁时接近成人。婴幼儿眼球前后径较短，物体成像在视网膜后面，称生理性远视。婴幼儿的晶状体弹性好，调节范围广，远、近物体都可以看清楚。长时间聚焦比较近的物体，会使睫状肌疲劳，形成近视。强光照射易使婴幼儿视网膜黄斑区受损。

2. 0~3 岁婴幼儿眼的保育要点

人类认知 70% 到 80% 的信息来源于视觉，家长要有意识地保护婴幼儿的眼睛。如给婴幼儿提供富含叶黄素、胡萝卜素、优质蛋白质的食物；让婴幼儿在采光良好的环境下活动、看书，婴幼儿的教具大小、读物的字迹大小、颜色等均需适合婴幼儿健康用眼要求；注意晶状体的调节，远近物体交替观察；严格控制注视屏幕时间，婴幼儿 2 岁前尽量不要接触电子产品，同时避免强光照射，保护黄斑区健康；收纳好危险物品，避免尖锐、锋利物的伤害；还需定期检查视力，及时发现近视、斜视等眼疾病，做到早发现早治疗。

（二）耳

1. 0~3 岁婴幼儿耳的发育特点

耳由外耳、中耳和内耳三部分组成。外耳包括耳郭和外耳道；中耳包括鼓膜、鼓室和 3 块听小骨；内耳包括半规管、前庭和耳蜗。

婴幼儿耳郭皮下组织少，血液循环不好，易生疮长疖。外耳道壁未骨化和愈合，感觉神经末梢丰富。咽鼓管短、直、平，鼻咽部感染易导致中耳炎。半规管和前庭分布有位置觉感受器，当头部发生位移，位置觉感受器将刺激传至大脑，从而产生位觉，婴幼儿期是练习位置觉的重要阶段。婴幼儿的耳蜗感受力较成人强，超过 60 分贝的声音即会对婴幼儿的睡眠产生影响。

2. 0~3 岁婴幼儿耳的保育要点

耳屎是外耳道的耵聍腺分泌的一种物质，量少可以对耳朵起到保护的作用，所以如果耳屎比较干燥、量比较少不建议为婴幼儿掏耳屎。如果家长确需为婴幼儿掏耳屎，则务必谨慎，不要使用尖锐的器物，以防伤到外耳道、鼓膜，可以用手轻揉外耳道口，让婴幼儿耳朝下跳一跳或用棉签拨出。家长还要教会婴幼儿擤

鼻涕的正确方法，洗头、洗脸时注意避免污水进入外耳道，从而引起中耳炎。家长需要控制平时说话的音量，有意识地控制儿歌及其他声音的分贝。生活中注意观察婴幼儿，如果发现交流时无敏感反应、盯着嘴看，总抓耳朵，不爱说话或说话声音很大等异常现象，应及时就医。

（三）皮肤

1. 婴幼儿皮肤的发育特点

皮肤是人体最大的器官，可以抵御来自外界的侵害，对机体起非常重要的保护作用；皮肤通过排泄汗液调节体温；皮肤还是重要的感觉器官，可以感受触觉、压觉、痛觉、温觉、冷觉等。

新生儿皮肤为粉红色，出生时被胎脂覆盖，数小时后消失。新生儿的红斑和色素斑会自然消退，不需要特殊处理。0～3 岁的婴幼儿皮肤薄嫩，保护功能差，易受细菌侵入，不当饮食或刺激会引起湿疹。婴幼儿皮肤代谢快，分泌物多，需要及时清洁。婴幼儿血管弹性差，皮肤调节体温的功能差，易受凉或中暑。皮肤渗透作用强，有机磷、苯等有害物质通过皮肤进入体内或外用药物使用不当会引起中毒。婴幼儿的皮肤神经末梢丰富，触觉感受力较成人强。

2. 婴幼儿皮肤的保育要点

为保护婴幼儿皮肤健康，家长应选择天然、柔软的衣物及无磷洗衣液，避免金属、羊毛等物的刺激，以防发生湿疹。婴幼儿新陈代谢速度快，出汗多，要注意皮肤的清洁。要穿宽松、舒适的衣物，并根据季节及时增减，预防冬季硬肿症和夏季脱水热的发生。婴幼儿皮肤渗透性强，需选择专用的洗护用品，谨慎用药，以防中毒。家长要给婴幼儿提供丰富的触觉感受材料，多拥抱、抚摸婴幼儿，丰富触觉经验，促进大脑发育，也增进亲子感情。

任务二　0~3 岁婴幼儿生活照护

0～3 岁婴幼儿的健康成长，离不开家长对其日常生活的悉心照护。2021 年 10 月 23 日颁布的《中华人民共和国家庭教育促进法》第二章第十六条指出：未成人的父母或者监护人要“保证未成年人营养均衡、科学运动、睡眠充足、身心愉悦，引导其养成良好生活习惯和行为习惯，促进其身心健康发展”。对婴幼儿的生活照护，主要涉及对婴幼儿身体怀抱、饮食照护、睡眠照护、盥洗照护、大小便观察与照护、衣物照护等方面。

一、身体怀抱

怀抱婴幼儿的方法主要有以下几种。

（一）环抱式

环抱式是家长用一只手臂托抱婴儿背部，手掌托住婴儿臀部，肘部托住婴儿头部；另一只手从外侧环抱住婴儿的姿势。这是抱小婴儿最常用的姿势，与婴儿交流时、喂奶时用，可以增进亲子交流，增强安全感。

（二）橄榄式

橄榄式是家长用一手掌支撑婴儿头颈部，肘部弯曲把婴儿的身体夹在同侧腰间的姿势。如果母亲是剖宫产，选用此姿势抱婴儿或喂奶，可以减轻伤口的疼痛；双胎妈妈也经常用橄榄式同时给两个婴儿喂奶；橄榄式也用于给婴儿洗头。

（三）托抱式

托抱式是家长一手支撑婴儿头颈部；一手托住臀部并支撑住腰部的抱姿。托抱式是各种抱姿之间转换时的过渡，也用于一位家长把婴儿转交给另一位家长抱或喂奶。

（四）V式

V式也称为飞机抱，是婴儿骑跨在家长手臂上，家长用小臂支撑婴儿胸腹部，用手托住婴儿下颌的姿势。婴儿能够控制头部后，手可以从下颌移动到胸部支撑。该抱姿可以缓解小婴儿尤其是新生儿哭闹或腹部不适症状。

（五）直立式

直立式是家长一手托住婴儿头颈部，另一手托住婴儿臀部，把婴儿竖抱起来的姿势。给婴儿拍嗝时、抬头转头练习时均可用直立式。4个月后，婴儿若可以很好地支撑头部，家长一手抱着婴儿臀部，一手扶着后背即可。这种姿势有助于婴儿头部的控制，也有助于开阔视野。抱1岁以后的幼儿，还可以采用骑跨式，将幼儿跨在腰间，减轻负重对家长腰背部和双臂的压力。

相关视频

你抱过刚出生的小婴儿吗？有没有觉得他软软的，不敢碰他呢？想要了解如何抱小婴儿，请扫描文旁二维码一起来学习“婴儿抱姿”。

（六）辅助工具的使用

1. 背巾

《西尔斯亲密育儿百科》中指出，母亲可以用背巾把婴儿背在身上，让小婴儿随时感受来自母亲的温暖。新生儿可以横躺在背巾里，2～3个月的婴儿可以逐渐倾斜身体，4～6个月后可以坐在背巾里。使用时一定注意婴儿的安全，以防窒息。我国少数民族也有把小婴儿背在身上的传统，如用竹篓背婴儿。

2. 腰凳

腰凳是近年来家长为了减轻腰背部压力、解放双手并安全抱婴儿的一种选择。4个月后，婴儿可以很好地支撑头部便可以选择使用腰凳，最好使用有背带的腰凳。使用时，婴儿的腰背部要挺直并紧贴家长身体，大腿与腰背垂直，呈“M”形，既不影响婴儿骨骼发育，又可缓解家长腰部压力。

1岁以后开始学习行走后，家长应鼓励婴幼儿尽量自己走。能够走稳之后，婴幼儿会出现不愿走路，想让人抱的情况，家长可以用制定一个小目标、模仿小动物走、比赛等方式激励其自己走。

二、饮食照护

（一）母乳喂养

《中国居民膳食指南（2022）》关于6月龄内婴儿母乳喂养指南指出：“母乳喂养是婴儿出生后最佳喂养方式；婴儿出生后不要喂任何母乳以外的食物；且应坚持纯母乳喂养至婴儿满6月龄。”对7～24月龄婴幼儿提出的喂养建议是“婴儿满6月龄后继续母乳喂养到两岁或以上。”

1. 母乳喂养的重要性

（1）母乳是初生婴儿最好的食物。

6月龄内的婴儿需要完成从宫内依赖母体营养到宫外依赖食物营养的过渡，来自母体的乳汁是完成这一过渡最好的食物。

母乳中含有的蛋白质、脂肪、碳水化合物、矿物质、维生素等营养物质优质、全面、充足且结构适宜，能满足婴儿对营养的全部需求。母乳中营养物质含量和物理、化学状态，适合婴儿的消化、代谢能力，如母乳中乳清蛋白与乳酪蛋白比为7∶3，更利于婴儿消化吸收，促进器官发育和功能成熟，且不增加肾脏的负担。母乳中的免疫活性物质、溶菌酶等含量丰富，可以增强婴儿免疫力，增加抗感染能力，降低过敏性疾病风险，降低婴儿远期慢性病的发生风险，尤其是母亲分娩后7天内分泌的初乳更有利于婴儿获取更多的营养，更益于健康。

母乳喂养更经济、卫生，能确保婴儿体格健康生长，有利于婴儿脑神经功能和认知的发展。

（2）母乳喂养有助于母亲健康。

母乳喂养可以促进母亲产后子宫收缩，避免产后体重滞留，有利于体形恢复；哺乳时间越长，乳腺癌、卵巢癌发生风险越低；母乳喂养超过12个月以上，可降低母亲Ⅱ型糖尿病的风险。

（3）母乳喂养有助于亲密亲子关系的建立。

母乳喂养营造了母子亲密接触和情感交流的环境，可以给婴儿最大的安全感，促进婴儿行为和心理健康。

2. 成功母乳喂养的保障

（1）信念态度。

信念和态度是支撑母乳喂养行为的动力，是决定母乳喂养成功与否的关键。家庭成员和医护人员应帮助乳母了解母乳喂养的相关知识和技能，如认识母乳喂养对婴儿和乳母的益处、母乳喂养中可能存在的障碍及解决办法，从而使母亲建立母乳喂养的信念并坚持下去。

（2）心理情绪。

愉悦的心情是成功母乳喂养的重要条件。产后乳母的心理和情绪可能会发生一些变化，一般会在10～14天明显改善；如果心理状态无法缓解反而加重，应及时寻求专业人员的帮助，自己也可以通过听音乐、适宜运动等方式宣泄不良情绪。

（3）尽早开奶。

新生儿出生后10～30分钟内吸吮反射能力最强，产后1小时内应尽早让新生儿吸吮乳头及乳晕。此时如果喂养水或配方奶等可明显降低新生儿对乳头的吸吮，不利于成功母乳喂养。

（4）充分吸吮。

充分吸吮和及时排空乳房是有效促进乳汁分泌的办法。婴儿吸吮乳头和乳晕，刺激乳头和乳晕上的神经传感器将信息经下丘脑传送至母亲脑垂体进而分泌催乳素和催产素，至血液中催乳素和催产素水平升高，刺激腺细胞分泌乳汁。婴儿频繁吸吮，及时排空乳房，能使催产素维持在最高水平，刺激乳汁合成。

（5）亲密接触。

婴儿啼哭声、视觉刺激、母婴肌肤接触，均可致乳母催乳素和催产素分泌增加，促进泌乳和乳汁排出。从出生开始，可以使用袋鼠式护理也称皮肤接触护理方式，即让婴儿裸露皮肤趴在母亲胸前，使两人皮肤互相接触，既能促进乳汁分泌，也能缓解新生儿疼痛，促进发育。

（6）合理营养。

合理营养是乳汁分泌的物质基础，而食物多样是充足营养的保障。乳母的膳食应该是由多样的食物组成的平衡膳食，除保证哺乳期的营养需要外，乳母的膳食还会影响乳汁的滋味和气味，对婴儿未来接受食物和建立多样化膳食结构产生重要影响。乳母每天的膳食应包括谷薯类、蔬菜水果类、畜禽鱼蛋奶类、大豆坚果类食物；通过选择小分量食物、同类食物互换、粗细搭配、荤素双拼、色彩多样的方法，达到食物多样化。

乳母由于分泌乳汁和自身代谢的增加，每天的饮水量需在2600毫升左右；每餐应保证有带汤的食物，如鸡汤、鲜鱼汤、菜汤等，但餐前不宜喝太多汤，否则会减少食量；喝肉汤时也一定要吃肉，满足母婴营养需求；不宜喝多油浓汤，否则影响食欲，还可能会引起婴儿脂肪消化不良性腹泻。

（7）规律生活。

乳母规律的生活并使婴儿与其保持一定程度的同步，有助于婴儿3个月后逐渐建立睡眠规律；7～9小时的充足睡眠既能促进乳母乳汁分泌，也有助于产后身体恢复和心理调适，避免产后抑郁的发生；每周150分钟的中等强度活动有助于产后身体恢复。

（8）多方鼓励。

成功并能持续进行母乳喂养，除了婴儿的充分吸吮和乳母的坚定信念、充足营养、愉悦情绪之外，也需要全社会的支持与鼓励，如专业人员的技术指导，家庭成员、社区和工作单位的支持与帮助。

为了能够成功母乳喂养，孕期就需要坚定信心、调整心态、适当运动、合理营养、控制体重等。如果乳母尝试了各种方法，并向专业人员寻求帮助后，还是不能成功进行母乳喂养，便不必勉强，顺其自然。

3. 母乳喂养的正确姿势

（1）抱姿。

母乳喂养一般采用坐姿和卧姿，坐姿有环抱式、橄榄式和交叉式。环抱式是最常用的喂哺姿势，有助于亲子间交流，增进亲子感情。橄榄式适用于剖宫产的产妇，也适用于母亲乳房较大、乳头扁平、乳头疼痛，双胞胎同时喂奶可以采用双橄榄式。交叉式更有利于婴儿头部的控制，可帮助婴儿更好地衔乳。卧姿适用于母亲剖宫产、劳累或夜间睡眠时使用，乳母不可用手或胳膊搂婴儿头部，也不需垫高头部，确保清醒，以防乳房堵住婴儿口鼻引起窒息。

无论采取什么姿势，婴儿都需要和母亲胸贴胸、腹贴腹、下颌贴乳房（图 4-2）。乳母坐姿哺喂婴儿，腰部要有支撑，脚下踩高度适宜的板凳，腿上放哺乳枕，腰背挺直，双臂放松，能使脊柱保持正常曲度，且方便与婴儿交流、互动。

（2）衔乳姿势。

母乳喂养时，乳母用乳头轻触婴儿鼻尖或人中，让婴儿抬头并张大嘴巴，用舌头包裹住乳头及大部分乳晕，上下唇外翻呈鱼嘴状，做到深度衔乳。这样既有利于婴儿成功吸吮乳汁，又可以缓解乳头疼痛。

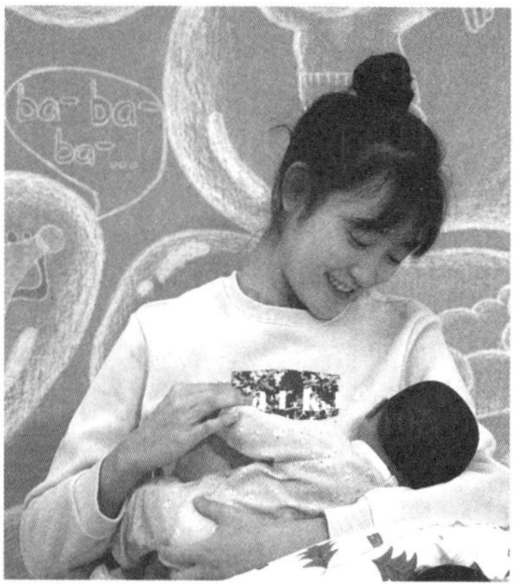

图 4-2　母乳喂养姿势

4. 母乳喂养的注意事项

母乳喂养属于有菌喂养，乳头皮肤周围的需氧菌和乳管内的厌氧菌一同进入婴儿口腔，是婴儿消化道正常菌群的基础，喂奶前不需用消毒纸巾擦拭乳头。

采取回应式喂养，即根据婴儿的进食意愿和需求立即、合理回应婴儿进食需要，做到不强求喂奶次数和时间，特别是 3 月龄内的婴儿，做到按需哺乳。

当婴儿出现饥饿的早期表现，如张嘴、吸吮手指、寻找乳房的倾向等，便需要及时进行喂哺，不必等到婴儿哭闹时才进行。

哺喂时，每次让婴儿吸空一侧乳房再吸另一侧，每侧吸吮 10～15 分钟，满足婴儿所需的水分和营养，吸空乳房也有利于乳汁的进一步分泌。

做到让婴儿直接吸吮母乳，只要母婴不分开，就不用奶瓶喂哺人工挤出的母乳。

喂奶时，乳母可以轻轻拉着婴儿的手，用慈爱的眼神注视婴儿，并用语言沟通与交流。

喂完奶后在肩膀上铺干净的毛巾，把婴儿竖抱起来，下巴放肩膀处，头转向外侧，用空心掌从下到上给婴儿拍嗝，拍嗝后让婴儿右侧卧位躺下，嘴角处垫干净毛巾，背后垫枕头支撑。

（二）混合喂养与人工喂养

1. 混合喂养和人工喂养的概念

当母乳不足时，需要补充代乳品来满足婴儿对营养的需求，这种母乳和人工同时喂养的方式称为混合喂养。混合喂养应坚持母乳优先的原则，每天母乳喂养不少于 3 次，每次 10～15 分钟。人工喂养是母亲由于各种原因不能母乳喂养婴儿时，用牛奶、羊奶或其他代乳品喂养婴儿的方式。

2. 代乳品的选择

目前普遍选用的混合喂养和人工喂养的代乳品是配方奶粉，也称“人工母乳”，在营养成分上较接近母乳，并增加了乳清蛋白，调整钙磷比例、强化缺乏的矿物质和维生素，满足婴儿营养与消化的需求。不过，再好的配方奶粉，也无法与母乳相媲美。

有特殊情况的婴儿应该根据医生建议选择恰当的奶粉，并实施相应的喂养措施。据国内报道，新生儿和小婴儿乳糖吸收不良发生率在40%至47%，“乳糖不耐受症”发病率在5.8%至16.7%，婴儿出现腹泻、稀水便、排气多等情况，家长可以选用无乳糖配方奶或少乳糖奶（如酸奶）。早产儿应在医生指导下选择特殊医学用途配方奶粉，待体重、头围、身长等都达到该月龄足月婴儿的标准，可以考虑转喝普通配方奶粉。

3. 奶瓶和奶嘴的选择

奶瓶的选择需要考虑材质、透明度、口径、容量、气味等。奶瓶的材质有玻璃、塑料、硅胶等，新生婴儿可选用玻璃奶瓶，较大婴儿选择不易碎的塑料奶瓶或硅胶奶瓶。塑料奶瓶一般选PP、PPSU等材质，PC材质在高温下会释放致癌物质，已被停用。奶瓶的容量有60毫升、120毫升、160毫升、200毫升、240毫升等，可根据婴儿的月龄或每次饮奶量选择合适容量的奶瓶，如新生儿120毫升，1个月以上160毫升。好的奶瓶透明度、硬度相对较好，也无异味。

奶嘴一般有硅胶和乳胶两种材质。硅胶柔软，更贴近妈妈乳头，但有橡胶味，易老化，且不能长时间高温消毒；乳胶透明、漂亮，没有异味，但口感稍差，缺乏弹性。家长可根据婴儿的喜好选择。奶嘴有圆口、十字口、Y口、一字口，根据月龄和需要选择。奶嘴还需有透气孔，减少婴儿胀气。

4. 奶粉的冲调与喂哺

冲奶粉前，家长需用七步洗手法洗净双手→从消毒锅里或奶瓶沥干架上取出奶具→把奶瓶放在桌面上，倒入温水并平视刻度→根据奶粉冲调说明取出适量的奶粉→拧紧奶嘴，盖上奶瓶盖→朝一个方向摇晃或双手轻搓使奶粉充分溶解→打开瓶盖向下排气并在手腕处再次试温→用环抱式把婴儿倾斜45°抱好，

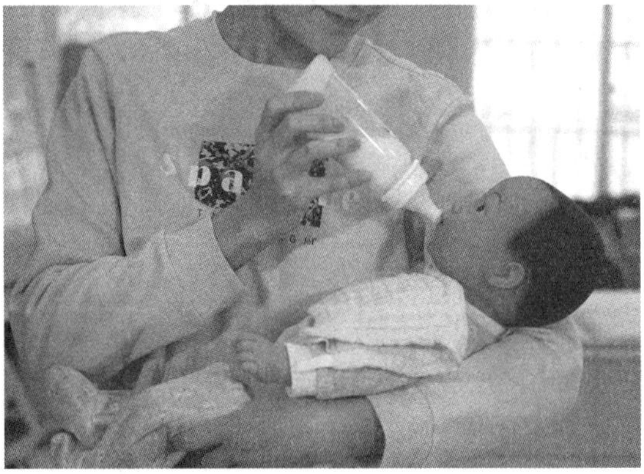

图4-3 人工喂养姿势

垫上口水巾→让婴儿含住整个奶嘴进行喂哺→喝完后，轻压婴儿下颌取出奶瓶→把婴儿竖抱拍嗝并右侧卧位躺好→在婴儿安全或有人照料时倒掉剩余奶液并清洗和消毒奶瓶，待下次使用。

喂哺时，家长可以让婴儿双手扶着奶瓶。4 个月的婴儿可以双手抓握奶瓶两侧手柄，6 个月后可以逐渐由被动转为主动，即以婴儿抓握奶瓶为主，家长为辅。

相关视频

你知道如何给婴儿喂奶吗？扫描文旁二维码观看“人工喂养”视频，一起来学习吧。

5. 人工喂养的注意事项

（1）配方奶粉要用 45℃左右的温水进行冲调。

（2）奶粉不需要再次煮沸，否则会破坏其中的营养物质。

（3）根据奶粉罐上的说明调配，过稀不能满足婴儿生长需求，过稠可能导致消化不良。

（4）冲奶粉一般用自来水或纯净水，条件允许可以选用婴儿水，矿泉水中矿物质含量过高，会对婴儿的肾脏造成负担，不宜选用。

（5）喂奶前需要再次试温。

（6）喂奶后需要给婴儿拍嗝，并右侧卧位放好。

（7）做好奶具的清洁与消毒，降低婴儿感染病菌概率。

（8）1 岁以内婴儿食物以乳类（母乳或配方奶粉）为主，1 岁后幼儿胃肠功能逐渐健全，在摄入足够乳类的同时要注意其他固体食物的膳食。

（三）辅食添加

《中国居民膳食指南（2022）》关于 7～24 月龄婴幼儿的喂养指南中指出：“继续母乳喂养，满 6 月龄起添加辅食，从富含铁的泥糊状食物开始；及时引入多样化食物，重视动物性食物的添加；尽量少加糖盐，油脂适当，保持食物原味；提倡回应性喂养，鼓励但不强迫进食；注重饮食卫生和食品安全；定期监测体格指标，追求健康生长。”

1. 什么是辅食

世界卫生组织认为，辅食是除母乳以外的任何食物和 / 或饮料（包括婴儿配方奶、较大婴儿配方奶和水）。

2. 辅食添加的时机

证据表明，婴儿满6月龄时是添加辅食的最佳时机。此时，婴儿可以很好地控制头部、挺舌反射消失、对食物也表现出极大的兴趣；口腔运动能力，对不同口味、不同质地食物的接受能力也较强。

过早添加辅食，尤其在满4月龄前，会明显增加儿童期和成人期肥胖风险；还会由于婴儿消化系统不成熟而引发胃肠道不适，进而导致喂养困难或增加感染、过敏等风险。

过晚添加辅食，会增加婴幼儿能量及蛋白质、铁、锌、碘、维生素A等缺乏的风险，进而导致营养不良以及缺铁性贫血等各种营养缺乏性疾病的发生。近年研究表明：过晚添加辅食可导致食物过敏、增加过敏性疾病的风险。

少数特殊婴儿可能由于早产、生长发育落后、急慢性疾病等各种特殊情况而需要提前或推迟添加辅食，必须在医生指导下选择添加时间，但不能早于满4月龄。

3. 辅食添加的作用

适当时候添加辅食可锻炼婴儿的口腔运动能力，如舌头的活动、啃咬、咀嚼、吞咽等功能。熟悉各种不同口味、不同质地食物的味道，促进婴幼儿味觉、嗅觉、触觉等感知觉发育，也可预防挑食偏食。辅食添加得科学合理可以补充乳类营养的不足，满足婴幼儿生理发育对食物的需要，降低营养性缺乏性疾病发生的风险。

4. 辅食添加的原则

（1）添加辅食的时机要选在婴儿健康时添加。

（2）添加新的辅食，每次只引入一种，待适应后再添加其他新的食物，一般一周内添加2～3种，且属于同一类食物。

（3）刚开始添加辅食时，以让婴儿品尝不同食物的味道、了解婴儿对不同食物的适应性为主，新增加的食物要少量多次让婴儿尝试，不可一次混杂多种食物，以免引起过敏反应而难以辨别过敏源。

（4）根据婴幼儿咀嚼和吞咽能力，逐渐调整辅食质地，如从稠粥、肉泥等泥糊状食物逐渐过渡到半固体或固体食物等。

（5）逐渐增加食物种类，保证食物多样化，包括谷薯类、豆类和坚果类、动物性食物（鱼、禽、肉及内脏）、蛋、含维生素A丰富的蔬果、其他蔬果、奶类及奶制品等7类；在婴儿出生的第一年内，引入的食物种类越多，过敏发生风险越低。

（6）添加新的辅食期间，留意观察婴儿是否出现呕吐、腹泻、皮疹等不良反应，若婴幼儿出现不适或严重不良反应，及时送医，且该食物需停喂至少 2 周。

（7）婴幼儿辅食应单独制作，即使只有一两口，家长也要细心烹调；1 岁以内婴儿辅食应当保持原味，不加盐、糖和调味品；制作过程注意卫生，进食过程注意安全；刚开始添加辅食的婴儿需要学习接受用小勺喂养，家长用平头小勺舀起少量泥糊状食物，放在婴儿一侧嘴角让其舔吮。

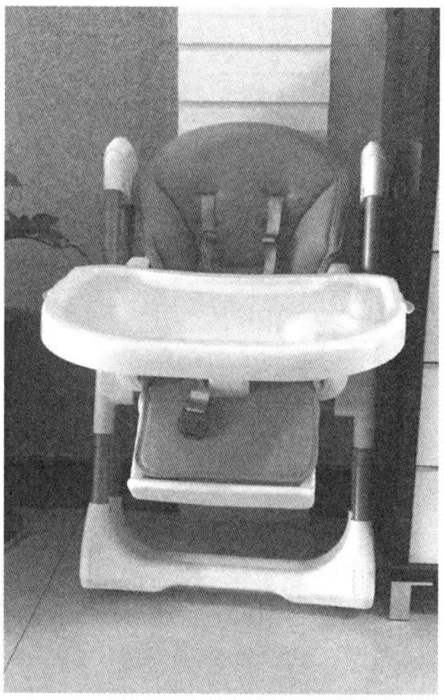
图 4-4　婴儿餐椅

5. 辅食添加的顺序

2022 年 1 月国家卫生健康委员会发布的《托育机构婴幼儿喂养与营养指南（试行）》指出："应根据不同年龄婴幼儿的营养需要、进食能力和行为发育需要，提倡顺应喂养……从开始辅食添加起，引导婴幼儿学习在嘴里移动、咀嚼和吞咽食物，逐步尝试自主进食。"

4～6 个月的婴儿可以添加富含铁的谷粉、鱼泥、菜泥、水果泥、豆腐；7～9 个月的婴儿可以添加烂面、饼干、鱼、蛋黄、菜末、肝泥、水果泥等，且尝试抓握、玩弄小勺等餐具；10～12 个月的婴儿可以吃软饭、挂面、面包、碎肉、碎菜等，且尝试抓握香蕉、煮熟的土豆块或胡萝卜等食物自喂；13 月龄以后的幼儿可以接受小块以至大块食物，尝试抓握小勺自喂，到 24 月龄用小勺自主进食时洒落较少。

另外，从开始添加辅食起，就要为婴幼儿准备专用的餐椅（图 4-4）、餐具、饭兜等。

（四）合理膳食

1～3 岁的幼儿随着牙齿的萌出和胃肠功能的逐步健全，感知觉和认知行为能力的发展，可以通过接触、感受和尝试，来体验各种食物，逐步适应并耐受多样的食物，饮食逐步从以奶为主过渡到以食物多样为主，以奶为辅，喂养方式也从被动接受喂养转变为自主进食。

要给幼儿选择营养丰富、易消化的食物，每日膳食由谷薯类、蔬菜水果、畜禽鱼蛋奶和豆类组成，同类食物可轮流选用，做到膳食多样化。

为了适应幼儿的咀嚼、吞咽和消化，应该选择蒸、煮、炖等烹饪方式，避免油炸、熏制、卤制。

要让幼儿在良好的环境下进餐，三餐和大人一起，有固定的位置、餐具、餐椅，并尝试做餐前准备。

幼儿可以食用合适的、适量的零食，以补充热量的不足和营养的需求，如奶类或水果搭配松软面点，分量以不影响正常进餐为宜。

幼儿每天少量多次饮用足量的白开水，不可喝含糖高的饮品、果汁、碳酸饮料；饮水量取决于婴幼儿活动量的大小、外界的气温、食物的质与量等；6个月内纯母乳喂养的婴儿不需要额外补充水，2～5岁的幼儿每天的饮水量为600～800毫升。

《中国居民膳食指南（2022）》中针对2～6岁学龄前儿童的膳食指南中还指出：可以让幼儿参与食材的选择与制作，增进对食物的认知和喜爱；对奶的需求量提出了明确的要求，每天摄入300～400毫升或相当量的奶制品。2岁以后，随着胃肠功能的健全和乳牙的萌出，幼儿可以食用和成人基本相同的食物，并且按时定位进餐。

长期合理、平衡、规律的膳食能促进婴幼儿的生长发育，家长需定期检查和测量婴幼儿生长发育状况，1岁以内3个月1次，1～3岁半年1次；检查后根据生长发育情况及时调整食物结构，改善饮食习惯。合理的膳食几乎能满足婴幼儿成长的所有需求，没有医生的建议，不需额外补充营养补充剂（维生素D除外）。

（五）良好饮食习惯的养成

《托育机构保育指导大纲（试行）》要求：为2～3岁幼儿“提供多种类食物、培养幼儿专注进食”，并让“幼儿参与协助分餐、摆放餐具”。婴幼儿良好饮食习惯的养成从餐前、餐中、餐后三个过程来进行。考虑到1岁以前婴儿的食物以乳类为主，在饮食上还不具备自我服务的能力，以下主要针对1岁以后幼儿的饮食习惯培养进行介绍。

1. 餐前

幼儿：餐前1小时内不进食；餐前用七步洗手法洗手；2岁以后协助分餐、参与摆放餐具、擦桌子等；参与种植、采摘、清洗、制备食物的过程，通过多种途径、调动多种感官充分认识和感知食物，激发对食物的兴趣；按时定位就餐。

家长：根据婴幼儿的营养需求，种植或选购新鲜卫生、营养素密度高的食材，选购食品前认真阅读食品标签，并合理选择预包装食品；精心制作食物，且注意生熟分开，熟食二次加热要热透；食物的颜色、形状、餐具、摆盘等符合婴幼儿的生理和心理需求；营造安静温馨、轻松愉悦的就餐环境，不批评幼儿，让幼儿在轻松愉悦的状态下享受食物。

2. 餐中

幼儿：穿好饭衣、按时定位、坐姿端正，使用自己的专用餐具自主、专注进餐；不说话，不看电视、手机、平板电脑，不玩玩具；不挑食、偏食；爱惜食物，不玩食物；1岁半以后自主进餐，辅助喂食；不跑着、走着进餐；逐步养成良好的进餐礼仪。

家长：使用公勺公筷，少量多次按需提供食物，珍惜食物不浪费；培养幼儿自主进餐、规律进餐、专注进餐的良好饮食习惯和良好的进餐礼仪；幼儿饭菜洒了不批评；不追着喂食；不说对幼儿进餐不利的话。

3. 餐后

幼儿：送回餐具，2岁后尝试洗自己的碗；整理椅子、协助擦桌子；及时擦嘴巴、漱口、洗手；餐后散步，做到吃动平衡，保持健康体重。

家长：整理餐具，清洗碗筷；鼓励幼儿尝试洗碗、擦桌子等行为；带领并教会幼儿擦嘴巴、漱口、洗手，餐后散步。

良好的饮食习惯可以使婴幼儿胃肠形成节律，利于消化吸收，确保营养均衡，促进生长发育。家长的榜样示范也可以促进婴幼儿良好饮食习惯的养成。良好的进餐礼仪以及结合春节、元宵节、端午节和中秋节等传统的节日活动，有助于幼儿享受传统饮食，体验并传承中华饮食文化。

三、睡眠照护

睡眠可以让紧张的肌肉得到放松并恢复能量。夜间睡眠时，脑下垂体能够快速分泌生长激素，促进骨骼发育，家长要确保婴幼儿有充足的睡眠时间和优质的睡眠质量。

（一）睡眠特点

人类的睡眠类型有两种，即快速动眼睡眠和非快速动眼睡眠。睡眠时，这两种睡眠类型不断交替出现。新生儿的睡眠没有昼夜节律，任何时候都可以入睡，每次睡2～3小时，醒来吃奶，简单活动片刻，然后再次入睡；4～6周的婴儿开始建立昼夜节律；6～12周可以在家长的帮助下自主入睡；3～6个月，逐步实现规律作息；6～12个月开始睡长觉；1～3岁可以形成良好的睡眠习惯。婴幼儿的睡眠存在明显的个体差异。

（二）睡眠环境

1. 居室环境

婴幼儿睡眠时应保证居室干净整洁，透光通风良好。窗帘颜色温馨，睡眠时遮光良好，光线柔和。室内温度和湿度适宜。

2. 婴儿床

为便于照顾，0～3 岁婴幼儿睡眠时应与家长同屋，并建议分床睡。为利于骨骼发育，婴幼儿应睡硬板床。0～1 岁婴儿安全的睡眠环境非常重要，过软的床上用品会使婴儿因窒息猝死的风险增加，婴儿床头也不宜放枕巾、毛绒玩具等物品。婴儿床头和床尾应采用实心木板，护栏栏杆间距不大于 6 厘米，护栏顶端与床垫之间距离至少 66 厘米。婴儿床需远离窗口，直射的阳光和过大的气流易引起婴儿不适。

（三）睡前准备

家长引导婴幼儿睡前洗漱，换好睡衣或睡袋，盖上自己喜欢的颜色或图案的被子，轻松、愉悦地入睡。睡前不做剧烈运动，不提供新鲜玩具，不讲恐怖故事，不批评辱骂等。睡前最好的活动是听音乐、听父母清唱的摇篮曲、听故事、看图画书等。家长要鼓励婴幼儿学会自己独立入睡，不以摇晃或喂奶为安抚手段。

（四）睡眠时间

2015 年 3 月，美国国家睡眠基金会（National Sleep Foundation，NSF）公布了新的睡眠推荐时长。新生儿每天除了吃奶，几乎都在睡眠之中，该阶段是人一生中睡眠时间最长的阶段，一般每日睡眠时间 16～18 小时；4～11 个月婴儿每天睡眠 12～15 小时；1～2 岁幼儿 11～14 小时；3～5 岁幼儿 10～13 小时。若婴幼儿日常的精神状态良好，生长发育也在正常范围，即使睡眠时间与推荐时长有差异也不必担心。

（五）睡眠姿势

人类的睡眠姿势一般有三种，即仰卧、侧卧、俯卧（趴睡）。《美国儿科学会育儿百科》指出：婴儿猝死是美国 1 岁以下婴儿（新生儿阶段以后）死亡的首要原因，而仰卧睡姿可以降低“婴儿猝死综合征”的风险，因此美国儿科学会建议健康的婴儿尽量采取仰卧（背部平躺）睡姿，保证头部可以自由活动。中国传统观念认为婴儿要睡头型，强调让婴儿仰卧以使头部平坦，甚至用两边突出的防变形枕限制婴儿头部活动，其实，枕部过于扁平是头部畸形的表现。应让婴儿头部正常活动，家长及时调整头部左右位置，睡出圆圆的正常头型。有的婴儿腹部不适、喜欢趴睡，或已经可以自如翻身的婴儿在睡眠过程中自主翻至俯卧位，家长要留心观察，以防窒息。1 岁以后的幼儿可以自由选择仰睡或者侧睡。

（六）睡眠习惯的养成

良好的睡眠使人神清气爽，充满活力，睡眠缺乏则影响人的情绪、认知、运动、免疫等。婴幼儿睡眠不足则会哭闹不止、烦躁不安，还会影响大脑发育、身高增长、认知发展等。2021 年 1 月 12 日，国家卫生健康委制定的《托育机构保育指导大纲（试行）》指出：3 岁以下婴幼儿要“获得充足睡眠，养成独自入睡和作息规律的习惯”。饮食、环境、穿着、盖被、疾病等都会影响婴幼儿的睡眠，家长需要细心观察和照料，寻找规律，让婴儿从小养成良好睡眠习惯。

新生儿睡眠比较混乱，白天的睡眠周期一般 50～60 分钟，晚上 2～3 小时，每天总共睡 16～18 小时。哄睡时，家长轻轻拍动新生儿并哼唱摇篮曲，让其感知睡眠的信号；有的新生儿哭闹一会儿才能入睡，属于正常现象，无须担心。睡眠时给新生儿包襁褓，让其睡小床或在背后垫一块枕头，增加安全感（图 4-5）。白天睡觉时，光线不需要太暗，也无须静音。

《美国儿科学会育儿百科》中指出，2～3 个月的婴儿食量增加，两餐之间间隔时间延长，90% 的婴儿晚上可以睡 5 小时左右，可逐步建立睡眠节律，但也有不断反复的情况。白天每次清醒的时间可以达到 1～2 小时，此时家长可以和婴儿做些游戏。睡眠前，家长可以抱着婴儿，轻拍其背部在房间里走动。该阶段婴儿睡眠不安与肠胀气导致的胃肠不适有关。

6～12 个月左右的婴儿白天清醒的时间更长，每次醒来可以玩 2～3 小时，每天睡 2～3 次，共 3～4 小时。家长要捕捉婴儿困倦的信号，让婴儿在常规的睡前洗脸、洗脚、洗臀部、换睡衣、做抚触操、听柔和的音乐或妈妈唱的摇篮曲等活动中安静入睡，减少抱睡、摇睡、含乳睡等安抚行为。该阶段婴儿由于出牙会出现夜间哭闹、烦躁现象，这属正常。被子或睡袋的薄厚也会影响婴儿的睡眠。

1～3 岁的幼儿，每天午睡一次，一般 2～3 小时。晚饭后可以适当散步，避免剧烈运动；20:00 左右可以安排幼儿睡前盥洗，并按幼儿感觉舒适的睡前习惯营造睡眠氛围，逐渐引导其入睡；早上 7:00 左右起床。2 岁以后的幼儿睡觉前能够在家长的协助下把自己的衣服整理好放于床头柜上。

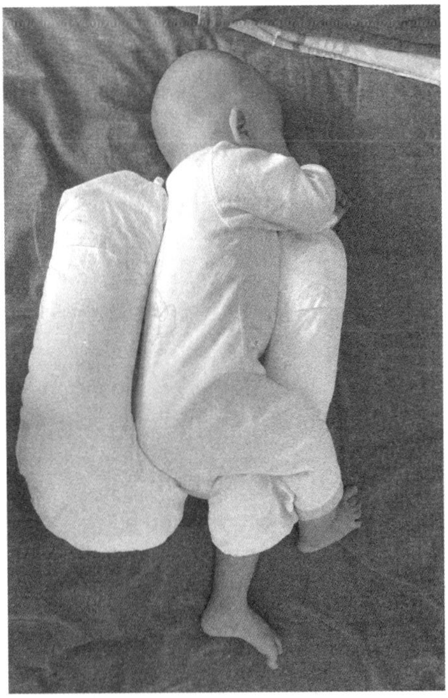

图 4-5 婴儿睡眠

四、盥洗照护

婴幼儿新陈代谢旺盛，良好的卫生习惯可以清洁皮肤，保护身体不受病菌入侵，减少胃肠道疾病、皮肤疾病、龋齿、红臀、湿疹等疾病的发生。

（一）洗手

勤洗手是预防胃肠道疾病等多种疾病的重要手段。

6个月前，家长可以用湿毛巾擦洗婴儿的手心、手背；再把手指分开，用毛巾包裹住手指，从指根到指尖，轻轻擦拭。

6个月到1岁的婴儿能够坐起。家长可以扶着婴儿的手，帮助其洗手，边洗手边介绍步骤。打开水龙头淋湿手，关上水龙头→涂抹香皂或洗手液，搓搓手心、手背、每根手指、手指缝→换一只手→打开水龙头，冲洗干净→关掉水龙头。

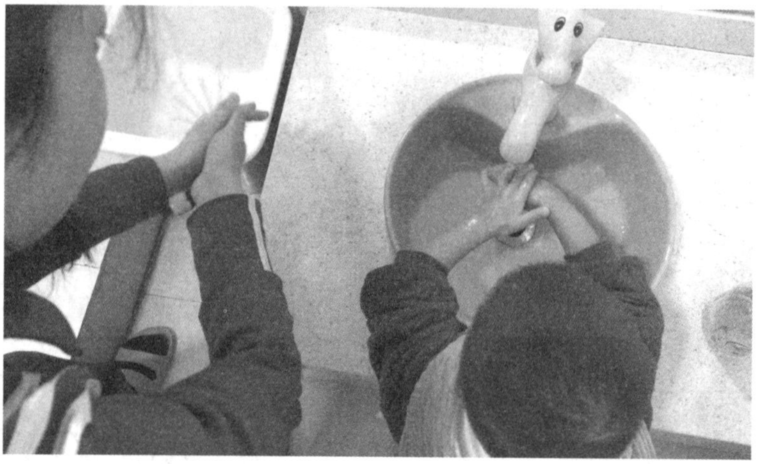

图4–6 婴幼儿洗手

1~3岁的幼儿可以踩防滑矮凳站在洗手池前，用七步洗手法洗手（图4–6）。1~2岁幼儿可在家长协助下洗手；2岁后，家长可通过语言提示或借助洗手方法示意图，鼓励幼儿独立完成正确洗手的过程：将衣袖卷起→打开水龙头淋湿双手→关掉水龙头→涂香皂或洗手液→手心对搓（内）→互搓手背（外）→指缝交叉搓洗（夹）→双手相扣互搓（弓）→大拇指（大）→手指尖（立）→搓手腕（腕）→打开水龙头→清水冲干净→冲洗水龙头把手→关掉水龙头→专用毛巾或擦手纸巾擦干→放回毛巾或将纸巾丢进垃圾桶。

家长教幼儿洗手方法的同时，也要说明洗手的重要性，鼓励幼儿养成饭前、饭后、便后、游戏后、外出回来随时洗手的习惯。家长还要带领婴幼儿从小养成节约用水的习惯。

（二）面部清洁

1. 五官清洁

眼：用消毒棉签蘸少量温开水，家长一手扶婴幼儿额头，一手拇指、中指、食指捏棉签根部，由眼的内侧向外侧擦拭，然后换一支棉签用同样的方法擦拭另一只眼睛。

耳：用温水打湿的小毛巾擦拭耳郭、耳背面及耳后皱褶处。1 岁后，幼儿对细小物体感兴趣，家长需注意观察，避免幼儿把小东西塞入耳朵。

鼻：若婴幼儿有清鼻涕，家长要一手扶婴幼儿额头，一手拿吸鼻器吸出，吸完后用柔软的纸巾擦拭鼻子，并冲洗、消毒吸鼻器。1 岁以后，家长可以教幼儿学习正确擤鼻涕的方法，按压一侧鼻孔，擤完一侧再擤另一侧。若婴幼儿有浓稠鼻涕，可用细轴棉签拨出或卷出。婴儿若因鼻痂堵塞鼻腔，哭闹不安时，可用细轴棉签蘸少量温开水或香油润滑鼻腔，待鼻痂润软后再拨出或用夹子夹出。注意动作轻柔，棉签勿插得过深。不需把鼻腔清理得过于干净，避免损伤鼻黏膜。

嘴巴：婴幼儿进食或流口水后嘴角的清洁也很重要。1 岁前的婴儿，家长可用干净的小方巾对折成小正方形，蘸温水并捏至半干，沿婴儿嘴角周围有污渍的地方擦拭。如果婴儿有湿疹，擦拭时要更加轻柔，擦拭后要涂抹润肤油或湿疹膏。1 岁后，家长应鼓励幼儿自己擦嘴巴。

2. 洗脸

家长可采用环抱式为新生儿洗脸（图 4–7）。将小毛巾叠成小正方形，蘸温水后捏至不滴水，用毛巾四个角分别擦拭婴儿的眼睛、鼻子以及嘴巴，擦拭眼睛时由内向外，擦拭鼻子时沿着鼻翼两侧从上到下，擦拭嘴巴则在嘴巴左右分别画半圆。擦拭完毕后清洗毛巾再擦拭脸，将小正方形对折成三角形，按照顺时针方向、呈放射状分别擦洗婴儿的额头、左脸颊、下颌、右脸颊。

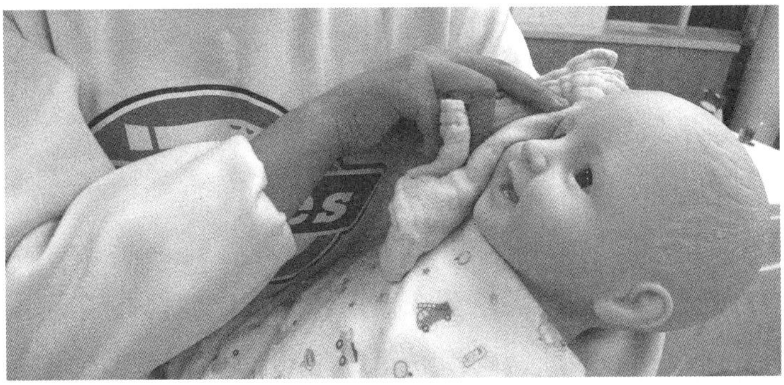

图 4–7 婴儿洗脸

1 岁后的幼儿可以自己站着洗脸，由用脸盆逐渐过渡至用流动水。婴幼儿要养成早晚洗脸的习惯。

3. 擦香

涂抹婴幼儿润肤乳或润肤霜，要选择婴幼儿专用的品牌。涂抹之前先在耳后皮肤上小面积试用，如果没有发红或其他过敏反应，便可在脸上大面积使用。额头：从中间往两边抹；鼻子：从上到下沿鼻翼两侧抹：脸蛋：从里到外转圈抹；嘴巴：沿嘴巴周围画半圆。

（三）洗头

1. 洗头的方法

正确的洗头步骤：盆中放入 1/2 到 2/3 盆 38～40℃的温水→家长用橄榄式抱姿将婴儿抱在左侧，左手拇指和中指从枕后压住婴儿耳郭，盖住外耳道，如果家长的主力手是左手，可以将婴儿抱在右侧→右手拿起浸湿的小毛巾将婴儿头发打湿（图 4-8），取少许洗发水轻轻揉搓至发泡，再将洗发水涂抹到婴儿头发上，轻轻揉搓头部，注意洗发水不要溅入婴儿眼内、耳内→用清水冲洗头发，再用干毛巾擦干→擦拭脸颊、颈部、耳后的水分，用棉签擦拭外耳及耳洞周围。

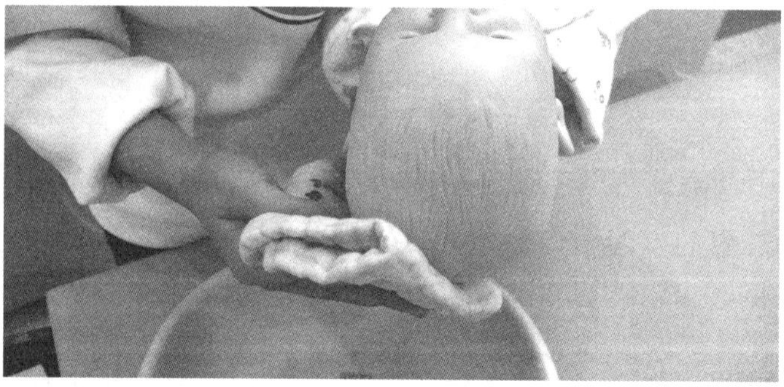

图 4-8　婴儿洗头

夏季时婴幼儿可每天洗头，冬季 2～3 天洗一次；1 周用一次洗发水，不需每次都用。

2. 头痂、囟门清洁

婴儿皮脂腺分泌油脂旺盛，生长发育迅速导致外皮细胞脱落，洗头时囟门处也要正常清洗。传统的护理中，老人认为囟门很薄，不能碰触。长期不清洁使婴儿囟门处结有厚厚的头痂，污垢堆积在囟门，细菌可能会透过囟门进入脑部引起脑炎或脑膜炎。可以用麻油或精制油蒸熟后将头痂润湿浸透，2～3 小时后用无菌棉球朝头发生长方向擦掉。若一次不能清洁干净，可分多次清洁。

（四）口腔清洁

五六个月的婴儿开始出牙，可用纱布蘸水或用乳胶指套为婴儿擦拭牙床。

1 岁前的婴儿可以在两次喂奶之间喝一些温开水，起到清洁口腔的作用；1 岁以后的幼儿可以在餐后、加点后漱口。婴幼儿刚开始不会吐水，可以使用温开水漱口。

2 岁的幼儿开始学习刷牙，选用软毛牙刷，观察并模仿成人刷牙动作，早晚各一次。幼儿不会刷或刷不干净，家长应给予帮助。刚开始刷牙不需要用牙膏，3 岁左右可选用含氟的牙膏，保护牙釉质不受细菌侵蚀。

婴幼儿要注意少吃甜食，不吃粘牙的软糖，不喝含糖饮品或碳酸饮料，不啃咬硬物，不边吃边睡，养成早晚刷牙，饭后漱口的好习惯。乳牙出全后，每半年需进行一次牙齿健康检查。

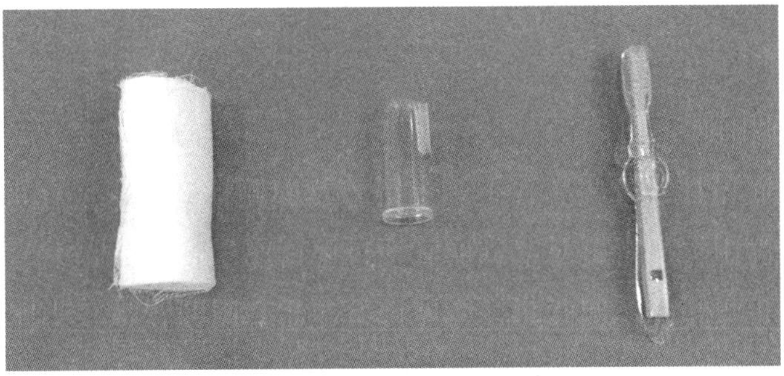

图 4-9 清洁牙齿工具——纱布、指套、牙刷

（五）臀部清洁

婴儿的臀部皮肤很娇嫩，每天都需要清洁护理。正常情况下，每天晚上睡觉前可用专用的盆和毛巾为婴儿清洗臀部。较小的婴儿可以躺下或将其抱在怀里，托起臀部清洗；较大的幼儿可示意其蹲下，将小盆放在幼儿臀下清洗。用清水、熟水、温水按照“两大腿内侧→会阴部→肛门周围”的顺序从前往后洗。洗完后蘸干，抹护臀膏，勿用爽身粉。

如果婴儿有大便，要先把大部分的粪便擦拭干净，再用湿巾擦拭，最后再清洗干净。若婴儿腹泻，粪便对臀部腐蚀作用较大，每次排完便都应轻轻擦拭后再清洗，避免擦破皮。

婴幼儿的尿布、纸尿裤、小内裤需及时更换。正确的清洁护理可以预防尿布疹、尿路感染。

（六）洗脚

洗脚既能清洁脚上细菌，又能在泡脚的时候增加身体末端血液循环，有助于身体的健康。洗脚时，盆内盛40℃左右温水，试温后，将婴幼儿双脚放入盆内，水面达到婴幼儿脚踝部位。婴幼儿把双脚泡至微红，洗干净即可，不需长时间热水泡脚。

洗脚的步骤：洗脚心→洗脚背→洗脚趾缝→用干毛巾擦干双脚→整理物品。2岁以后的幼儿可以尝试洗袜子，揉搓和拧的动作锻炼了手部精细动作，也培养了生活自理能力。

（七）洗澡

洗澡是婴儿出生后即可进行的皮肤保健活动。

1. 洗澡前的准备

家长：束起头发，摘下首饰，剪短指甲，用七步洗手法洗净并温暖双手。

室温：洗澡时先把室温调至26～28℃，冬季家里温度不适可以去婴儿游泳馆。

水温：一般准备椭圆形婴儿浴盆，盆内装1/2～2/3盆水，水温38℃左右，用水温计测量，洗前用肘部再次试温。夏季水温可适当调低1～2℃，如果婴儿有湿疹，水温也需要适当调低一点。

物品：把婴儿的包被、替换衣物、尿布或纸尿裤、润肤油、抚触油、棉签等准备好放置床边。浴巾、小毛巾、沐浴露、头刷、戏水玩具等，放在洗澡盆旁边，不会坐的婴儿还可准备浴床，或用有人形躺椅的浴盆。

2. 洗澡过程

6个月前婴儿洗澡时先脱掉衣服和纸尿裤，检查身体及排便情况。用浴巾过肩包裹身体，用环抱式抱姿清洗面部，用橄榄式抱姿清洗头发。洗完后拿掉浴巾，再次用肘部试温，让婴儿的双脚、双腿先入水，逐渐让水没过身体，按照脖子、胸部、腹部、腋下、腹股沟、胳膊、手、腿、脚、后背、臀部、后臂的顺序进行。注意脖子底下、腋窝与腹股沟的清洁，洗背部和臀部时可以让婴儿趴在家长手臂上。洗澡时若婴儿有哭闹，另一位家长可以在旁边用玩具逗引。一般洗澡5～10分钟即可。

6个月后，婴儿可以坐在盆里洗澡。1～3岁能站立的幼儿也可以选用淋浴的方式洗澡。洗澡前先调好莲蓬头的力度和水温，铺防滑垫或穿防滑拖鞋，避免跌伤。洗完后，注意幼儿保暖并快速擦干浴室的水。

3. 洗澡后的护理

洗完澡立即用浴巾把婴儿包裹起来擦干水，擦抹润肤油。用棉签清洁耳部、眼角、鼻腔的水分。脐带没有脱落还需用碘伏消毒。最后穿上尿布或纸尿裤、穿衣服，包好包被，注意保暖。

夏季每天可以洗澡 2 次，冬季可以每周洗澡 1～2 次。沐浴露不需要每次都用，一般每周用一次，否则会破坏婴儿皮肤表面的天然油脂，导致皮肤干燥、引发湿疹等问题。若婴儿洗澡时哭闹，可以使用戏水玩具增加洗澡的兴趣。

相关视频

很多新手父母都不敢给婴儿洗澡，扫描文旁二维码观看视频，了解为婴儿洗澡的正确方法。

五、大小便观察与照护

（一）婴幼儿大小便的特点

家长可以通过观察大小便的性状来判断婴幼儿的健康状况，有人形象地将此比喻为“宝宝的便便会说话”。

1. 婴幼儿小便的特点

婴幼儿膀胱较小，1 岁前的婴儿表现出少量多次的排尿特点。新生儿出生后第一天便可排小便；6 个月前的婴儿每天排 20 次左右；6 个月到 1 岁时，每天排 15 次左右。

婴幼儿正常喝奶、饮水，就会产生正常的尿量，排尿量的计算方式为：（年龄 −1）× 100+400 毫升。婴幼儿正常尿液呈浅黄色，婴幼儿尿量会随着季节、气候和活动量变化而变化，一般夏季尿量少、运动后出汗多尿量也会少。

当婴幼儿出现尿液过黄、少尿、无尿、血尿、蛋白尿、尿痛等情况，需要细心观察，必要时及时就医查明原因。女童因尿道过短，得尿路感染的概率高于男童，需要引起家长的注意。

由于神经系统发育不完善，1 岁半到 2 岁前的幼儿还不能控制尿意，不能做到自主排尿，家长需要及时为其更换尿布或纸尿裤。

2. 婴幼儿大便的特点

新生儿出生后2~3天内会排胎便，一般胎便是黑色或墨绿色，呈黏稠状，由羊水和脱落的细胞组成，没有臭味。

母乳喂养的婴儿大便是金黄色，呈膏状，每天可排3~5次，牛奶喂养儿则呈现出淡黄色，且次数少、偏干、有未消化的白色奶瓣。新生儿若有便秘现象，最好的解决办法是母乳喂养。

当婴儿开始添加辅食后，吃的食物是什么颜色，大便便会呈现出相应的颜色，如吃胡萝卜后的大便是橘色，吃火龙果是红色，吃青菜是绿色。

当大便多泡沫，有酸臭味，表示糖类物质摄入过多，未被消化；如粪便有腐臭味，表示蛋白质未被消化吸收；如粪便中皂块多或有脂肪颗粒，表示脂肪未被消化吸收。若大便一天在10次以上，且水分多，呈黄色水样或蛋花汤样便，可能是病毒感染引起的腹泻，需要及时就医。

（二）如厕训练

独立如厕是婴幼儿走向独立的关键一步。学会排便是一个循序渐进的过程，需要先感知尿意、便意，然后协调肌肉组织来控制大小便。家长要在婴幼儿生理、心理做好准备后，开始对其进行训练。

1. 把屎把尿不等于如厕训练

18~24个月前的婴幼儿把尿不利于膀胱充盈，只是让婴幼儿建立起了排尿条件反射，把尿姿势不正确还可能导致婴儿髋关节变形或脱肛。如果婴幼儿习惯了把屎把尿，没有感受过尿意、便意，就越发不会学习自己控制，长大后容易出现憋尿、便秘等情况。一般3~4岁的幼儿可以做到自主控制排便。

2. 如厕训练的时机

幼儿能否自主排便，与其对肛门括约肌和膀胱的控制是否足够成熟有关。一般来说，18~24个月的幼儿开始能够控制肛门括约肌，可以考虑如厕训练。但年龄并不是如厕训练的“起跑线”，比年龄更重要的是家长要认真观察幼儿是否已经准备好自主排便了。

美国儿科学会建议，幼儿能满足下面8个表现的大部分，就说明可以进行如厕训练了：

（1）纸尿裤能保持至少2小时干燥，或午睡后纸尿裤还是干的；

（2）纸尿裤脏了，有不舒服的表现，想要换新的；

（3）对坐便器产生兴趣；

（4）大便时间逐渐变得规律；

（5）主动要求穿内裤；

（6）可以遵守简单指令；

（7）会用表情、姿势或语言来表达自己正在大小便；

（8）能够自己或在大人的帮助下脱（穿）裤子。

家长不必纠结开始训练的年龄，研究表明，训练开始的时间稍晚，成功的概率较高。

3. 如厕训练的方法

第一，如厕准备。一方面是心理的准备，家长告诉幼儿长大了，可以自己排便了；另一方面是如厕“装备”的准备，让幼儿选择喜欢的小便盆，也可以是放在成人马桶上的马桶圈和脚凳（图 4-10～图 4-12），准备好的便盆要放在固定的位置。

第二，鼓励幼儿发出排便信号。当幼儿喝完水或吃完饭的 10～15 分钟，家长可以提醒幼儿是否需要如厕。平时多注意观察婴幼儿，他们出现夹腿、用手抓裤裆、打冷战等是排尿的信号，玩着玩着愣住不动了或皱着眉头甚至额头发红，说明想排大便了。家长应鼓励幼儿发出排便信号，如用手指小便盆或马桶、自己走到小便盆或马桶边上，当幼儿会用语言表达时，则鼓励其说“妈妈尿尿”或“妈妈拉臭”。

第三，家长示范。父亲和母亲先让幼儿观察自己如厕，激发幼儿如厕的兴趣，再亲身示范并协助婴幼儿完成脱裤子、排便、擦屁股、提裤子、洗手等操作。这样做不仅不会使幼儿对如厕反感，还能教会幼儿如厕的操作方法，如厕后养成洗手的习惯。

第四，正面鼓励。当幼儿能正确地发出排便信号，在协助下能成功如厕或自主如厕，需要给予鼓励。家长可以在幼儿的小马桶或马桶圈附近贴一张如厕记录表，成功如厕就贴上幼儿喜欢的贴纸以示鼓励，也可以拥抱幼儿，竖起大拇指为幼儿点赞等，增强幼儿的如厕信心。如果幼儿不能成功如厕，或成功如厕后由于

图 4-10　马桶圈

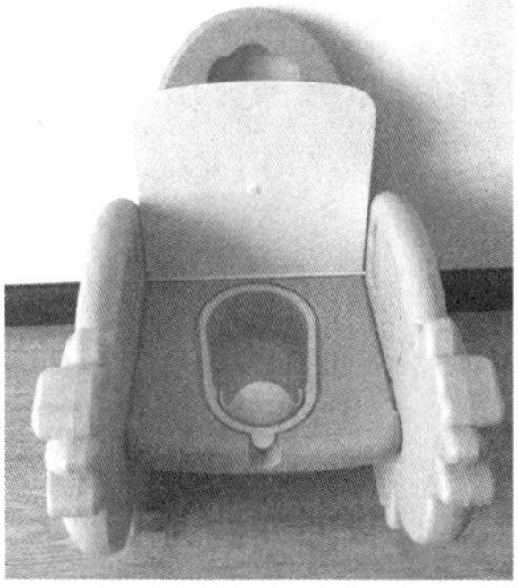

图 4-11　小马桶

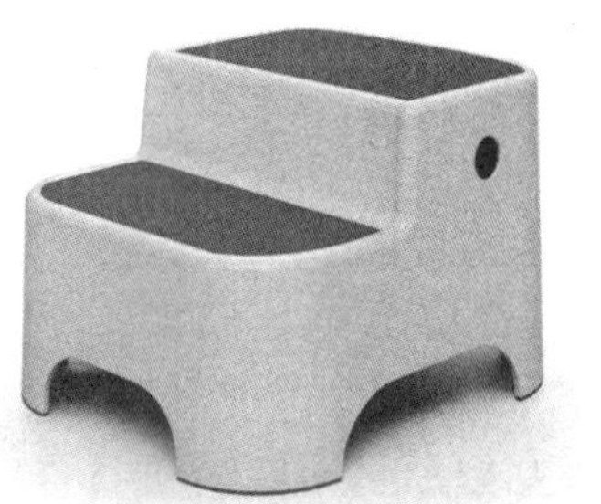

图 4-12　儿童脚凳

环境的变化、家长的改变等因素又尿裤子，家长不应批评、辱骂幼儿，也不要与其他幼儿比较，否则容易使幼儿产生负面情绪，出现更频繁地尿裤子或抗拒排便的现象，严重的甚至会憋尿憋便，时间长了，容易尿路感染或便秘。

第五，加强控制力训练。观察到幼儿发出排便信号后，家长可以让幼儿尝试憋住便意，到马桶处再排便。虽然感受“便意”有利于训练幼儿排便，但也要因人而异，不要刻意让幼儿憋便。

若幼儿一整晚纸尿裤都保持干燥且持续一段时间，便可以考虑夜间停止给幼儿使用纸尿裤。

六、衣物照护

（一）裹单、包被的选择和使用

1. 裹单和包被的选择

为了方便更换尿布和纸尿裤，新生儿一般只穿上衣，再用裹单包裹即可。裹单是纯棉或纱布、浅色或白色、边长 85 厘米左右的正方形布。

包被是婴幼儿外出时包裹在最外面的正方形小被子。一般是纯棉的，边长 1 米左右，有一角是小帽子，薄厚可以根据季节变化来选择。

2. 包襁褓（图 4-13）

把裹单一角朝上平铺在床上→把上面一角折下 20 厘米左右，把新生儿放在裹单上，脖子与折痕对齐→把左侧的一角向右对折包裹住婴儿身体→把下面的一角上翻至前胸（给脚留足蹬直的空间）→把右侧的一角向左对折再次包裹住婴儿身体。

包襁褓可以使婴儿保暖，还可以增强其安全感。如果睡眠易惊醒，家长不妨在婴儿睡觉时给他包襁褓。3 个月以下婴儿哭闹时，也可以采用包襁褓的方法止哭。包襁褓不同于把婴儿双腿拉直绑紧的“蜡烛包”，目前一般不推荐“蜡烛包”的包裹方法。

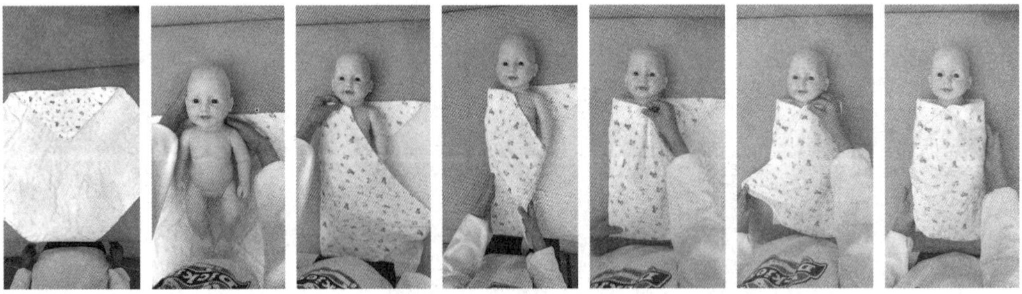

图 4-13 包襁褓的步骤

（二）尿布的选择与使用

1. 尿布的选择

婴儿尿布材质一般为纯棉，颜色以浅色、白色为主。可以是 15 厘米宽，35~40 厘米长的长条尿布，也可以选择边长 75 厘米的正方形尿布。一般准备 20~40 片。

2. 尿布的使用

长条形尿布直接使用，可用尿布带或尿布兜固定，以防移位造成漏尿。

正方形尿布需要折叠后使用。可以折叠成长方形，根据男女生理特点的不同，把厚的一侧垫在上面或下面；也可以把尿布折叠成三角形使用。

换尿布流程：把婴儿放在铺有干净隔尿垫（下面一块大的，上面一块小的）的床上→脱掉裤子或卷起包臀衣→用尿布前半部分擦掉大部分粪便或尿液并放进收纳筐待洗→用纸巾和湿巾擦拭少量的大小便→从前往后清洗并蘸干臀部→拿走小隔尿垫→擦护臀膏→家长右手轻推婴儿臀部使其侧躺→把尿布平铺在臀部下面，使尿布的 1/3 压在臀部下方→婴儿躺平→折叠剩余尿布到上面→调整左右及前后，确保尿布前后边缘平行，左右对称→整理婴儿衣服。

新尿布需清洗并煮沸消毒后使用，使用过的尿布也需定期消毒。

3. 使用尿布的注意事项

（1）及时更换：婴儿睡前、起床后、洗澡后、吃奶后均需及时查看尿布情况。

（2）环境要求：换尿布时要注意婴幼儿所处环境安全、舒适。

（3）温度适宜：注意室温和水温，以婴儿感到舒适为宜。

（4）及时回应：家长需充满爱心，与婴儿有目光交流，描述换尿布的过程并回应婴儿的不同表现；换尿布时也可用玩具或图书吸引其注意力。

（5）便后清洁：轻轻地用尿布边缘擦掉大部分粪便，用卫生纸擦净（女婴要从前向后擦，男婴注意阴囊下的清洁），然后清洗。

（6）清洁卫生：换尿布前后，家长需用肥皂把手洗干净。

（三）纸尿裤的选择与使用

1. 纸尿裤的选择

（1）柔软性。

婴儿肌肤娇嫩，柔软的纸尿裤可以减少与婴儿皮肤的摩擦，避免红臀甚至磨破皮。家长可以用手触摸其表面，确保纸尿裤内层和外层均柔软；用手揉搓感受中间吸收层是否平滑柔软。

（2）透气性。

婴儿新陈代谢旺盛，排汗量大，如不能排出尿液产生的热气、湿气，容易导致皮肤出现痱子或尿布疹。家长可以把纸尿裤放在盛满热水的杯子上通过是否能看到蒸汽来检测其透气性。

（3）吸水性。

纸尿裤要有较强吸水性。纸尿裤里的高分子吸收体不仅可以吸收大量水分，也需要迅速地、牢牢地锁住水分，这样婴儿臀部皮肤可以保持干爽，能预防尿布疹。家长可以把水倒在不同的纸尿裤上检测吸水量和吸收速度，同时用干纸巾擦拭纸尿裤，查看是否有反渗，检测其锁水能力。

（4）细节设计。

纸尿裤左右两边立起的褶皱部分是防漏设计，穿好了可防止婴儿尿液外漏。弹力腰围及魔术贴可以确保婴儿穿着松紧合适，且在活动时不会松开、脱落。

（5）舒适性。

家长在注重以上几点的同时，还需根据婴幼儿的体重选择合适型号的纸尿裤。对可以站立、行走以后的婴幼儿可以选择类似小内裤的拉拉裤，也可以让婴幼儿自己穿脱。

2. 纸尿裤的使用

换纸尿裤流程：把婴儿放在铺有干净隔尿垫的床上→脱掉裤子或卷起包臀衣→打开纸尿裤腰贴并粘贴到初始位置，以防锋利的边缘刮伤婴儿皮肤→用纸尿裤前半部分擦掉大部分粪便，折叠并压在臀部下面→从前往后清洗臀部→拿走用过的纸尿裤，折叠并丢进垃圾桶→擦干臀部并擦护臀膏→家长右手轻推婴儿臀部使其侧躺→把纸尿裤平铺在臀部下面，使纸尿裤的 1/3 压在臀部下方→婴儿躺平→纸尿裤折叠到腹部→调整左右及前后，确保前后边缘平行，左右对称→粘好腰贴，松紧以能塞入一根手指为宜→双手从后往前沿大腿根部翻出防漏尿边→整理婴儿衣服。

家长可以 2～3 小时给婴幼儿换一次纸尿裤，也可以根据纸尿裤外侧的尿液显示条来判断是否需要更换。

相关视频

想了解换纸尿裤的具体操作步骤，可扫描文旁二维码观看视频。

（四）衣服的选择与穿脱

1. 衣服的选择

（1）材质。

婴幼儿衣服一般要选择天然的材质。麻较粗糙，婴幼儿皮肤娇嫩，摩擦易导致皮肤受损。丝质不适合揉搓，且价格昂贵，不能普及。棉质衣物柔软、透气，且价格合理，是婴幼儿衣服材质的最佳选择。家长可以查看衣服吊牌，确保婴幼儿衣物为A级，尤其是贴身衣物。

（2）款式。

婴幼儿衣物款式要简单。新生儿一般选择小开衫，前长后短，穿脱方便，能保护腹部，也便于换尿布和纸尿裤。小婴儿还可以选择系带或暗扣的蝴蝶衣、连体衣、包屁衣。4个月前的婴儿不穿套头衫。1～3岁的幼儿可以选择款式简单、宽松、没有装饰的上衣和裤子。简单、宽松的衣物利于血液循环，婴幼儿活动也更方便、安全。

婴幼儿的贴身衣服最好是无骨缝制，减少摩擦，更舒适。

（3）安全性。

安全性包括以下四条。

①非深色。婴幼儿衣服以浅色、白色为主。深色衣物中的染料可能含有甲醛、可分解芳香胺等致癌物质，刺激婴幼儿皮肤黏膜，会引发呼吸道疾病，严重的会损伤呼吸系统和肝脏。若婴幼儿皮肤有分泌物，在深色的衣物上很难发现，可能会延误婴幼儿病情。

②无装饰物。婴幼儿衣物上不能有亮片、珠子、铆钉、水钻等装饰物。小婴儿衣服上的装饰物可能会划伤皮肤或五官，大一些的幼儿好奇、好动，可能会把装饰物塞入嘴巴、耳朵等，引发危险。《婴幼儿及儿童纺织产品安全技术规范》中就明确规定：在婴幼儿纺织产品中，不能出现尺寸小于3毫米的附件。

③无带子。婴幼儿最好不穿连帽衫，衣服上不要有任何抽绳，以防游戏活动或乘坐交通工具时，抽绳拉紧勒住脖子，导致窒息甚至死亡。《婴幼儿及儿童纺织产品安全技术规范》中明确指出：婴幼儿及7岁以下儿童服装头部和颈部不应有任何绳带。

④无拉链。3岁以下婴幼儿不能熟练使用拉链，穿脱时稍有不慎，容易夹伤，尤其是男孩裤子上的拉链。因此婴幼儿的衣物上不要有拉链，衣服最好是系扣的，裤子选择有松紧带的。

2. 穿衣前的准备

清洗消毒。不管是新衣服，还是旧衣服，婴幼儿穿之前都要清洗干净，并且暴晒或煮沸消毒。经常穿的衣服也要定期消毒。

检查线头。婴幼儿的衣服穿之前，家长需要把衣服翻过来，仔细检查是否有线头，如果有，必须剪掉，否则可能会划伤或缠住婴幼儿的手指或脚趾，引发危险。

与婴幼儿沟通。回应性照料是照料婴幼儿的重要理念，强调照料时注意观察婴幼儿，并对婴幼儿的动作、表情、语言等做出积极的、恰当的回应，满足婴幼儿生理和心理的需求。

3. 穿脱衣服的方法

（1）穿脱开衫。

6个月前婴儿穿开衫：

方法一：将开衫打开平铺在床上→把婴儿放在衣服上（脖子与衣领平行）→家长一只手从袖口由外到内把袖子叠起→另一只手抓着婴儿手腕，将同侧胳膊抬起来→从袖管中伸进来的手抓住婴儿的手，另一只手向下向内拉衣袖，穿好一只胳膊→用衣襟遮盖婴儿肚子→将对侧衣服拉平→同样的方法穿另一只胳膊→将衣服带子系好。

方法二：婴儿平躺在床上→用上述方法穿好一只胳膊→用衣襟遮盖婴儿肚子→一手托着婴儿头颈部，使上半身微微抬起，另一只手把衣服从身体下面穿过并拉平→穿另一只胳膊→将衣服带子系好。

6个月前婴儿脱开衫：

婴儿平躺在床上→解开带子→脱掉一只袖子→一手托着婴儿头颈部，使上半身微微抬起，另一只手把衣服从身体下面穿过→脱另一只袖子→取走衣服。

6个月后能坐的婴幼儿可以坐在床上或家长腿上穿脱衣服，更方便。1岁以后的幼儿可以配合穿脱衣服，当小手放在袖口时，知道伸胳膊，2岁以后的幼儿可以在家长帮助或指导下自己穿脱开衫，并且学习系扣子。

（2）穿脱裤子。

6个月前婴儿穿裤子：

婴儿躺床上→检查并确认裤子的里外、前后，并检查里面是否有线头→家长一手由下到上从裤管中塞入，另一只手抓着脚踝→从裤管中塞入的手抓住小脚，另一只手向上提裤子→同样的方法穿另一条腿→让婴儿分别向两边侧身整理裤腰。

6个月前婴儿脱裤子：

婴儿躺床上→让婴儿分别向左右两边侧身退下裤子腰部→一手扶婴儿大腿，

另一只手抓着两只腿脚轻轻拉拽即可。

6 个月后能坐的婴幼儿可以坐在床上或家长腿上穿脱裤子，更方便。1~2 岁的幼儿在家长的帮助或提示下学习向上提或向下脱裤子的动作，2 岁以后的幼儿逐步独立完成穿脱裤子的动作。无论多大的婴幼儿，家长都应该给其穿封裆裤。

相关视频

给婴儿穿衣服是新手父母的必修课，是家庭照护的重点也是难点，我们一起观看操作视频学习一下吧！

（3）穿脱连体衣。

连体衣有从上到下全是暗扣、扣子的，也有上身是暗扣或扣子，下身是裤管的。穿脱第一种连体衣和穿脱开衫方法是一样的。如果穿第二种，需先穿裤管，再穿胳膊，系好扣子即可；脱的时候，先脱袖子，再脱裤管。对于经常换尿布和纸尿裤的婴儿，选用第一种连体衣更方便。

（4）穿脱套头衫。

穿套头衫要先分清前后，然后把前面朝下平铺在床上，找到下面的大洞洞，头钻进去，从上面的中洞洞钻出来，然后两只小手从旁边的两个小洞洞里出来，衣服就穿好了。脱的时候先脱两只袖子，最后家长双手把口略撑大一点，让幼儿头钻出来。套头衫的口要稍大一些，或者肩部有扣子，这样不会勒到幼儿的头。

4. 叠衣服

家长不仅要帮助并教会婴幼儿穿脱衣服，还应教会 2 岁以后的幼儿学习叠衣服。如叠连帽外套，可以边读歌谣边指导幼儿操作：关一扇门（一个衣襟），再关一扇门（另一个衣襟），抱一抱（叠袖子），点点头（帽子），弯弯腰（从上往下对折）。平时脱了衣服后要叠起来，洗好的衣服也可以和幼儿一起叠好分类放置，睡前把衣服叠整齐放床边，由此养成良好习惯。

（五）鞋的选择与使用

1. 鞋的选择

婴幼儿的骨骼和肌肉处于发育的关键阶段，选择合适的鞋不仅舒适，利于骨骼和足弓的发育，也有助于形成良好的走路姿态。学步前，婴儿可以不穿鞋子，或穿防滑软底鞋。婴儿开始学习站立、迈步行走，选鞋需要注意以下几点：

（1）鞋底。

鞋底材质软硬适中，太软的鞋底支撑力和保护力均不足。前三分之一能折叠，利于行走时弯曲。厚度0.5～1厘米，有利于脚趾抓地。鞋底平坦，防滑性能强。后面不带跟，以防摔倒。鞋底不可有灯，以免伤害婴幼儿眼睛。不选走路时能发出声音的叫叫鞋，否则会干扰婴幼儿对脚底感觉的判断。

（2）鞋帮。

鞋的包裹性要强，鞋帮超过脚踝，避免崴脚。夏季给婴幼儿选的凉鞋也需要是包脚趾和包脚后跟的。

（3）鞋面。

婴幼儿新陈代谢旺盛，鞋面最好是天然材质，利于散热。鞋面款式简单，不带有装饰物，避免划伤婴幼儿。婴幼儿鞋选择粘扣的，根据幼儿脚跗的高低调节松紧；也可选择通过旋转调节松紧的鞋。不选择系带鞋，避免鞋带开了绊倒。

（4）大小。

鞋不能买得太大，鞋内长比脚长0.5～1厘米，大约是妈妈的一个小手指宽度。大小合适既能保证舒适度，也能满足快速生长发育的需求。

2. 鞋的使用

家长应根据需要为婴幼儿选择合适的鞋子。1岁前家长可以帮助婴儿穿脱鞋。1～2岁可以让幼儿学脱鞋，2～3岁可以让幼儿尝试自己穿鞋。

有的婴幼儿不喜欢穿鞋，尤其是夏季，家长应尊重婴幼儿的特点。光脚走在不同材质的地面上，可以增强脚底的触觉感受，刺激大脑额叶发育。学步初期，光脚比穿鞋抓地性更强，走路更稳定。

七、出行照护

（一）户外活动

户外活动可以全面发展婴幼儿的身心素质。如学步时追球走、2岁后和家长比赛跑、追逐家长拿着的玩具跑、玩儿童游乐设施（如滑梯、秋千、跷跷板等），户外充足的阳光、新鲜的空气都有利于婴幼儿身体素质的提升。公园里的树木、花草均是培养婴幼儿感知能力的良好资源，如闻春夏季盛开的花朵，捡秋季飘下的落叶，摸冬季结冰的湖面，感受四季的变化。户外活动还可以启蒙婴幼儿的社会性，如捡拾树叶及垃圾并分类投放，培养卫生意识；户外玩耍时与爷爷奶奶叔叔阿姨打招呼，培养语言表达能力和沟通能力。

1. 时间选择

家长应当保证婴幼儿每日户外活动不少于2小时，寒冷、炎热季节或特殊天气情况下酌情调整。婴幼儿外出应选择天气晴朗，温度适宜，空气质量良好的时间段。避开上下班高峰期，避免汽车尾气影响呼吸道健康。避开公共场所人流量大的时候，尤其是秋冬季，避免传染性疾病的发生。

春秋季节可以选择早上9:00—11:00，下午3:00—5:00进行户外活动；夏季可以在早上10:00前、下午5:00后进行户外活动，选择有阴凉的地方，避免皮肤晒伤；冬季避开雾霾天气，一天中温度适宜的时候，尽量带婴幼儿外出活动。

2. 场地选择

婴幼儿户外活动可以选择家居楼下、广场、附近的公园等地，尽量不在马路边逗留。如果阳光较强，可以选择树荫下。根据不同年龄特点可携带适宜的玩具，发展相应的能力，家长应在一臂之内进行保护。

（二）婴儿车的选择与使用

1. 婴儿车的选择

（1）硬件安全性。

宽大的底盘使婴儿车更稳定和结实。婴儿车需要有减震装置，路面不平坦时可避免震动和晃动，保护婴幼儿大脑和脊柱不受伤害。车身较高的婴儿车可以避免汽车尾气与路面灰尘的侵害，保护呼吸道健康。五点式的安全带和稳定的刹车也是确保婴幼儿安全的重要因素，避免婴幼儿从车里滑落。选择透气天窗和背窗的双开天窗婴儿车，确保遮盖时空气流通，避免窒息。

（2）功能多样性。

婴儿车（图4-14）应该选可坐可躺，便于调节的，满足不同年龄婴幼儿的需求。0~6个月婴儿脊柱不能受力，睡眠时间也较长，一般平躺，平躺角度在170°～180°之间，防止呛奶。能坐起来的婴幼儿可以选择坐位。婴儿车座位需有一定硬度、舒适、有支撑力，保护婴幼儿脊柱健康。

（3）使用便捷性。

婴儿车需轻便，可单手操作一键折叠，方便单独带婴幼儿出行。婴儿车最好有较大的储物篮，放置婴

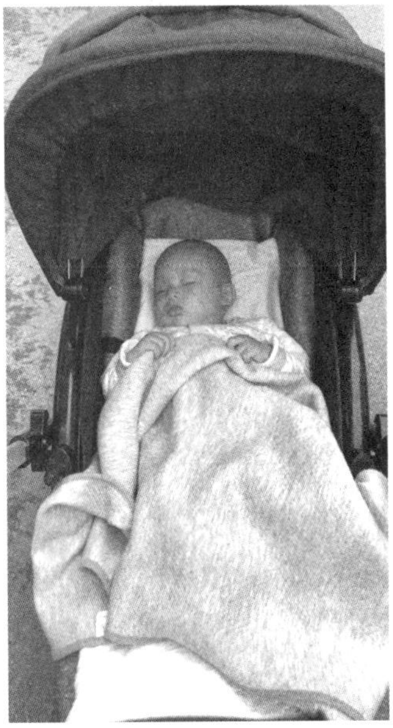

图4-14 婴儿车

幼儿的奶瓶、水壶、衣服、毯子等物品。

（4）亲子互动性。

最好给婴幼儿选择可双向调节的婴儿车。同向时能开阔视野，面对面时能增强亲子间的互动，增强婴幼儿安全感，并便于家长及时观察婴幼儿情绪及状态。家长也可以根据实际需求进行选择，如外出旅行时，1 岁以后的幼儿可选择使用轻便的伞车。

2. 婴儿车的使用

使用婴儿车时，首先要扣好五点式安全带，并检查刹车是否能正常使用。若要停车休息，必须踩好刹车，且不能离开。若使用蚊帐或盖布遮挡，必须打开双开天窗，避免温度过高导致窒息，如没有天窗或没有打开，切勿遮盖。折叠时让婴幼儿离开婴儿车，避免夹伤。不在车把手上悬挂过重物体，以防翻车。

（三）汽车安全座椅的选择与使用

汽车出行是现在常用的出行方式。个别家长安全意识薄弱，习惯抱着婴幼儿乘车，或让婴幼儿单独坐，或让婴幼儿站着乘车，1.4 米以下儿童使用成人安全带等，导致安全事故多发。全球每年有 18.63 万儿童在交通事故中死亡，我国每年有 18500 名儿童死于交通事故。

2021 年 6 月 1 日施行的《中华人民共和国未成年人保护法》第十八条指出："未成年人的父母或者其他监护人应当采取配备儿童安全座椅、教育未成年人遵守交通规则等措施，防止未成年人受到交通事故的伤害。"正确使用安全座椅可以使 1 岁以下的婴儿死亡率降低 71%；1～4 岁的幼儿受伤风险降低 54%；青少年和成人正确使用安全带，受伤风险降低 50%。使用安全座椅，是儿童乘车出行的必要条件，也是监护人应该履行的强制性义务。

1. 安全座椅的选择

安全座椅要在安全性、舒适性等方面满足婴幼儿需求。

一项调查显示，家长选择安全座椅最关心的是"是否有权威认证"。0～1 岁的婴儿或出生至 13 千克的婴儿选择后向式安全座椅；1～4 岁或 9～18 千克的幼儿选择前向式安全座椅；4～12 岁或 15～36 千克的儿童选用增高垫。12 岁以上或身高 140 厘米以上的青少年可用成人安全带。

2. 安全座椅的使用

（1）正确安装。

经权威测试，后排中间由于空间较大是最安全的位置，其次是驾驶座后面和副驾驶座后面。家长应选择后排位置，按照说明书正确安装安全座椅。

（2）服装要求。

穿较厚或较蓬松的外套，如羽绒服、大衣、外套等使用安全座椅有安全风险。美国儿科学会建议：坐安全座椅时，需要给儿童穿薄的贴身衣服。若冬天怕冷，可以给儿童盖上毯子或大衣。

（3）强制使用。

很多婴幼儿刚开始会排斥使用安全座椅，家长要让婴幼儿逐渐习惯并强制使用。使用时可由另一位家庭成员与婴幼儿拉手、唱歌、玩游戏，或提供较软的玩具，如布书。

另外，家长驾车更要遵守交通规则，家庭成员要养成不论坐在哪个位置都系安全带的习惯，给婴幼儿做好榜样。

任务三　0~3 岁婴幼儿卫生保健

0～3 岁婴幼儿身体比较柔弱，免疫力低，身体抵御疾病的能力较差，家长可以通过体格锻炼、健康检查、疾病预防等途径增强婴幼儿体质，预防疾病发生。

一、体格锻炼

（一）婴儿抚触

1. 抚触的意义

婴儿抚触是从出生便可以进行的一项保健活动，是家长通过双手向婴儿传递爱的过程。抚触可以刺激婴儿的淋巴系统，增加抵抗疾病的能力；能保护皮肤，降低各种婴儿皮肤病的发生率；改善消化系统；平复婴儿的情绪，减少哭泣；加深婴儿的睡眠深度、延长睡眠时间；促进母婴间的交流，令婴儿感受到家长的爱护和关怀。

2. 抚触的操作过程

婴儿抚触可以从头面部、胸部、腹部、四肢、手脚、背部六个方面进行。

（1）头面部。

额头：家长双手四指抱着婴儿头部，双手拇指从前额中央向两侧划至太阳穴。下巴：双手四指放于耳根，双手拇指从下颌中央向两侧划至耳根，缓解婴儿由于出牙或哭闹引起的面部肌肉紧张状况。头部：一手扶头部；另一手四指并拢从前额发际中央向后划至耳根，促进头部血液循环。

（2）胸部。

家长两手分别从婴幼儿胸部的肋外侧向上至对侧的肩部滑动。

（3）腹部。

以肚脐为中心，家长用双手掌交替按顺时针方向按摩腹部，促进婴幼儿的肠道蠕动，改善消化。

（4）四肢。

家长双手抓住上肢近端（靠肩部），像挤牛奶一样轻轻地按摩至远端（手腕），并搓揉大肌肉群及关节。下肢按摩相同。这有助于增强婴幼儿四肢的血液循环。

（5）手脚。

家长两手拇指从手（足）掌面跟侧依次推向指（趾）侧，并提捏各手（足）指（趾）关节。

（6）背部。

婴儿呈俯卧位，家长两手掌分别于脊柱两侧由中央向两侧划动，中指对准脊柱由上往下至臀部轻轻按摩。

3. 抚触注意事项

婴儿需要裸露身体，室内温度要在26～28℃；刚开始抚触时盖住婴儿胸部，以防着凉，也增强婴儿的安全感；家长要剪掉指甲、摘掉首饰、涂上润肤油或抚触油，增加润滑度，防止皮肤伤害；播放轻柔的音乐；抚触要在婴儿吃奶后30～60分钟，状态良好时操作，若婴儿哭闹、焦虑应立即停下；整个过程，家长要微笑地与婴儿对视，传递浓浓的爱，并和婴儿进行语言的交流与回应。

相关视频

抚触对婴儿身心发展多有裨益，一般可在婴儿睡前、换衣服前后进行。请扫描文旁二维码观看“婴儿抚触”视频，学习抚触的具体操作方法。

（二）婴儿被动操

1. 婴儿被动操的意义

婴儿被动操适用于1～6个月婴儿，此时婴儿主动活动能力弱，被动操不仅可以促进婴儿全身肌肉和骨骼的活动，还能促进神经系统发育。

2. 婴儿被动操的操作过程

被动操包括伸展运动、伸屈肘关节、肩关节运动、上肢运动、伸屈踝关节、双腿轮流屈伸、上举运动、翻身转体，共八节。每天做 1~2 次，在睡醒或洗完澡、婴儿心情愉悦时进行。

3. 婴儿被动操注意事项

婴儿被动操适合 1~6 个月的婴儿；家长需要洗净双手，剪短指甲；在婴儿吃奶后 30~60 分钟后、状态良好时操作，若婴儿哭闹、焦虑应立即停下；可以播放婴儿被动操音乐，也可以数着拍子做。

相关视频

扫描文旁二维码观看视频，一起学习婴儿被动操的操作方法。

（三）婴儿主被动操

1. 婴儿主被动操的意义

婴儿主被动操是在家长的适当支持下，加入部分婴儿的主动动作完成的，适用于 7~12 个月婴儿的体操。婴儿每天做操可以活动全身肌肉关节，为爬行、站立和行走打下基础。

2. 婴儿主被动操的操作过程

婴儿主被动操的动作主要有：锻炼四肢肌肉关节的上、下肢运动，锻炼腹肌、腰肌以及脊柱的桥形运动、拾物运动，为站立和行走做准备的立起、扶腋步行、双脚跳跃等运动。

第一节：起坐运动。（1）预备姿势，婴儿仰卧，两臂放在身体的两侧，家长握住婴儿手腕，拇指放在婴儿手心，让婴儿握拳；（2）把婴儿双臂拉向胸前，两手距与肩同宽；（3）家长握住婴儿手腕，慢慢拉婴儿，使其向上、向前，但不要过于用力，让婴儿自己用力坐起来；（4）还原成仰卧姿势。

第二节：起立运动。（1）预备姿势，婴儿俯卧，双手支撑在胸前，家长双手握婴儿肘部；（2）让婴儿慢慢从俯卧位变成用双膝跪地的姿势；（3）扶婴儿站起；（4）双膝再跪地，还原至俯卧姿势。

第三节：提腿运动。（1）预备姿势，婴儿俯卧，双肘支撑身体，双手向前平放，家长握住婴儿两小腿；（2）家长轻轻向上抬起婴儿双腿，只抬高婴儿的下肢，胸部不得离开床面；（3）还原成预备姿势。

第四节：弯腰运动。（1）预备姿势，让婴儿背向家长站在前面，家长一只手扶住婴儿双膝；另一只手扶住婴儿腹部，在婴儿前方放一玩具；（2）让婴儿弯腰前倾；（3）鼓励婴儿拾取玩具；（4）拾取玩具还原成直立状态。

第五节：托腰运动。（1）预备姿势，婴儿仰卧，家长一只手托住婴儿腰部，另一只手按住婴儿踝部；（2）托起小儿腰部，使婴儿腹部挺起，成桥形，并鼓励婴儿自己用力；（3）放下小儿腰部，还原。

第六节：游泳运动。（1）预备姿势，让婴儿仰卧，家长双手托住婴儿胸腹部；（2）悬空向前向后做来回摇摆动作，鼓励婴儿活动四肢，做游泳动作。

第七节：跳跃动作。（1）预备姿势，让婴儿与家长面对面站立，家长用双手扶婴儿腋下；（2）家长双手稍用力将婴儿托起离开床面，让婴儿足尖着地，在床上轻轻地做跳跃动作。

第八节：扶走运动。（1）预备姿势，婴儿站立，家长站在婴儿背后或前面，扶婴儿腋下或前臂；（2）扶着婴儿，让他向前迈步走。

3. 婴儿主被动操注意事项

婴儿进食后30～60分钟，情绪状态良好时进行，若婴儿哭闹或烦躁立即停止，不可强迫婴儿；刚开始做操时家长可以力度稍大，慢慢地鼓励婴儿多用力家长辅助完成动作；可以播放主被动操的音乐，也可以数着拍子来做。

（四）游泳

1. 什么是婴儿游泳

婴儿游泳指12个月内的婴儿在专用安全保护措施下，由经过专门培训的人员操作和看护，在出生当天即可进行的一项特定的、阶段性的人类水中早期保健活动（图4-15）。

2. 婴幼儿游泳圈的选择

应根据婴儿的月龄和体型选择合适的游泳圈。婴儿会坐后，可以用座圈或趴圈（图4-16），1岁以后的幼儿可以用大小合适的胸圈（图4-17）。婴儿游泳兴起初期，给婴儿佩戴脖圈引起了很多争议和反对，因为脖圈有令婴儿窒息的危险。因此，安全、科学的婴儿游泳应在医护人员扶持和保护下，让婴儿在水中自由游泳，这对护理人员的专业水平提出了很高的要求。

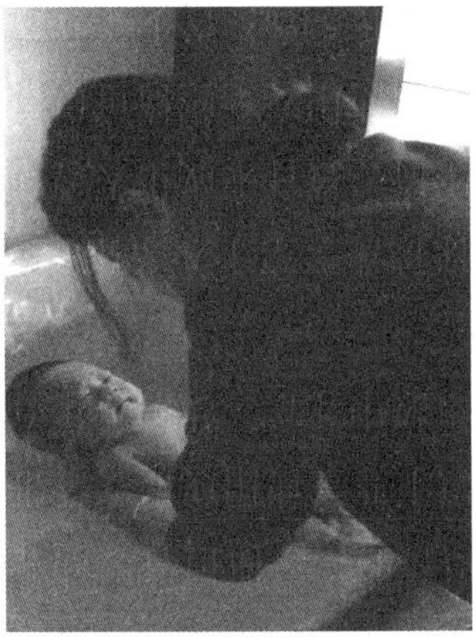
图4-15 新生儿游泳

图4-16 趴圈游泳

图4-17 幼儿游泳

3. 婴幼儿游泳注意事项

婴儿游泳溺水身亡的事件时有发生，家长需要提高安全意识，必须在一臂之内看护，确保婴幼儿的安全。

（五）户外体格锻炼

婴幼儿体质的增强是预防各种疾病的根本。

0～1 岁的婴儿可以在晴朗、温暖的时候去户外晒太阳，呼吸新鲜空气。1 岁以后的幼儿活动范围增大，身体素质也增强，可增加户外活动，如带幼儿亲近大自然，远离城市的喧嚣，呼吸新鲜的空气，感受大自然的气息。适合幼儿的户外活动有行走、奔跑；较高强度的活动可以选择玩蹦床、滑梯、钻爬组合等。这些活动既可以满足婴幼儿对行走、奔跑、骑车、游戏的心理需求，又能增强体质，起到保健的作用。

图4-18 小河边玩水

图4-19 玩滑梯

二、健康检查

0～3 岁是人一生中生长发育最快的阶段。身长、体重、头围、胸围是评价婴幼儿生长发育的重要指标。

（一）身长

1. 婴幼儿身长的发展特点

身长是从头顶到脚的长度，受遗传因素影响达 70%，可以反映婴幼儿的长期营养状况。孕满 37～42 周胎儿娩出，称为足月新生儿，身长 50 厘米左右；随月龄增加，婴儿骨骼逐渐长长、长粗，前 6 个月可以长 15 厘米，7～12 个月长 10 厘米左右，1 岁时身长可达 75 厘米；1～2 岁的幼儿可长 10～15 厘米，2 岁以后每年长 5～7.5 厘米。

2. 婴幼儿身长测量的方法

3 岁前婴幼儿身长测量的工具是量床。

操作方法是：把量床平放在桌面上，把底板拉至底端→把婴幼儿放在量床上，头顶住 0 刻线一端，一手扶住婴幼儿肩部，一手抚平婴幼儿身体→挪动底板到婴幼儿脚底的位置，确保底板两端刻线一致→读出读数，精确到 0.1 厘米，即为婴幼儿的身长。

（二）体重

1. 婴幼儿体重的发展特点

体重是反映婴幼儿近期营养状况的指标之一，若消化不良、喂养不当、腹泻，婴幼儿体重会明显下降。初生婴儿的体重在 3 千克左右，出生后 3～4 天可出现生理性体重下降，7～10 天恢复到出生时体重。满月后体重增长 1 千克左右，6 个月时为出生体重的 2 倍，1 岁时为 3 倍，2 岁时为 4 倍，以后每年增长 2 千克左右。

2. 婴幼儿体重测量的方法

婴幼儿体重的测量（图 4-20）一般用婴儿体重秤，1 岁前取卧位进行测量，1 岁以后的幼儿可取坐位测量。

操作方法是：把婴儿体重秤放在平坦的桌面上并查看显示屏，将婴幼儿放在体重秤上，使婴幼儿保持安静，待显示屏闪烁时读数，精确到 0.1 千克。

测量时最好让婴幼儿在早晨、空腹、便后进行，穿背心、短裤测量；若是洗澡后测量，可裸体称，也可以先称衣服重量，测量后扣除衣服的重量。

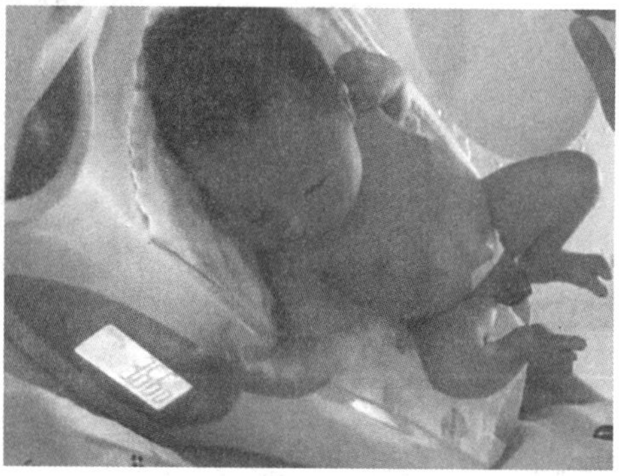

图4–20 量体重

（三）头围

1. 婴幼儿头围的发展特点

头围是以眉间点为起点，经枕后最高点至起点的围长。头围反映婴幼儿颅骨以及大脑发育状况，过大过小均需留心，要考虑大脑发育不良或脑积水的情况。新生儿头围 34 厘米左右，1 岁内增长迅速，达 46 厘米，2 岁时可达 48 厘米。婴幼儿的后囟为三角形，一般 3～6 个月闭合，前囟为 2.5 厘米见方的菱形，一般在 1.5 岁左右闭合，闭合过早过晚均可能影响大脑发育。

2. 婴幼儿头围测量的方法

头围一般采用软尺进行测量。

操作方法：家长一人扶婴幼儿坐好，注意支撑小婴儿颈部，一人左手拿软尺 0 刻线，放宝宝眉心位置，另一手从枕后最高点绕过来，回到眉心位置。读出数据，精确到 0.1 厘米。

（四）胸围

1. 婴幼儿胸围的发展特点

胸围一般指人胸部的外部周长。胸围反映胸腔及肺部发育状况。出生时胸围小于头围，为 32～33 厘米，1 岁时胸围等同于头围，达到 46 厘米，1 岁以后，胸围慢慢大于头围。

2. 婴幼儿胸围测量的方法

胸围一般采用软尺进行测量。

操作方法：家长一人扶婴幼儿坐好，另一人一手把软尺 0 刻线放在乳头的位置；另一只手用软尺平行绕一圈，并回到起点。读出数据，精确到 0.1 厘米。

三、疾病预防

（一）物质资料的安全提供

1. 居室环境

婴幼儿所处的环境应该整洁有序，及时归位物品，利于婴幼儿良好秩序感的形成。居室要勤打扫，避免尘螨过敏，特别是在流行性疾病高发的情况下，要分别用清水、消毒水、清水擦拭家具、清洁地板，共三遍。地毯容易滋生螨虫，每周应吸尘两到三次，对于果汁等污渍，可用清水加 5% 的氨水液倒在地毯上，用毛巾清洁干净。壁纸需 3～6 个月清洁一次。家电也需要定期清洗消毒。每天开窗通风 30 分钟（雾霾天除外），保持室内空气新鲜，氧气供给充足，开窗时婴幼儿应该避开对流风。

2. 奶具、餐具

婴幼儿身体娇嫩，免疫力低，奶具和餐具的清洁和消毒可以避免病毒和细菌进入肠道。清洁奶具、餐具的步骤是：

家长用七步洗手法清洗双手→倒掉剩余奶液或饭菜→把奶瓶、奶嘴等奶具拆开→用专用的奶瓶刷、奶嘴刷、洗碗布配合专用奶瓶清洗液清洗奶具和餐具→用清水冲干净奶具和餐具，刷子冲洗干净并晾干→奶具、餐具倒扣于沥干架晾干备用。

奶具消毒也十分重要。3 个月前每天 1 次；3 个月后每周 1～2 次；6 个月后两周 1 次即可。餐具每天消毒一次。常用的消毒方法有煮沸消毒法、蒸汽锅消毒法和紫外线消毒法。煮沸消毒法即把奶具放入开水中煮沸，起到消毒作用。玻璃奶瓶要与冷水一起放入锅中，水开煮 5～10 分钟，塑胶奶具可以在水开后放入，煮 3～5 分钟；用煮沸过的奶瓶夹取出，放于沥干架沥干备用。餐具一般也用煮沸消毒、消毒柜消毒或洗碗机热循环消毒。蒸汽锅消毒、紫外线消毒即把奶具拆开分别放于蒸汽锅或紫外线锅内，按照说明进行操作即可。经常消毒的塑胶奶具或餐具容易老化，家长需定期检查。

3. 玩具

根据国家卫生健康委、美国儿科学会对玩具的消毒标准要求，消毒建议是：若是经常用嘴咬的玩具，如牙胶、安抚奶嘴，每次使用后都要清洗，并且每天消毒一次，最好选在当天晚上睡前消毒。若不是用嘴咬的玩具，可以每周消毒一次。如果其他婴幼儿玩过，每次用完后清洁和消毒。不经常用的玩具，玩之前也要清洁和消毒。家庭中婴幼儿玩具的消毒一般采用高温蒸、煮、日晒、医用酒精擦拭等方式。不同材质的玩具，清洁和消毒方法也不一样。

塑料橡胶玩具的清洁消毒。耐高温的塑胶玩具，如安抚奶嘴、牙胶等，可清洁后煮沸消毒；或每天用热水和酒精、清洁剂擦拭。水开后把玩具放入水里煮 5 分钟，然后取出、晾干；也可采用蒸汽消毒、隔水蒸 5 分钟的方式。如果是不耐高温的塑料玩具，可以在洗干净之后，用医用酒精浸泡 5～10 分钟或擦拭消毒。根据清洁建议，有的塑胶玩具也可用洗碗机热循环消毒。

图 4-21　木制玩具晾晒消毒

木制玩具的清洁消毒（图 4-21）。可以用布擦干净后，在日光下晒 6 小时以上消毒。对于耐湿的木质玩具，可以用水洗干净后，用医用酒精擦拭消毒；也可以用水和醋 1∶1 的比例擦拭消毒。如果玩具有凹槽，需要用刷子刷干净。

毛绒玩具的清洁消毒。可以机洗的用洗衣机轻柔洗涤；不能机洗的用肥皂或洗衣液手洗、漂洗到无泡沫，晾在室外暴晒 6 小时借助紫外线消毒。0~3 岁婴幼儿使用毛绒玩具若出现过敏症状，应立即停止使用。

浴室玩具的清洁消毒。浴室玩具泡在水里，湿润的环境容易滋生霉菌，用完后清水洗干净并在阳光下晾晒，保持干燥。可以用酒精浸泡或擦拭消毒。

电子玩具的清洁消毒。电子类玩具的外壳大多是金属材质，清洗之前要将电源关闭，卸下电池，用干布先把外壳擦干净，再用医用酒精擦拭消毒。

绘本书籍的清洁消毒。可以用半干的抹布擦拭灰尘，并摊开在日光下晒 6 小时以上消毒。

4. 寝具、衣物

婴幼儿的寝具和衣物要单独清洗、消毒、储存。婴幼儿的寝具和衣物如有污渍应及时清洁；若无污渍，可每天清洗衣物、一到两周清洗一次寝具；清洁后采用日晒消毒，穿用一段时间后可煮沸消毒；储存时不可使用樟脑丸，若已使用，则需晾晒至没有萘酚的气味才可以穿，否则会有患溶血症风险。

（二）预防接种

预防接种是婴幼儿预防传染性疾病、增强免疫力的重要途径。根据国家卫健委规定，婴儿 1 岁前应该全程接种的疫苗有卡介苗、脊髓灰质炎疫苗、麻疹减毒活疫苗、乙型肝炎疫苗。根据流行性疾病流行的地区和季节选择性接种，如冬季流感疫苗、夏秋季流行性脑脊髓膜炎疫苗、秋冬季轮状病毒疫苗、手足口疫苗、乙型脑炎疫苗、腮腺炎疫苗、新型冠状肺炎疫苗等。根据特殊情况注射相关疫苗，如狂犬病疫苗。

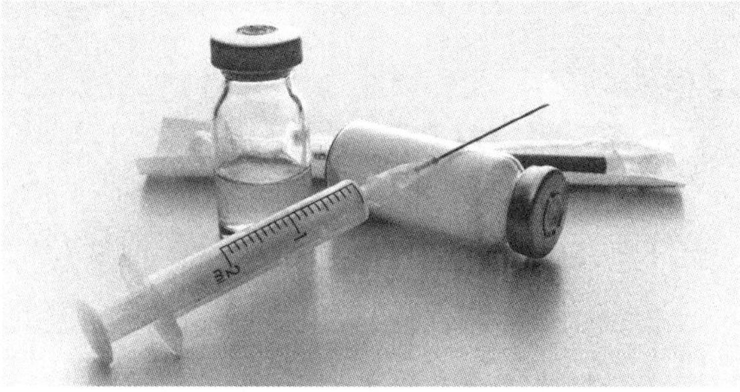

图 4–22 预防接种

接种前，确保婴幼儿一周以内身体健康，并且对所接种疫苗的成分无过敏反应；接种后留观 30 分钟方可离去。有些婴幼儿接种疫苗后接种部位会出现红肿、疼痛、发痒；有些可能会出现食欲下降、呕吐、精神不振等症状；还可能出现发烧反应，一般不会超过 38.5℃，多喝水就可以缓解，如果持续高热，应到医院就诊。

学习检测

一、简答题

1. 简述婴幼儿呼吸系统和消化系统发育的特点及保育要点。

2. 试述如何判断婴儿大便是否正常，以及腹泻后臀部的护理操作。

3. 简述婴儿洗澡前需要做的准备工作及给婴儿洗澡的注意事项。

4. 简述如何给婴幼儿选择合适的衣服。

二、材料分析题

1. 晴宝是一个活泼可爱的小女孩，一天吃完甜点后，晴宝手上粘了好多糖粒，她不停地舔呀舔，妈妈走过来说："宝贝，我们要把小手洗一洗。"晴宝边答应着边走向洗手池，打开水龙头随便一冲便跑了。

你认为晴宝这样洗手对吗？家长该如何指导晴宝学习洗手呢？

2. 团团 3 个月了，是一个肉乎乎的小男孩，妈妈和奶奶在给团团选婴儿车的问题上出现了分歧。奶奶觉得买一个轻便、体积小的伞车就够了，妈妈觉得应该买个高一点、大一些，也方便折叠的婴儿车。

你赞同谁的观点？请说一说如何给 3 个月的团团选婴儿车，婴儿车在使用时有哪些注意事项。

实践体验

1. 尝试教准父母或新手父母怀抱婴儿的方法。

2. 借助娃娃，模拟给 6 个月以内的婴儿做抚触操和被动操。

3. 尝试给婴儿冲奶粉，并试着清洁与消毒奶具。

4. 结合本单元饮食指导内容，为 7～12 个月的婴儿制作一餐合适的辅食。

5. 协助家长为幼儿选择合适的马桶，并指导家长帮助幼儿进行如厕训练。

6. 借助娃娃，模拟给 3 个月的婴儿换纸尿裤。

7. 走访婴幼儿家庭或社区早期教育机构，尝试为婴幼儿玩具进行清洁和消毒。

单元五　0~3 岁婴幼儿动作发展与家庭教育

导言

0~3 岁婴幼儿身心发展一般涉及大运动、精细动作、语言、认知、情绪情感和社会性几个方面，由于其表达能力有限，因此对婴幼儿心理发育的评估更多是借助其动作发展来推断。大运动和精细动作的发展统称为动作发展，相关研究者普遍认为，动作发展是由神经系统、肌肉协调控制的身体动作的发展，主要指行走的动作、手的抓握能力和动作技能的提高和改善。身体的运动很少自发地发生，它是在大脑的控制下操纵身体。[①]婴幼儿动作的发展对认知、情绪、自主性和社会性发展也有很重要的作用。通过本单元的学习，你将可以理解 0~3 岁婴幼儿大运动、精细动作发展的特点及促进动作发展的教育措施。

学习目标

1. 明确不同月龄婴儿抬头动作的发展特点，能够辅助不同月龄婴儿进行抬头练习。
2. 掌握支持婴儿进行爬行练习的方法。
3. 掌握 1 岁前婴儿精细动作发展的特点。
4. 明确 3 岁前婴幼儿精细动作操作的指导要点。

---

① 唐敏、李国祥：《0~3 岁婴幼儿动作发展与教育》，1 页，上海，复旦大学出版社，2014。

内容导览

- 单元五　0~3岁婴幼儿动作发展与家庭教育
  - 任务一　0~3岁婴幼儿大运动发展与家庭教育
    - 一、抬头
    - 二、翻身
    - 三、独坐
    - 四、爬行
    - 五、站立和行走
    - 六、跑和跳
  - 任务二　0~3岁婴幼儿精细动作发展与家庭教育
    - 一、精细动作发展的意义
    - 二、婴幼儿精细动作发展的特点及家庭指导
    - 三、家长指导要求

任务一 0~3 岁婴幼儿大运动发展与家庭教育

0~3 岁婴幼儿动作的发展在大脑和神经系统的控制下呈现出一定的时间和顺序规律，表现为从整体到分化，新生儿动作是全身性的、笼统的，受到刺激后全身晃动，随着年龄增长动作逐渐分化到各肌肉群；从上到下，即头尾规律，婴幼儿最早的动作发展是从抬头开始，然后是翻身、坐、爬，最后到脚的站立和行走；从大肌肉到小肌肉，婴幼儿先是可以做肢体动作，如头颈部、躯干部、四肢，然后才过渡到手及手指的动作；从中央到边缘，婴幼儿动作的发展遵循从中央到边缘的规律，先是躯干、然后是四肢，再到手腕、手指等；从无意到有意，3 个月前的婴儿动作以无意的触摸和无意的抓握为主，4 个月开始，婴儿逐步有了主动抓握的意识，有意动作增多。家长要遵循婴幼儿上述动作发展规律，既不拔苗助长也不延误其发展。

《托育机构保育指导大纲（试行）》中指出，3 岁以下婴幼儿需要“掌握基本的大运动技能”。大运动发展指头颈部、躯干、四肢幅度较大的动作发展，包括抬头、翻身、坐、爬、站、走、跑、跳等基本的动作技能及在此基础上形成的综合动作。

一、抬头

关于婴幼儿动作发展，人们普遍了解的是“三翻六坐九爬爬，一岁行走叫妈妈”，抬头不包括在其中，然而，抬头、抬胸以及转头才是婴儿最早学习的大运动，且对翻身、坐、爬、站立等动作发展起非常重要的奠基作用。

（一）婴儿抬头动作的意义

抬头动作可以锻炼婴儿颈椎的硬度，有利于颈曲的形成；锻炼颈部、胸腹部、腰背部的肌肉力量，可以增加肺活量；前臂及手掌的支撑可增强上肢力量；头抬得越高视野越开阔，有利于宝宝较早地正面面对世界，接受更多的外部刺激；当婴儿能够很好地控制头部（抬头并左右转头）后就可以学习坐和翻身，对吞咽辅食和坐餐椅也非常有帮助。

（二）婴儿抬头动作的发展及教育训练

1. 抬头动作的发展顺序（图 5–1）

新生儿俯卧在床上，双腿蜷曲在腹下，双臂蜷曲在头两侧，可以抬头 10° 左右，并且可以左右转头避免窒息。2 个月的婴儿可以抬头 45°，腿部也可以伸直一些，腹部着地，双前臂支撑抬起头，此时的双前臂还不能离开身体，紧贴在身体两侧，颈部力量和手臂力量得到初步的锻炼。3 个月的婴儿可以用肘部支撑抬头 90°，保持头部稳定，这时的肘部可以离开身体独立支撑，力量大大增强，此时如果竖抱婴儿，婴儿可以很好地控制头部且转动自如，能够左右转头大大锻炼了背部的斜方肌力量，对翻身能起较大的作用。4 个月的婴儿可以用手腕支撑抬起前胸，手臂力量和腰背部力量得到大幅度的锻炼和提高，此时的婴儿可以非常自如地控制头部的动作。5 个月的婴儿可以以腹部为支撑点，高高抬起头部，四肢离开床面，像一架小飞机，经常练习可使婴儿腰部力量得到充分的锻炼，此时如果家长在旁边逗引，婴儿用手支撑，则会出现原地打转的现象，这便是爬行的最初表现。6 个月的婴儿可以双手支撑，抬起整个上半身，这时手臂用力伸直，身体会向后退，即后退爬，这时就可以让婴儿练习爬行了。

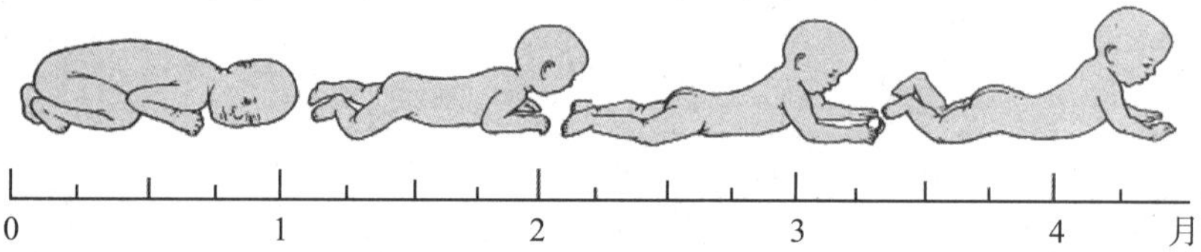

图 5–1　抬头发展顺序

2. 婴儿抬头动作训练

抬头动作的训练有三种方式，分别是：俯卧抬头、竖抱抬头和俯腹抬头。

（1）俯卧抬头。

俯卧抬头是最常用的方式，也是最重要的方式。新生儿在吃完奶 30 分钟到 1 小时，便可以进行练习，家长让新生儿先仰卧在床面上或者地垫上，一只手抓着新生儿的两只小手；另一只手扶着肩部，把新生儿翻至俯卧位，双手托着其下颌，把双手放在头两侧，用带响声的玩具、镜子、小球、黑白卡等逗引其抬起头、抬起前胸（图 5-2）。满月后，家长把婴儿的小手放在胸前，让其努力把头抬得更高一些，还可以把颜色鲜艳的玩具侧移让婴儿追视或把有响声的玩具左右移动让婴儿听声寻物来练习转头，增强头部的控制力。

如果婴儿头颈部力量薄弱，可以把卷起来的毛巾毯或小枕头垫在胸部下方，让婴儿把双臂支撑在卷起的毛毯上，腋下正好卡在边缘，不能太前或太后，既可以起支撑作用，也可开阔婴儿的视野，家长或家里其他成员在前逗引（图 5-3），增强婴儿的练习兴趣。如果婴儿头部一直往底下趴，家长可以用双手抚摸婴儿背部，婴儿便会把头抬起来。

每次练习 1~2 分钟，然后把婴儿翻过来，抚摸婴儿颈部和背部，使紧张的肌肉得到放松，每天可以练习多次。

图 5-2　借助黑白卡练抬头

图 5-3　哥哥逗引抬头

游戏：小镜子或地镜游戏

游戏玩法 1：在婴儿面前放一面小镜子，呼唤其名字促进其抬起头、抬起前胸并观赏自己的小脸，增强抬头兴趣。

游戏玩法 2：在婴儿身下放置一块大一些且不易破损的镜子，即地镜，让婴儿俯卧抬头，婴儿通过抬头即可看到自己的脸、手等部位，还可以增强深度知觉的发展；多名婴儿一起玩，可以帮助婴儿初步建立社会交往意识。

游戏：飞机抱

游戏玩法：对于 0~3 个月的婴儿，可以采取 V 式抱法，即让婴儿俯卧在家长的手臂上，家长的五指张开，用大拇指和中指卡在婴儿的下颌骨处，随着婴儿的动作发展，逐步把手下移至胸部，让其做抬头抬胸的练习。对于 3 个月以上可以较好控制头部的婴儿，家长用一只手臂揽着婴儿的胸部，手扶腋下，另一手托着大腿根部把婴儿抱起前后移动，逗其抬头抬胸，婴儿往往会很兴奋地手舞足蹈，此时务必注意保护婴儿安全。

游戏：好玩的球

游戏玩法：家长把婴儿放在大龙球或沙滩球上做抬头练习（图 5-4）。家长双手先扶着婴儿的腋下，让婴儿胸部贴着球站立，然后轻轻推动婴儿，使球向前滚动，此时婴儿便会慢慢俯卧在球上面，家长前后移动球，另一位家长在前面用玩具逗引或叫宝宝名字使婴儿抬头。刚开始家长可以扶腋下，随着婴儿颈部和腰背部力量及身体控制力的逐步增强，可以双手扶腰部，再慢慢过渡到扶腿部。

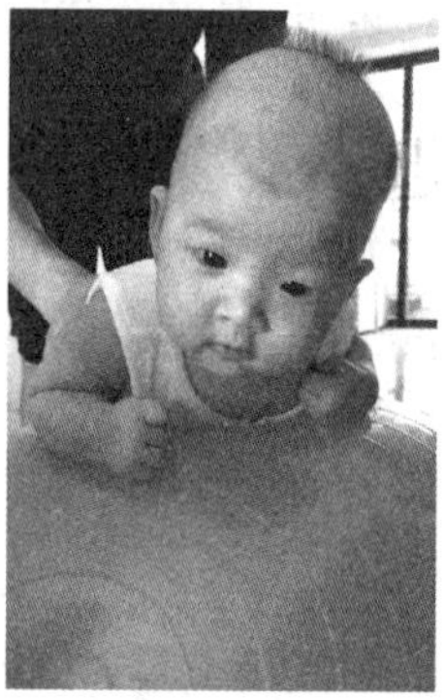

图 5-4　大龙球练抬头

（2）竖抱抬头（图 5-5）。

家长一手扶着婴儿臀部一手护着颈部，使婴儿头部竖直，进行控制练习。可以在给婴儿喂完奶拍嗝后进行练习，练习时在肩膀上铺一块柔软的棉质小毛巾。新生儿练习时，几秒后会靠在家长肩部休息，家长要用手保护好其颈部。3 个月前的婴儿每次练习的时间都不宜过长，从几秒开始到几分钟，每天可以在婴儿精神状态好时多练习几次，且每次练习结束后要给婴儿颈部和背部轻轻按摩，让紧张的肌肉得以放松。

（3）俯腹抬头。

俯腹抬头是让婴儿趴在家长腹部进行抬头的练习方式。家长叫婴儿的名字或用有响声的玩具逗引使其抬头。这种方式可以增进亲子感情，还可以使婴儿肠胃不适症状得到缓解。

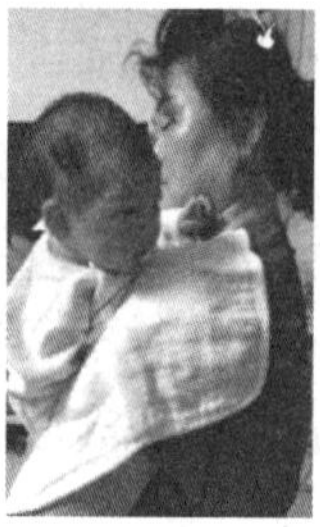

图 5-5　竖抱抬头、俯腹抬头

（三）训练注意事项

俯卧抬头练习需要在硬板床上进行；练习的时间随着婴儿的年龄增长逐步延长，从几秒到几分钟；每次做完练习后要按摩颈部、腰背部，使紧张的肌肉放松下来；每次练习要在喂完奶半小时后进行；练习时婴儿要情绪状态良好，否则立刻停止练习。

二、翻身

（一）婴儿翻身动作的意义

翻身是躯干部位的运动，是婴儿学习移动身体的第一个动作。翻身是婴儿在骨骼、背部斜方肌、上肢力量、神经发育更加成熟后完成的动作，为婴儿学习坐和爬奠定基础。翻身后可以扩大婴儿的视听范围，促进认知发展。

（二）婴儿翻身动作训练

1. 翻身动作的信号

当婴儿可以俯卧抬头90°，甚至可以抬起前胸，或能够朝着自己喜欢的方向侧躺，或者喜欢翘起双腿，家长便可以让婴儿进行翻身练习，婴儿也很快可以学会翻身。击剑反射在3~4个月时消失，给婴儿练习翻身提供了机会和可能。婴儿往往在5~6个月时可以翻身自如。

2. 婴儿翻身动作的发展顺序

婴儿的翻身先是从有翻的意识到90°翻身，如从仰卧位翻至侧卧位、从侧卧位翻至仰卧位或俯卧位；然后到180°翻身，即从俯卧位翻至仰卧位，或从仰卧位翻至俯卧位；再到360°翻身以及连续的翻滚动作。

3. 翻身动作训练

当婴儿进行翻身练习时，家长要提供翻身的环境，经常把婴儿放在床上反复练习，练习一定要在硬板床上或稍软的地垫上进行。

（1）树立翻身意识。

通过游戏，帮助婴儿树立翻身意识。

3个月婴儿可以进行翻身操练习。家长双手虎口打开，手心朝上从婴儿腋下穿过，扶着婴儿肩膀，肘部支撑在婴儿身体两侧，抬起一只胳膊到45°，然后放下，两只胳膊交替做抬起——放下的动作，同时配合语言“起——放”，反复练习，给婴儿翻的意识。

游戏：烙烧饼

烙、烙、烙烧饼，帮我烙一个大烧饼。

翻、翻、翻烧饼，翻了一下又一下。

呦，烧饼烙好了，烧饼烧饼香喷喷。

游戏：摇摇船

把毛巾毯平铺在床上或地垫上，将婴儿竖放在中央（头在里面），两位家长分别从两边抓起毛巾毯的两个角，一位家长抬起一边使婴儿从仰卧位向侧面翻动45°，然后放下，另一位家长反方向做。抬起的高度可以从45°到90°，逐步过渡到让婴儿完全翻至俯卧位。

（2）借助兴趣引导。

当婴儿俯卧时，可以选择婴儿喜欢的带响声的玩具逗引其把头抬得更高一些，

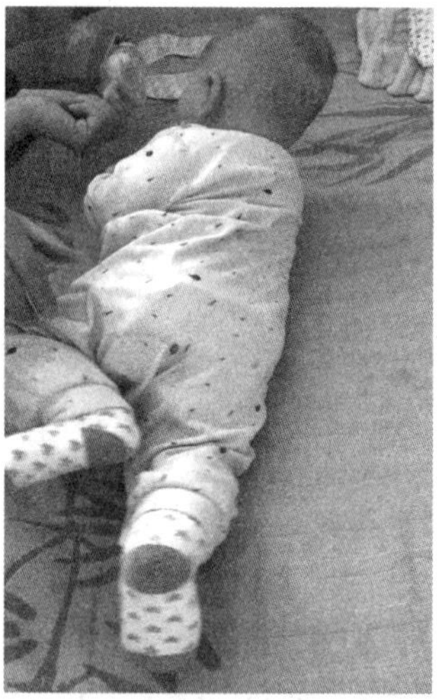

图 5-6　逗引翻身

并逐渐向侧上方移动玩具，使婴儿转头并且把力量从双臂的支撑过渡到单臂支撑（图 5-6），从而从俯卧位翻至仰卧位，完成 180° 翻身。婴儿俯卧位能很好地控制头部，并且背部斜方肌的力量足够强时便可以顺利地完成上述动作。当婴儿仰卧时，也可以用玩具逗引使其翻至侧卧位，再到俯卧位。有的婴儿刚开始喜欢朝一边翻，待动作熟练后可以让其反方向练习。

（3）成人辅助翻身。

当婴儿想要翻身但力量不足无法从仰卧到俯卧时，可以让婴儿仰卧，家长双手大拇指在上、四指在下扶着其小腿，若想向婴儿的右边翻，右手把其左腿向斜上方弯曲，此时左手扶着其左腿，右手空出来，把婴儿的右臂上举，然后在其背部轻轻一推，婴儿便可以翻至俯卧位。翻过来后，把婴儿的胳膊调整至胸前，让其进行俯卧抬头练习，片刻后把婴儿翻过来。婴儿的抬头和翻身练习是可以同时进行的。

相关视频

扫描文旁二维码观看视频“成人辅助翻身”，了解成人如何帮助婴儿进行翻身练习。

（4）连续翻滚。

婴儿能够熟练进行 180° 翻身后，便可以通过游戏引导其连续翻滚。月龄大一些的婴幼儿如果喜欢也可以继续玩，有利于其身体的控制力和前庭平衡力的锻炼。

游戏：滚圆筒

把毛巾毯铺在床上或地垫上，将婴儿放在毛巾毯的一个边上，头在外面，然后扶着此边，把婴儿卷起来，一直卷到另一边，然后再提起另一边，让婴儿连续地翻滚回来。

游戏：滚小猪

家长一手环抱婴儿肩部，一手环抱婴儿臀部，躺在床上或大的地垫上进行连续翻滚游戏。当妈妈翻至俯卧位时，双肘部支撑起来，给婴儿安全空间。

（三）训练注意事项

翻身练习可以在婴儿喂完奶后 30 分钟进行，注意要在硬板床上或洁净的较大的地垫上进行，太软的床会限制婴儿的动作，不易翻过来，也会挫伤婴儿练习的积极性；婴儿会翻身之后，一定要注意婴儿的安全，以防从床上跌落；玩连续翻滚的游戏时，家长需要格外注意婴儿的手和胳膊，以防压伤。

三、独坐

（一）“坐起来”的意义

婴儿坐起来，视野更开阔，可以促进手眼协调动作的发展；坐位也使视听觉的发展更加协调；坐位还有利于脊柱生理性弯曲的形成。并且对 6 个月添加辅食的婴儿来说，为坐餐椅和吞咽提供了便利条件。

（二）宝宝独坐能力的发展及教育训练

1. 拉坐

4 个月时，可以通过拉坐游戏帮助婴儿从仰卧位到坐位，然后再回到仰卧位。有的婴儿会从拉起后不经过坐直接到站，也是可以的。

游戏时，家长让婴儿抓住自己双手拇指，四指抓婴儿手腕，双臂与肩同宽拉起婴儿。刚开始练习时，由于婴儿颈部控制力的限制，把婴儿放回坐位时，家长可用一手抓着婴儿双手，另一手扶婴儿头颈部轻轻放下，多次练习后便可直接将其放下。经过练习，会发现婴儿游戏时双臂会弯曲用力，说明婴儿胳膊的力量和活动的主动性都逐渐增强了，此时可以逐步放松力度，把大部分的力量交予婴儿，家长做好保护即可。

相关视频

扫描文旁二维码观看游戏视频“拉大锯，扯大锯”，学习帮助婴儿练习拉坐的方法。

2. 扶坐 / 靠坐（图 5–7）

4~5 个月时，婴儿还不能自己坐好，需由家长扶着坐成上身竖直的状态。家长扶婴儿腋下，让婴儿坐在家长腿上或床上的动作。靠坐即让婴儿靠在家长腹部、沙发、椅子拐角、被子、学坐椅（橡胶的、充气的）等地方坐着的动作。婴儿坐几分钟后，如果其头部向前倾，说明婴儿的颈部和腰背部肌肉疲劳，应该停止练习。一般5个月的婴儿，可以靠坐10分钟左右。

3. 独坐

独坐分两种情况，一种叫独坐前倾，一种叫独坐自如。婴儿在5～6个月时，勉强能独自坐在床上，但是驼背，上身前倾与床面约成45°，双臂支撑床面，即独坐前倾（图5-8）。7个月左右，婴儿能腰板挺直独自坐稳并可以左右转动身体，双手解放出来自由取放玩具玩耍，不需家长帮助，这便是独坐自如（图5-9）。如果婴儿坐的时候需要把手支撑在双腿上，或放身体旁边就向后倒，都不能称为独坐自如。

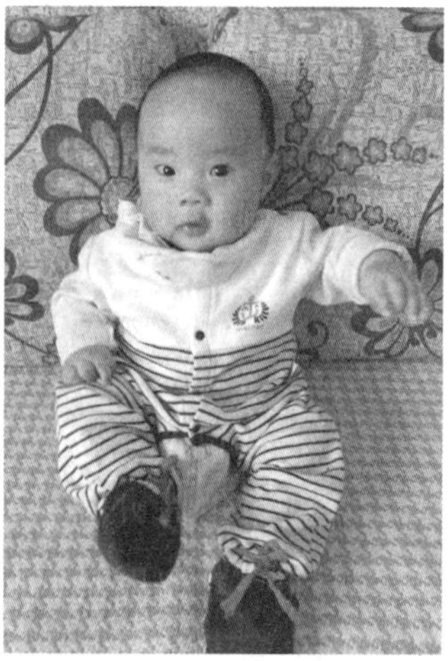

图5-7 靠坐

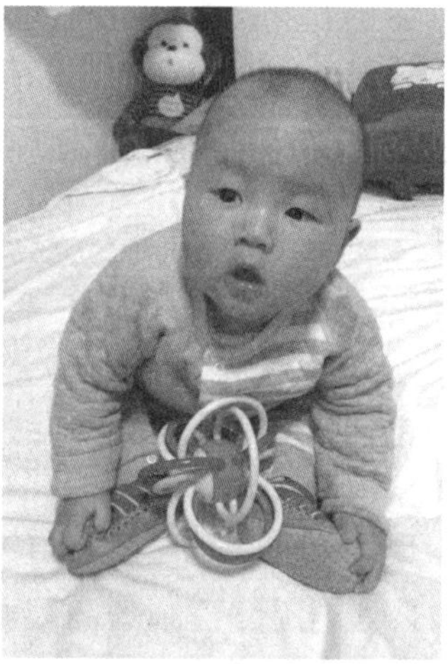

图5-8 独坐前倾

图5-9 独坐自如

（三）训练注意事项

拉坐练习时，婴儿的双臂要与肩同宽，家长四指抓握住婴儿手腕，往下放时注意颈部的保护，确保安全；婴儿靠坐和独坐的练习要在颈部可以很好地控制头部，胸曲初步形成时才可以进行；当婴儿练习时出现头向前倾的情况，便要立即停止训练，家长还要帮婴儿放松紧张的头颈部和背部肌肉；周围投放婴儿感兴趣的小玩具，要避免尖锐的、坚硬的物体出现，以防婴儿摔倒后碰伤。

四、爬行

（一）爬行动作的意义

爬行在婴儿动作发展中有着非常重要的意义，爬行的婴儿逐步脱离家长怀抱的限制，可以自由探索空间，自主活动能力增强，爬行是婴儿的第一个自主位移动作。

爬行有利于锻炼颈部、胸腹部、腰背部的肌肉力量，促进脊椎健康成长；可以增强婴儿四肢肌肉力量，促进四肢的协调、灵活及身体平衡；能够爬行的婴儿视听经验更加丰富，认知范围更广；爬行的过程还有助于婴儿触觉的开发和手指的灵活运用。

（二）爬行动作的发展阶段及教育训练

婴儿的爬行一般要经历5个阶段，不同阶段家长的辅助措施各有不同。

阶段一：原地打转爬。

原地打转是婴儿爬行的第一个阶段。5～6个月的婴儿腹部不能离开床面，身体以腹部为支撑，四肢与头部翘起像一架小飞机。若用玩具在旁边逗引，婴儿手用力撑地，便会出现以腹部为支撑，原地打转转的现象，俗称"推磨"。可以用一块毛巾折叠起来放于婴儿腹部轻轻提起，让婴儿感受腹部离开床面，仅用四肢支撑身体的状态。

阶段二：后退爬。

此时的婴儿是腹部着地，双臂用力不会向前，反而向后退，即为后退爬。家长可以在婴儿用力时，用手抵住婴儿脚底给他向前的力量，辅助其向前爬。婴儿伸左手，家长推右脚，然后婴儿伸右手，家长推左脚，让婴儿感受用力向前移动。

阶段三：匍匐爬行。

许多7～8个月的婴儿爬行时，往往腹部不能离开床面，用肘部支撑向前爬行，即为匍匐爬行，也称匍行。此时家长可以用毛巾兜住婴儿腹部提起，让其四肢着地爬行。渐渐地，婴儿便可以进行四肢着地的爬行。在爬行时，可以准备摇铃、捏响玩具、各种皮球逗引婴儿，增强婴儿爬行的兴趣，尤其是皮球，更能激发婴儿爬行的积极性。

阶段四：手膝爬行。

手膝爬行即我们通常所说的爬行，是真正的爬行，一般婴儿9个月左右可以做到。婴儿能够手膝爬行后，还可以障碍爬行、趣味爬行、爬行比赛等（图5-10）。可以在床上放些枕头、被子等让其翻越；婴儿1岁前，家长的身体是婴儿最好的感统器材，家长可以用自己的身体搭成不同的洞洞让婴儿钻爬，家里椅子、桌子底下也是婴儿非常感兴趣的地方，但要注意桌上不铺桌布，桌子和椅子下面没有尖锐物体，确保安全；还可以在户外让其爬台阶、爬斜坡等；也可以把不同

图5-10 钻洞洞

图 5–11 触觉垫爬行

材质的布粘贴在地上让婴儿爬，增加触觉感知力，婴儿会乐此不疲。为了增加婴儿爬行的积极性，家长可以和婴儿一起爬，进行爬行比赛，或让婴儿与同龄婴儿进行爬行比赛，追逐的过程也会给婴儿带来莫大的乐趣。

婴儿的爬行练习一般从 5～6 个月时开始，最好持续 6 个月，让婴儿爬到一岁，这与人类的进化过程有关。婴儿爬行时，可以准备一些带响声的玩具、皮球等逗引其向前用力爬行，最好的爬行玩具是各色的皮球，皮球在婴儿的推动下滚动，更能激发婴儿爬行的主动性。

阶段 5：手足爬行。

1 岁以后的幼儿可以做到只用双手和双足支撑的爬行，即手足爬行（图 5-11）。这对幼儿四肢的力量，身体的协调能力要求比较高。幼儿此时特别喜欢爬台阶、爬沙发、爬窗台，2 岁以后，幼儿还喜欢爬攀登架等。家长可以为幼儿提供安全且场地较大的空间让其练习爬行，同时注意在一臂之内保护幼儿，以防其跌倒；还可以教会幼儿一些简单的安全小技巧，学习自我保护。

相关视频

你见过一两岁大喜欢到处爬的幼儿吗？他们有时爬窗台，有时爬台阶。我们一起来看一段视频了解此阶段幼儿的动作发展需求和偏好。

（三）训练注意事项

婴儿会爬后，活动的空间大了，需要着重注意安全空间的营造，如地板的清洁，危险物的收纳；婴儿的爬行要在家长的视线范围内进行，或给婴儿准备爬行围栏，如果在床上，要预防跌落；夏季爬行时膝盖的保护也很必要，应穿上长裤或戴上护膝；爬行时也可以给婴儿播放轻松愉快的音乐，营造温馨的家庭氛围；为了增加爬行的趣味性，家长可以和其比赛或准备婴儿感兴趣的物品逗引。

五、站立和行走

（一）站立和行走的意义

站立和行走是人类从猿到人进化过程中具有里程碑意义的动作，是在全身肌肉的力量和协调的基础上才有的行为。能站立和行走的婴儿，身体控制力更强，可以开阔视野，探索范围逐步扩大；婴儿的空间知觉得到进一步发展；能走以后，婴儿的自主意识也逐渐增强。

（二）站立和行走的发展阶段及教育训练

1. 站立的发展阶段及教育训练

婴儿的腰部和腿部力量逐步增强是站立的先决条件。4～5个月的婴儿能够很好地控制头部后，喜欢让家长双手扶着腋下站立、蹦跳；大部分婴儿7个月时可以伸直膝关节使腿伸直；8个月左右，家长可以扶着婴儿双手站立（图5-12），也可以让婴儿扶着茶几、沙发站立（图5-13）；9个月左右，婴儿可以扶着椅子、沙发或栏杆由坐到站起，也可以由家长扶一手站立；10个月左右婴儿可以独站片刻；11～12个月左右婴儿可以独站自如。14～22个月的幼儿可以站立后转身，30～36个月的幼儿可以独脚站5秒。

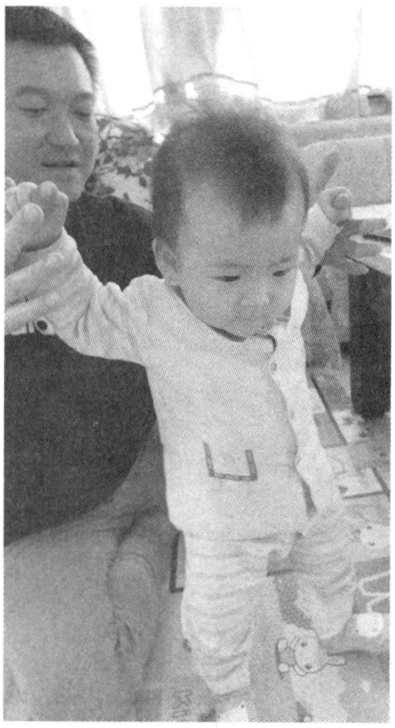

图5-12　扶双手站

7～8个月的婴儿可以扶着茶几或沙发边缘、围栏等站立，需要注意的是，婴儿6～12个月的动作发展以爬行为主，因为此时婴儿骨骼含水较多，站立时间不宜过长，否则柔软的腿部容易发生变形。9～12个月是练习站立的最佳时间，家长可以在婴儿扶着茶几时，用玩具逗引，让其用手抓握，逐渐把注意力从扶茶几转移到玩具上；还可以在婴儿坐姿时，把他们喜欢的玩具举高，让其通过扶着椅子或栏杆能用力站起，再拿起玩具，锻炼下肢力量和身体协调性。慢慢地，婴儿便可以大胆地独站了。婴儿能够独站后，家长便可以在侧面或后面呼唤婴儿或给婴儿喜欢的物品，让其在站立的基础上转身。2岁半的幼儿可以练习单脚站，家长先做示范，然后扶着幼儿练习，逐渐过渡到幼儿自己独自单脚站。两

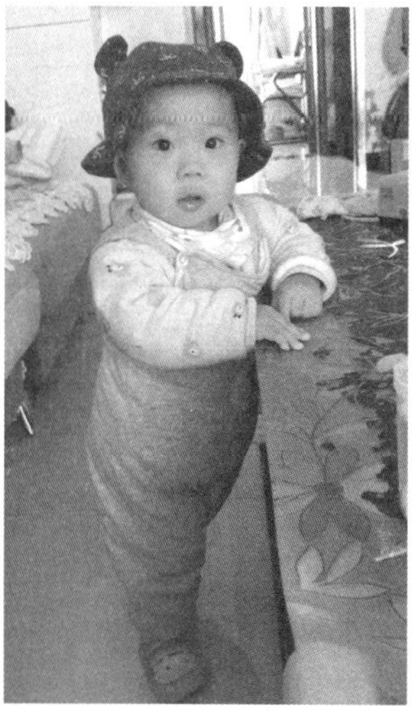

图5-13　扶桌站

只脚需要交替练习，家长在旁边做好保护。

2. 行走的发展阶段及教育训练

初生婴儿有迈步反射，成人双手支撑其腋下，婴儿就可以向前迈步走四五步，6～12周消失；8～9个月时，婴儿能够扶着物体站立，慢慢便可以扶物行走；1岁左右能够独自行走2～3步；15个月左右的幼儿基本都可以独走自如。1岁以后的幼儿身体的协调性和平衡性进一步加强，可以在行走的基础上，练习起步、停步、蹲下、站起、转弯、向后退、跨越、上下楼梯、上下斜坡、走平衡木、沿着直线或曲线走等动作。

相关视频

婴幼儿刚开始学习走路时，憨态可掬，非常可爱，我们通过视频来看看这些可爱的小家伙吧。

婴幼儿学习行走时，建议不要使用学步车，学步车不仅不会让婴儿快速学会走路，反而容易降低婴幼儿的平衡感，也容易使其腿部发生变形，甚至增加危险。婴幼儿学步时要有合适的学步鞋，一般要求鞋底在0.5～1厘米，鞋帮不能太软，要能起到保护脚踝的作用，鞋底前1/3处可以弯曲，大小要以幼儿穿上后大人能塞入一指为宜。如果孩子不喜欢穿鞋，在家里也可以光脚走路，刺激触觉而获得学习与发展的机会；而且刚学习走路时，他们的脚趾可以很稳定地抓地，有利于稳步走路。

家长要给学步期的婴幼儿提供学习走路的机会和适宜的环境，确保家里地面整洁干净、无水渍；还要给1岁后的幼儿提供较大的户外空间，如广场、草地、小石子路、有台阶和斜坡的地方等，满足其探索丰富的走路方式的需要。家长可以准备一些拖拉玩具或学步小推车，辅助走路并增加婴幼儿走路的兴趣；在地面画上或贴上直线、曲线让幼儿走，还可以带着幼儿走路肩石（马路牙儿），上下楼梯时让幼儿扶着栏杆尝试自己走。俗话说，“上山容易下山难”，幼儿也是先能上楼梯，然后才可以下楼梯，3岁前的婴幼儿基本不能做到双脚交替上下楼梯，家长不用勉强。

1岁半左右的幼儿在行走需要获得满足后，反而会出现不想走路，总想让家长抱的现象。家长不妨设置一些有趣的行走活动，如听指令走走停停、沿着地面的不同图案或标志走、和幼儿比赛走路，还可以制定小目标一段一段走，又或给幼儿说“我要自己走”的儿歌，边说边模仿各种小动物的动作。

儿歌：我要自己走

妈妈妈妈你撒手，我要自己走。

你看：

小鸟自己飞，小鱼自己游，小兔自己跳，我也要自己走。

妈妈妈妈你撒手，我要自己走。

游戏：小兔子拔萝卜

“小兔子的萝卜丰收了，请宝宝帮小兔子一起来收萝卜吧。小兔子的萝卜又大又甜，每次拿一个。”

（1）准备一个较大的空间，把仿真萝卜摆放在一边，好似萝卜地；另一边用纸箱等物品创设为小兔子的家。

（2）请幼儿拿起小篮子去拔萝卜，每次拿一个，家长说“1 个”，发展幼儿对数字“1”和数量“1”的认知。

（3）请幼儿把萝卜送到小兔子的家，家长假装小兔子对幼儿说“谢谢”。

（4）游戏反复进行。

（5）如果幼儿喜欢，还可以换不同的主题让幼儿练习。待幼儿走稳之后，可以在地面增加一些障碍，增强触觉感知力和幼儿游戏的兴趣。

（三）训练注意事项

当婴儿腿部和腰部力量比较薄弱，没有足够的力量承受身体的压力时，不宜让其过早站立和行走，否则腿部骨骼易变形，即使不缺钙也容易因重力的作用，造成“O”形腿和“X”形腿，容易形成“内八字”或“外八字”。如果婴儿稍胖或冬季穿戴较多，可能走得比较晚；婴儿不想走路不要强迫他走，通常在 10～15 个月婴幼儿能够学会走路。1 岁以后的幼儿需要更大的空间和更丰富的游戏活动，家长要多观察，结合幼儿的兴趣特点，有意识地引导幼儿进行练习。

六、跑和跳

（一）跑和跳的意义

跑和跳是一种全身性的运动，随着腿部力量的增强，幼儿的运动智能上了一个新的台阶。跑和跳能够锻炼幼儿呼吸系统和心肺功能，使身体的灵活性和弹跳力增强；能跑能跳给幼儿提供了更大的发展空间和平台，为其空间智能、认知、身体控制等发展提供机会；使幼儿逐步摆脱家长的限制，更加独立自强，给幼儿带来莫大的乐趣和满足；跑和跳还能锻炼幼儿的意志品质。

（二）跑、跳动作的发展及教育训练

1. 跑的动作发展及教育训练

幼儿能够独走自如后，便会出现快走、慢跑的现象。1岁半左右的幼儿还不能很好地控制身体，虽然可以跑，但不能稳稳地停下来，需要家长给予保护；2岁以后，身体控制力和腿部力量增强，幼儿跑的愿望和能力大大提高，喜欢追逐跑、快速跑，家长要给婴儿提供一个较大的空间练习各种跑，满足其内在发展的需求。

2岁前，可以让幼儿在广场上跑，跑跑停停、朝不同的方向跑，如“小娃娃真爱玩，摸摸这儿，摸摸那儿，摸摸大树/滑梯/石墩跑回来”。家长幼儿拉成一列小火车，玩“轰隆隆”开火车的游戏，也可以用彩虹伞搭一个隧道钻着玩。2岁以后，幼儿的身体控制力和平衡力增强了，家长和幼儿以一条线为起点，比赛跑，看谁先跑到指定地点。追逐跑是该阶段幼儿感兴趣的游戏，可以给幼儿身后别一条纱巾当尾巴，家长追逐揪幼儿尾巴，也可以用床单或彩虹伞玩捉小鱼的游戏等。

相关视频

还记得小时候和小伙伴们一起追逐跑的快乐情景吗？我们通过观看视频“揪尾巴”来回顾一下。

2. 跳的动作发展及教育训练

1岁半之前的婴幼儿就有跳的意愿，但只能做跳的动作，脚不能离开地面；19~21个月的幼儿可以双脚离地跳起，即双脚跳，大部分幼儿在2岁左右可以跳起；2岁半幼儿立定跳远20厘米左右，3岁左右的幼儿可以跳高10厘米左右，甚至能力强的幼儿可以单脚跳（图5-14）。

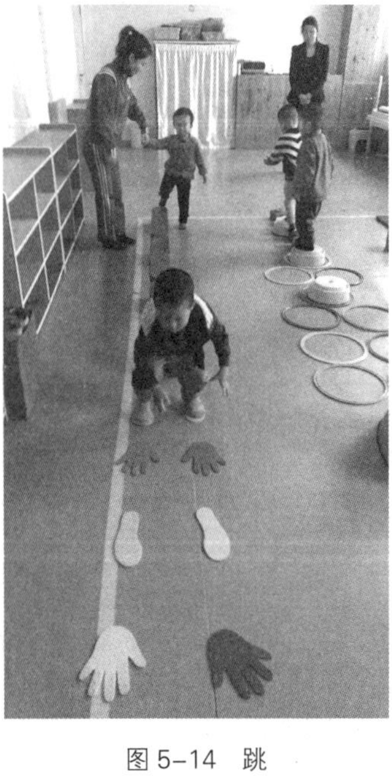
图5-14　跳

家长要教给幼儿跳的方法，即双腿弯曲，双臂向后，用力向上、向前跳起，双臂用力向前，屈膝落地。这样既可以增强幼儿跳跃能力，又可以保护幼儿的膝盖和骨盆不受伤害。2岁前，可以把玩具挂在略高的地方，让幼儿努力跳起够物。2岁后，学习从台阶上往下跳；并且让幼儿学习小青蛙跳过荷叶去捉虫子，或者按照脚印跳，荷叶和脚印的距离符合幼儿跳跃的水平；还可以让幼儿模仿小马，跳过栅栏。

（三）跑、跳时的注意事项

能跑能跳的幼儿活动范围更大了，安全问题显得更为重要，在户外玩耍时，家长要教会幼儿基本的躲闪方法，初步建立安全意识；还需注意幼儿腿部的保护，不宜从太高的地方往下跳，以免伤到骨盆。跑和跳是比较剧烈的运动，幼儿的练习要循序渐进，当幼儿喘息就要停下休息，劳逸结合；游戏结束后，也要让幼儿稍作活动，放松紧张的肌肉。

0～3 岁婴幼儿的大运动发展除了上述的基本动作外，还有在此基础上衍生出来的综合动作，如走平衡木、爬攀登架、踢球、骑三轮车等，家长应仔细观察婴幼儿动作的发展，给其提供相应的环境和保护措施，使其动作安全、协调地发展。

任务二　0～3 岁婴幼儿精细动作发展与家庭教育

精细动作指身体小肌肉及小肌肉群的动作，包括与手相关的动作（抓、挠、抠、穿、切等）和非手部的动作（如用脚夹物体、眼部运动）。本任务关于精细动作发展主要介绍 0～3 岁婴幼儿手部精细动作的发展，即手指动作、手眼协调动作和双手配合动作的发展。

一、精细动作发展的意义

苏联著名教育家苏霍姆林斯基曾说："儿童的智慧在他们的手指尖上。"婴幼儿精细动作的发展对大脑的发育有重要意义，丰富而复杂的操作会使大脑建立更丰富和稳固的链接，有助于智力开发。2 岁前婴幼儿的思维处于直觉动作思维，动作刺激思维的发展，比如，通过触摸可以感知事物的属性，通过操作可以培养专注力，小玩具的配对、分类与排序可以促进逻辑思维能力的提升，为数学学习奠定基础。婴幼儿学会使用勺子、筷子吃饭，不仅是在学习使用工具，更增强了自信心和生活自理能力。俗话说，心灵手巧，其实反之亦然，即手巧促进心灵。家长可以根据婴幼儿手部精细动作发展的特点，提供适合的、丰富的玩教具等操作材料，也可以利用生活中接触的物品进行练习，促进其发展。

二、婴幼儿精细动作发展的特点及家庭指导

（一）0~6个月婴儿精细动作发展的特点及家庭指导

新生儿的小手会本能地握拳，把大拇指握在手心。家长可以轻轻抚摸其手背使小手张开，让婴儿抓握家长手指、笔杆、拨浪鼓等物，发展其抓握能力，增加触觉感知力。2~3个月的婴儿慢慢可以张开小手，出现无意识的触摸和抓握行为。此时不要给婴儿戴小手套，要把小手解放出来，便于他们摸摸被角，抓抓衣服或小玩具等。2~5个月是婴儿认知自己小手的敏感期，他们喜欢把小手放眼前看、拉手、玩手，还喜欢吃手（图5-15），婴儿会先吃手背，然后是大拇指外侧，再到其他手指。家长应把婴儿小手擦干净，让其尽情吸吮，这丰富了婴儿口和手的触觉感知，满足了口腔敏感期的探索需求，也增强了手和眼的协调发展。有研究发现在吃手的问题上，男孩和女孩没有差异。

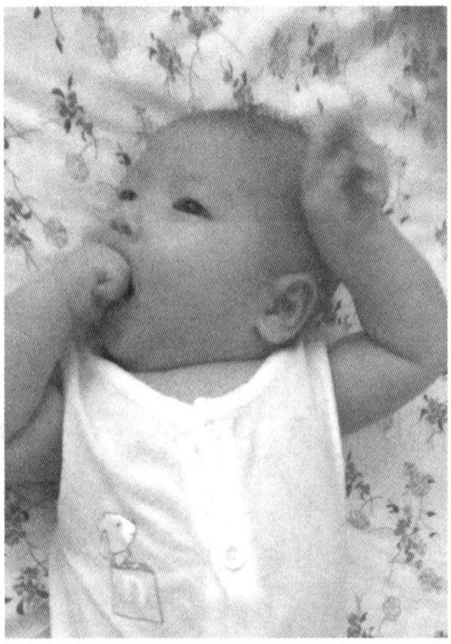

图5-15 吃手

4个月以后的婴儿开始出现主动抓握的意识和行为，但动作相对笼统，看到物品会双手用尺侧同时抓握（图5-16），玩藏猫猫时会主动拉帘，还会主动伸手抓握眼前的小玩具，但婴儿此时的手眼协调能力不强，通常会出现手尺侧在物体边缘打转的现象。5个月的婴儿手眼协调能力增强，可以准确拿到物品，能够一只手拿一个玩具，家长可以从左边递一个玩具让其用左手拿，从右边递一个玩具让其用右手拿。满6个月的婴儿开始出现双手的分化动作，能够把玩具从一只手倒到另一只手，在吃磨牙饼干时表现尤为明显。6个月开始给婴儿添加辅食后，可以让婴儿用手抓握勺子、条状食物等，既锻炼了其抓握能力，也促进了其手眼协调。5~6个月的婴儿喜欢抓握软球、撕纸、双手拍击等，家长可以提供各种质地的球、不同材质的纸、小鼓或奶粉罐等相应物品给予练习。

图5-16 双手抓握

（二）7~12个月婴儿精细动作发展的特点及家庭指导

5~7个月的婴儿大拇指功能分化出来，7个月时小手会像小耙子一样拨弄小圆丸，家长可以提供小馒头、溶豆豆让婴儿练习抓握，7个月时婴儿还可以双手各拿

一块积木对敲。8 个月的婴儿可以用拇指外侧和其他手指捏物，也可以用拇指、食指、中指三指捏起物体（图 5-17），10 个月能够熟练地拇、食指对捏，13 个月能够钳指捏细小物品。婴儿捏起物体之后通常会放嘴里，家长要把物品或食物洗干净、把不能食用的物品或危险品收起来，以防意外发生。9 个月的婴儿食指分化，喜欢指物、按压开关、抠洞洞、拨珠子，此时小电话、开关、串珠架、带洞的衣服、拉链等很受婴儿喜欢。8~9 个月的婴儿喜欢抓握不同材质的物体或食物，家长可以提供各种材质的物品，以丰富其手部触觉经验，如软硬不同的小球、各种食物（香蕉、苹果、橘子）、纸等（图 5-18、图 5-19），婴儿还喜欢抓握带手柄的玩具进行敲击，可以提供鼓、盆、奶粉罐等供其玩耍。10 个月的婴儿能够打开包小球的纸，11 个月能够动手翻书（图 5-20），此时布书、木书、婴儿相册便是很好的玩教具。12 个月时，婴儿对笔开始有了初步的兴趣，能抓握笔杆在纸上戳点，很是兴奋。随着手控制力的增强，1 岁左右的幼儿能够搭 1~2 块积木，家长可以提供原木无漆的积木，更加环保安全。

图 5-17　摘“苹果”（三指抓握）

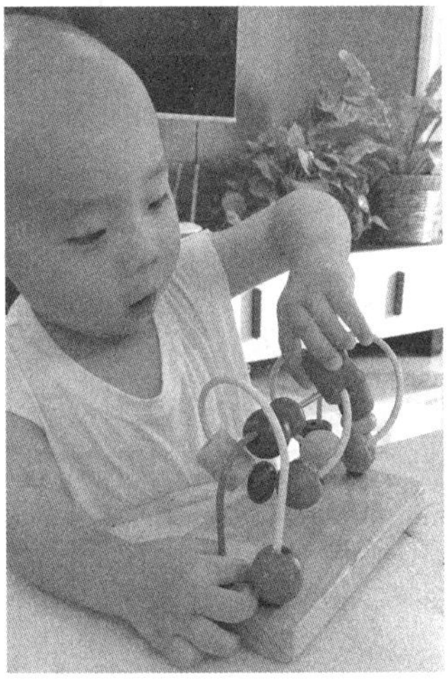

图 5-18　拨珠子

图 5-19　抓火龙果、菠菜泥

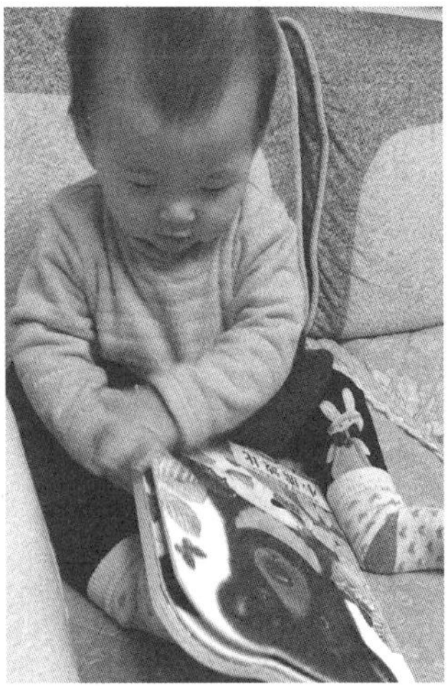

图 5-20　翻书

（三）1~2 岁幼儿精细动作发展的特点及家庭指导

1 岁后的幼儿手部的小肌肉动作更加灵活，手眼的协调能力大大提高，双手配合的能力也逐步增强。

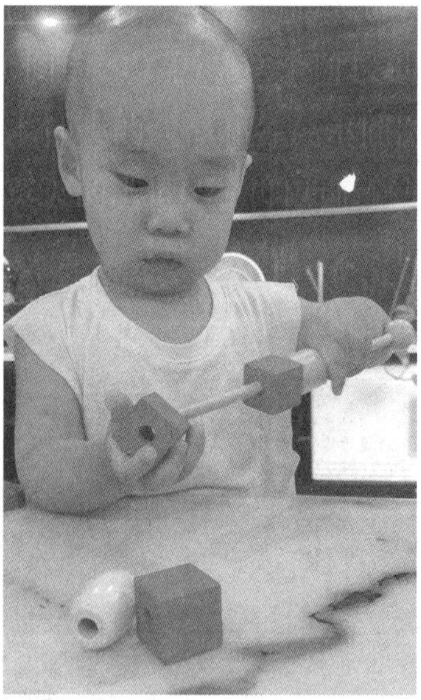

图 5-21 木棍串珠

13～15 个月幼儿能穿木珠（图 5-21）；能把小木棍多次插入孔内；把小东西放进瓶中，并能拿出或倒出；会盖盖子。家长可以给幼儿提供木串珠玩具，或家里废旧的算盘珠进行穿的练习，也可以把家里的吸管和带洞洞的笼屉让幼儿练习插的动作。牙签筒、盖子上有孔的薯片桶配着彩色的计数棒是最好的玩具（图 5-22），在盖子的小孔处贴上不同颜色的标志，幼儿插小棒时既锻炼了小手肌肉的灵活性，还可以认知颜色，实现颜色的一一对应（图 5-23）。家中的小瓶子也是孩子的最爱，可以把小珠子装进、倒出，还可以锻炼盖盖子，练习拧的动作，发展幼儿的手腕灵活性，不同的瓶子和盖子还可锻炼幼儿的观察力、对颜色和大小的感知与判断能力。

图 5-22 插小棍

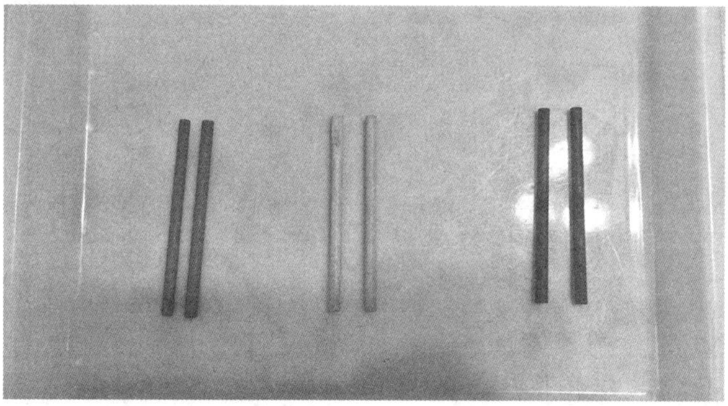

图 5-23 颜色配对

16～18 个月的幼儿喜欢敲打物体，在敲打过程中掌握了敲的动作，学会了使用锤子，锻炼了手臂以及手腕的力量，也增强了手眼协调能力，锤盒、打地鼠、敲击果虫等是非常适合幼儿的玩具。幼儿还喜欢打开拉链的小包，可以准备装有各种水果、蔬菜、生活用品的袋子，让幼儿触摸、抓握、寻找，满足其探索欲望的同时也发展了认知能力。穿珠子（图 5-24）仍是这个阶段幼儿最喜欢的活动，带有木针头的线绳和各色不同图案的珠子能够带给幼儿莫大的满足感，可以训练幼儿从不倒手到倒手地穿，

图 5-24 穿珠子

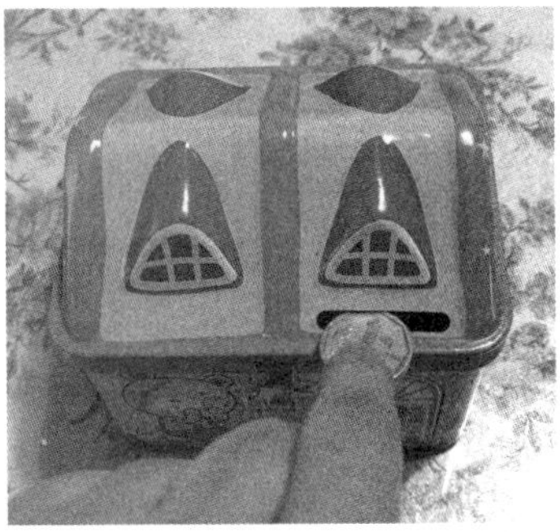

图 5-25　塞硬币

还可以增加难度，把配对、分类和排序的内容逐步加进去，穿珠子的游戏幼儿可以玩到 3 岁以上。幼儿对用物体塞满洞洞充满无限兴趣，家里的储蓄罐百玩不厌，户外的下水道孔也使幼儿挪不开步。

19～24 个月的幼儿对水的喜爱达到高峰，可以提供小盆、漏勺、洒壶、喷壶、杯子、塑料瓶等让其尽情地玩水，这能够锻炼舀、倒、捞等发展手腕灵活性和稳定性的动作。此时幼儿穿珠子水平提高，更细的线和更小的孔，如鱼线穿小扣子，幼儿也能应对自如。各种切的玩具、可以拧的螺丝、凹凸不平的拼插积木等东西对幼儿有很大的吸引力，幼儿既可以学会使用工具，发展幼儿手部控制力、双手的配合能力，又可以锻炼专注力和思维能力。（图 5-26～图 5-29）

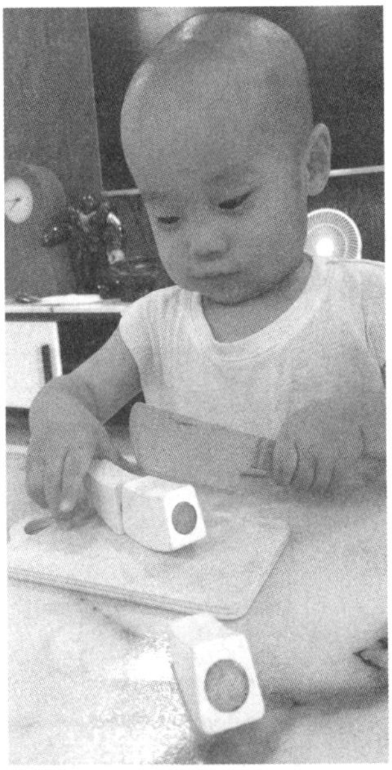

图 5-26　切切乐

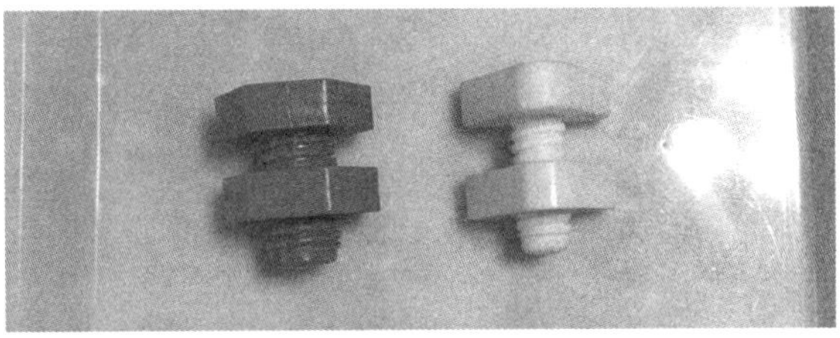

图 5-27　拧螺母

图 5-28　钓鱼

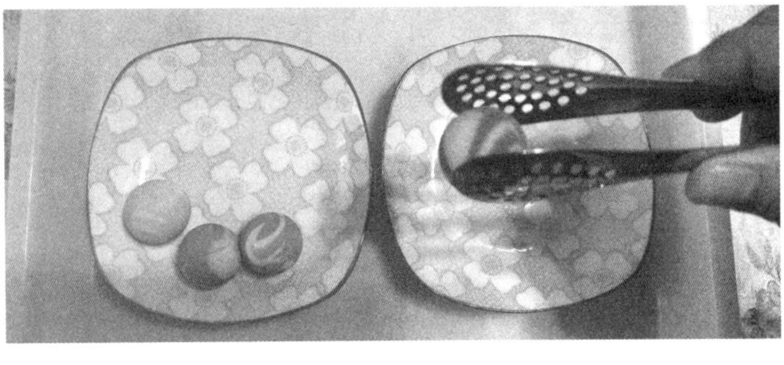

图 5-29　夹球

（四）2~3岁幼儿精细动作发展的特点及家庭指导

2~2.5岁的幼儿能够拧开螺口瓶盖，并能把不同大小的瓶口和瓶盖一一对应后盖好；能画封口的圆圈；拼4块以上的拼图；按秩序套上6~8个套筒；模仿搭有桥洞的桥。幼儿还能够一页一页地翻书，喜欢用蜡笔或粉笔涂色，也喜欢玩沙子，用沙子堆城堡等。家长可以提供积木、拼图、沙子、套筒、套娃、各种彩笔等，满足幼儿兴趣需求。

2.5~3岁的幼儿折纸边角整齐；能模仿画十字（夹角 > 45°）；积木搭高10块（试3次）；画出一个人头轮廓，并填上眼、鼻、嘴等；能按针孔或线撕纸；能用剪刀剪物、用刀切较软的水果或面包（图5-30、图5-31）。此阶段幼儿手部的精细动作发展已经非常精细，手指的力量和灵活性、手指及手腕的控制力增强。幼儿喜欢的操作材料以益智类为主，如拼图、积木、嵌板等，操作的同时也提高了幼儿的观察、注意、记忆、想象和思维能力。为发展幼儿的想象力和创造力，家长可以给幼儿准备瓶子、纸杯、吸管、雪糕棍、纸箱等开放性的材料，引导幼儿在原有经验的基础上进行创造性操作。家长更要注意给幼儿提供自由玩耍的时间，发展其独立性。精细动作与生活自理能力息息相关，可以让幼儿尝试穿衣服、穿鞋袜、系扣子、拉拉链、吃饭，增强其自我服务意识和能力，发展幼儿自信心，为幼儿入园做准备。

图5-30　刀切水果

图5-31　剪刀剪纸

三、家长指导要求

（1）根据婴幼儿月龄身心发展特点，提供适宜的操作材料和玩具。

（2）确保玩具和材料安全环保，避免甲醛、苯、硼等有害物质的摄入。玩具要求没有破损，尤其是 1 岁前婴儿喜欢咬，要避免小零件进入婴儿口腔引起气管堵塞。

（3）除了成品玩具，还应注重开放性的操作材料、锅碗瓢盆等生活物品和废旧材料的使用，让婴幼儿自由探索材料的各种玩法，不拘泥于一种玩法，避免限制思维发展。

（4）开辟固定的游戏区，将婴幼儿的玩具和操作材料分类有序摆放，保持整洁，培养婴幼儿的秩序感。提示婴幼儿每次游戏只选择一种玩具或材料，玩要完毕后要放回原处，然后再选择第二件操作材料，从小培养婴幼儿良好收纳意识，养成收纳习惯。

（5）家长要学会耐心地观察和等待。尽量给婴幼儿更多自由玩耍的空间和时间，在婴幼儿尝试几次不成功后，家长才在适当的时候介入。家长可以反复示范或鼓励，不急于协助或包办代替，否则容易破坏婴幼儿的专注力，挫伤其积极性。

学习检测

一、判断题

1. 3 个月的婴儿喜欢吃手，家长可以把手洗干净，让婴儿吃。（　　）

2. 9 个月的婴儿喜欢把抓握的物体放进嘴里探索，家长一定不能让婴儿吃，避免危险。（　　）

3. 2 岁的幼儿喜欢跑，家长应该给幼儿提供大一些的场地供其奔跑。（　　）

4. 2~3 岁的幼儿对刀、剪刀等非常感兴趣，但这非常危险，家长要把这些物品收起来，不能让幼儿玩。（　　）

5. 1 岁多的幼儿在穿珠子时，看到幼儿穿上一个，家长马上鼓掌叫好，并大力表扬，我们倡导家长这样鼓励幼儿。（　　）

二、简答题

1. 列出帮助婴儿做俯卧抬头动作训练需要准备的物品。

2. 婴儿在爬行时会经历哪几个阶段，每个阶段家长应如何帮助？

3. 7~12 个月婴儿精细动作发展有什么特点？请给该阶段婴儿提供合适的玩具材料。

4. 2~3 岁的幼儿精细动作发展有什么特点？请给该阶段幼儿提供 5 种合适的玩具。

实践体验

1. 帮助一个3个月的婴儿从仰卧位翻身至俯卧位。

2. 尝试用自己的身体或家里的物品为爬行期的婴儿搭建能钻的洞，至少搭5种。

3. 选择一名1.5岁幼儿，观察其精细动作发展的特点和家长的指导方法，尝试为幼儿提供适龄的操作材料，为家长提出合理化指导建议。

附：0～3岁婴幼儿精细动作发展观察记录表

0～3岁婴幼儿精细动作发展观察记录表						
婴幼儿姓名		玩具材料1		操作特点	操作时长	教养人指导方法
月龄		玩具材料2				
观察地点		玩具材料3				
观察时长		玩具材料4				

单元六　0～3 岁婴幼儿认知与语言发展及家庭教育

导言

对婴幼儿实施保育教育的目标之一是培养他们的智慧，作为智慧的组成要素——智力和知识都建立在婴幼儿的认知与语言发展水平上，认知与语言能力也是日后一切学习的助推器。因此，培养婴幼儿的认知与语言能力是家庭教育的重要任务。通过本单元的学习，家长可以了解婴幼儿认知和语言发展的特点，掌握科学的早期家庭教育方法，有的放矢地进行早期认知启蒙，帮助婴幼儿掌握理解事物的手段，促进其认知能力的发展。

学习目标

1. 了解 0～3 岁婴幼儿认知与语言发展各阶段的特点。

2. 掌握促进 0～3 岁婴幼儿认知与语言发展的家庭教育策略。

3. 运用 0～3 岁婴幼儿认知与语言家庭教育指导的相关理论分析和指导婴幼儿认知与语言发展活动。

内容导览

- 单元六 0～3岁婴幼儿认知与语言发展及家庭教育
  - 任务一 0～3岁婴幼儿认知发展与家庭教育
    - 一、0～3岁婴幼儿认知发展的特点
    - 二、促进婴幼儿认知发展的家庭教育
  - 任务二 0～3岁婴幼儿语言发展与家庭教育
    - 一、0～3岁婴幼儿语言发展的特点
    - 二、促进婴幼儿语言发展的家庭教育

任务一 0～3 岁婴幼儿认知发展与家庭教育

0～3 岁是人大脑发育的黄金时期，也是认知发展的关键期。0～3 岁婴幼儿认知发展水平奠定了其终身智力基础，也会对日后情感、社会性等方面的发展产生深远影响。

《托育机构保育指导大纲（试行）》中对 0～3 岁婴幼儿认知培养的指导建议中提出，要创设环境，引导婴幼儿运用各种感官认识周围事物，逐步发展注意、观察、记忆、思维等认知能力。本任务针对 0～3 岁婴幼儿认知发展的特点，系统阐述这一阶段家庭教育的内容，以期为家长开展相关教育活动提供参考。

一、0～3 岁婴幼儿认知发展的特点

认知是个体对作用于人的感觉器官的外界事物进行信息加工的过程，主要包括感知觉、注意、记忆、想象、思维语言等心理过程。0～3 岁婴幼儿在与环境的互动中，认知水平快速提升。

（一）0～3 岁婴幼儿感知觉发展的特点

感知觉是婴幼儿认识世界的主要方式。感觉是人脑对直接作用于感觉器官的客观事物的个别属性的反应，知觉是对事物的整体属性的反应。在生活中，人们是以知觉的形式感知客观事物的，根据知觉时起主导作用的分析器不同，可以把知觉分为视知觉、听知觉、触知觉、味知觉、嗅知觉。

1. 0～3 岁婴幼儿视知觉发展的特点

视觉刺激在婴幼儿认识周围世界的过程中提供重要信息。刚出生的新生儿视觉相关系统还未发育成熟，目光无法特别停留在任何物体上，需要经历一个发展成熟的过程。但新生儿的眼睛已出现瞳孔对光的反射，能够辨别明、暗及颜色。概括来讲，0～3 岁婴幼儿视知觉具有以下发展特点。

1 个月左右的婴儿目光能够缓慢地跟随移动物体至中线，会出现短暂的目光注视行为，能够区分红色与白色。

2 个月的婴儿开始出现头眼协调视物，目光能上下、左右跟随物体移动 90°，视觉比较集中于活动的、明亮的、鲜艳的东西，突出表现为偏好人脸。

4 个月左右的婴儿目光能够跟随物体移动 180°，已经能够区分大多数颜色，并对颜色产生分化反应，喜欢暖色，尤其是红色。

6 个月左右，婴儿的视觉系统快速发展，出现了婴儿视力发展的敏感期，婴儿

的目光能够跟随物体落地的整个过程，并且出现了能够辨别场景的深度知觉。

9~12 个月的婴儿能够长时间地注视远处物体的移动，出现视觉偏好，偏爱注视小物品。

1.5~2 岁的幼儿视敏度迅速发展，能够注意悬挂于 3 米之外的小玩具，能够区分直线与横线。

2. 0~3 岁婴幼儿听知觉发展的特点

新生儿的听觉能力是与生俱来的。婴幼儿的听觉随着年龄的增长逐渐成熟。

刚出生的新生儿听力水平较低。出生后 5 分钟内出现对声音的定位能力，能够寻找声源，出生后 3~7 天听觉敏锐度有很大提高，会对铃声做出反应。

2 个月的婴儿能够辨别不同人的说话声以及同一个人的不同语调；能够区别笛声和铃声。新生儿对声音的定位能力逐渐消失。

4 个月时表现出对成人的"小儿语"注意倾听；在听到悦耳的声音时会做出微笑的表情；愿意倾听音乐，并伴有身体运动，但身体动作和音乐不能协调。

6~9 个月时对母亲的语音有反应；对声音的定位能力再次出现，逐渐能够迅速、直接地寻找声源。

18 个月的幼儿能够区分差异显著的不同声音，如汽车喇叭声与犬吠声等。听到音乐时，约有 10% 的婴幼儿能够协调身体动作与音乐节奏。

2 岁时，能够区别较为精细的声音，如揉纸声与流水声。能够安静下来认真听音乐，并随着音乐的节拍进行身体律动。

3 岁时，能区别语音差别更小的声音，如"ei"与"er"的语音。

3. 0~3 岁婴幼儿皮肤觉发展的特点

皮肤觉包括触知觉、温度觉、痛觉等感觉。新生儿出生后最先出现的就是皮肤知觉，它是婴幼儿自我保护的基础。

婴幼儿的皮肤觉具有高度的敏感性。新生儿皮肤各部分受到刺激会产生不同的反应，其中特别敏感的是嘴唇、手掌、脚掌、前额、眼睑等部位。例如，当刺激物接触到嘴唇，就会产生食物性非条件反射；当刺激物接触其他部位时，就会产生防御性反射。相对而言，大腿、前臂、躯干的触觉则比较迟钝。2 个月时，可以在食物性或防御性非条件反射的基础上，形成皮肤机械刺激的条件反射。这种条件反射在 4 个月左右表现出稳定性。随着年龄的增长，婴儿皮肤感觉的灵敏度和定位能力逐渐提高，2~3 岁的幼儿已经能够辨别各种物体的属性，如软硬、糙滑等。

婴幼儿的温度觉也比较发达。新生儿对冷和热的感受非常灵敏。对奶瓶里的奶或水、洗澡水过冷或过热都会有反应。相较而言，冷刺激比热刺激更能引起婴幼儿明显的反应。因此，新生儿遇到冷的环境会大声啼哭，在温暖的地方很快就不哭了；洗澡时遇到冷水也会大哭。研究表明，3 个月的婴儿对 35℃和 30.5℃的水温有明显的分化反应。

新生儿的痛觉相当明显。痛刺激能够使婴幼儿的全身或局部做出反应。当戳刺新生儿拇指时，新生儿很快会把手缩回；当刺激新生儿口鼻时，新生儿会出现皱眉反应。

4. 0~3 岁婴幼儿味知觉发展的特点

婴幼儿的味知觉发展也比较早，新生儿时期就能够对不同的味觉刺激做出不同的反应。例如，对甜的东西会发生吸吮运动，吸吮速度加快、间歇时间缩短，并伴随愉快的表情；对苦的、酸的、咸的物质表现出不安的消极表情，如皱眉、闭眼、抽搐地张嘴或闭嘴，甚至出现恶心或呕吐（图 6–1）。4~5 个月以后的婴儿味觉更加敏锐，对任何味道上的改变都能迅速做出反应。

图 6–1　吃到酸味食物会躲闪

5. 0~3 岁婴幼儿嗅知觉发展的特点

婴儿在出生时嗅觉中枢及末梢就已发育成熟，能够对有不同气味的物质做出各种反应。例如，哺乳时新生儿闻到奶香味就会主动寻找母亲的乳头。4 个月的婴儿已经能够比较稳定地区分好闻的和不好闻的气味，并做出相应反应。例如，当闻到喜欢的茴香油味时，表现出愉快的面部表情；当闻到不喜欢的臭胶味时，会出现不愉快的面部表情，并伴随不规则的深呼吸、脉搏加强、打喷嚏、头躲开、四肢不安的动作等反应。

（二）0~3 岁婴幼儿记忆发展的特点

记忆是指人脑对过去经验的反映，是婴幼儿心理过程的重要组成部分，也是其进行思维、想象等高级心理活动的基础，对于保证人正常的学习、生活起着至关重要的作用。记忆有再认和重现两种水平，当原来感知过的事物在当前重新出现，能够确认曾经感知过即为再认，重现则是指当识记过的事物不在当前时，能够在头脑中呈现出来并加以确认的过程。

0~3 岁婴幼儿记忆的发展主要经历了以下过程。起初，随着条件反射的出现，婴幼儿的记忆便开始发展。1~3 个月婴儿开始出现长时记忆；5~6 个月的婴儿能够从复杂的背景中分辨出妈妈的脸，能够准确地认出妈妈；另外，还表现为“认生”现象的出现。但这一阶段记忆保持的时间很短，只有几天。1 岁的婴儿能够再认10天之前的事，并开始出现回忆。3岁的幼儿可以再认几个月以前的事，记忆保持的时间能够达到几周。

综上所述，0～3岁婴幼儿的记忆有以下特点：记忆时间短，仅可保持几天至几周；记忆容量少，且仅限于经常接触的、比较熟悉的事物；记忆的内容受情绪影响较大，对于高兴和恐惧的事情比较容易记忆；以无意记忆和机械记忆为主；记忆的准确性较差。

（三）0～3岁婴幼儿思维发展的特点

思维是人脑对客观现实间接概括的反映。它借助言语、表象或动作实现，是一种能够揭示事物的本质特征及其内部规律的认识过程。思维是人类认识的高级阶段，也是智能的核心。

婴幼儿时期是人的思维发生和发展的初级阶段。9个月之前的婴儿基本上没有思维，只有对事物及事物之间联系的最初认识，9个月之后开始出现思维的萌芽，思维真正发生大约是在2岁。但由于受到生理发展水平的制约，这一阶段思维的抽象概括水平仍然很低。婴幼儿思维的发展一般经历以下三个阶段。

第一阶段是在1岁左右，幼儿处于动作思维阶段。这一阶段的概括水平处于感知水平的概括，幼儿根据物体最鲜明、最突出的特点进行概括，如根据颜色进行概括。例如，“娃娃”这个词只意味着幼儿自己的穿红衣服的娃娃，而不是穿其他颜色衣服的娃娃。

第二阶段是2～3岁，幼儿的概括水平进入词的概括阶段，开始能用词对同一类物体的比较稳定的主要特征进行概括。这一阶段幼儿的思维伴随着直接的感知和具体动作，幼儿不能想好后再行动，而是边做边想。例如，在绘画活动中，幼儿不是想好再画，而是边画边想。

第三阶段是3岁以后，幼儿的思维发展进入直观行动思维阶段。随着幼儿生活范围的扩大，“求知欲”的不断发展，具体形象思维开始发展起来，幼儿依靠表象进行思维。在这一阶段的绘画活动中，幼儿可以先想好要画的形象，然后根据表象进行绘画。

（四）0～3岁婴幼儿注意发展的特点

注意是心理活动对一定对象的指向和集中。它不是一种独立的心理过程，而是伴随感知觉、记忆、思维、想象等心理活动的心理特征。注意分为无意注意和有意注意，无意注意是指没有预定目的也不需要意志努力的注意；有意注意是指有预定目的，必要时需要一定意志努力的注意。0～3岁婴幼儿的注意具有以无意注意占主导地位，有意注意出现萌芽的特点。具体表现如下。

新生儿的注意仅为无条件的定向反射，例如，大声说话能够让他们停止活动，当婴幼儿的视野中出现发亮或色彩鲜艳的物体时，他会睁眼注视，并发出喜悦的声音。这些都是新生儿原始的定向活动。

2～3 个月的婴儿开始出现条件性的定向反射，即明显的注意。这一时期的婴儿可以比较集中地注意某个感兴趣的新鲜事物，但持续时间非常短，表现为选择性注意。例如，他们看到成人的脸或者听到成人的声音会有短暂的注意。

5～6 个月的婴儿，随着手部动作的发展，活动的范围的扩大，对许多事物都会发生注意。这一时期的婴儿能够比较稳定地注视某一物体，但持续时间较短，不稳定、容易分散。例如，那些鲜艳的、发光的、移动的、能直接满足婴幼儿需要的事物，如奶瓶、小勺等，都能引起婴儿的注意，但注意稳定性不强。

6～7 个月后，婴儿会对颜色鲜艳、能发声、活动的物体产生定向反应，会转头寻找物体，主要表现为无意注意。

1～3 岁时，随着身体和语言能力的发展，无意注意迅速发展，不仅能注意当前感知的事物，还能注意成人语言所描述的事物；2～3 岁幼儿逐渐能够自己叫出物体的名称，并以此组织自己的注意，注意的时间逐渐延长。1 岁半的幼儿能集中注意 5～8 分钟，2 岁的幼儿能够集中注意 8～10 分钟，3 岁的幼儿能够集中注意 10～12 分钟。

3 岁左右，幼儿的有意注意开始发展，但注意的水平较差。容易受多种因素的影响发生注意的转移。

二、促进婴幼儿认知发展的家庭教育

（一）促进婴幼儿感知觉发展的家庭教育

1. 视觉训练

对新生儿的视力集中训练。在新生儿的上方 20 厘米处，悬挂一些色彩鲜艳的、可以晃动的发声物体，如彩色的气球、床铃等，触动这些玩具会晃动或发出声音，引起新生儿的兴趣，使其视力集中到玩具上。还可以手持玩具或黑白卡从左至右缓慢移动，使新生儿的视线随着玩具移动（图 6–2），发展新生儿目光注视水平。需要注意的是，玩具左右移动的范围不要超过 45°，同时要注意避免阳光直射婴儿的眼睛。

出生后 1～2 个月，可以通过玩镜子游戏刺激婴儿视觉的发展。借助固定的穿衣镜，家长可以采用站立竖抱的姿势，婴儿背部贴着家长的胸部，面朝前，一只手托着婴儿臀部，另一只手扶着婴儿胸部，共同看镜子（图 6-3）。

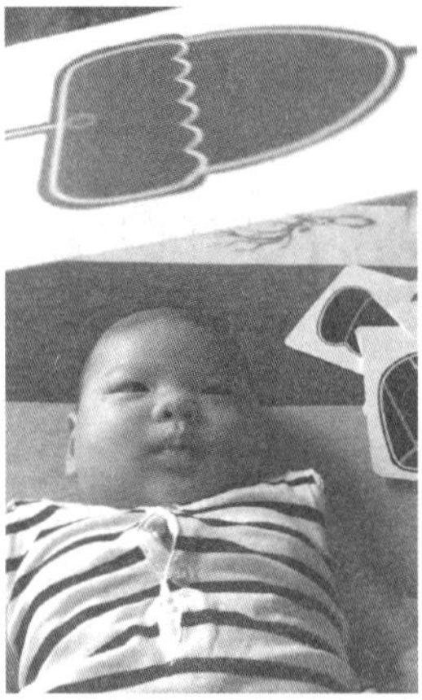

图6-2　婴儿追视黑白卡

图6-3　照镜子

相关视频

照镜子是婴幼儿都很喜欢的游戏。婴幼儿看到镜中的自己，虽然并不知道那就是自己，但是也会很高兴。扫描文旁二维码观看亲子游戏视频“照镜子”。①

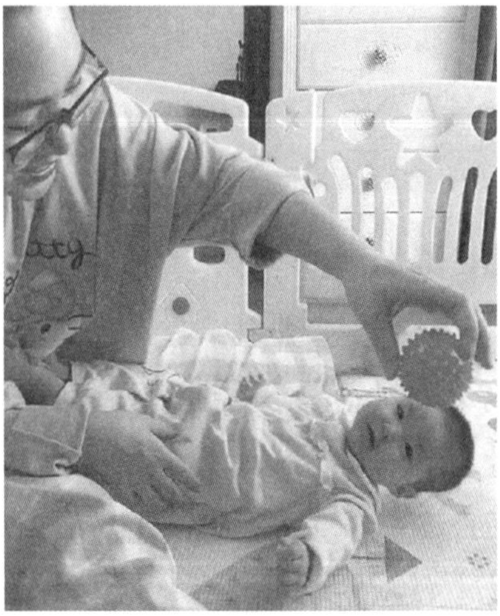

图 6-4　追视红色小球

2～6 个月，可以通过玩以下三类游戏促进婴儿视觉发展。

（1）视觉追踪游戏。

用声音或动作吸引婴儿的注意，使婴儿的目光随着物体的移动而移动（图 6-4），或使婴儿的视线从一物转移到另一物上。如母亲在床的右侧同婴幼儿讲话，父亲突然出现在床的左侧并且鼓掌，婴儿就会转移视线去看父亲；再如，观看一个球从桌子的一侧滚到另一侧，观看快速行进中的汽车，观看天空中正在飞的鸟，从而发展婴幼儿的追视能力。活动时间不宜过长，一般在 3 分钟以内。

① 活动视频“照镜子”，图 6-3、图 6-6 由张来新及其女儿张凯琪倾情提供。

相关视频

红色是婴幼儿非常喜爱的颜色，因此可以用红色小球吸引婴幼儿的注意力，发展其追视能力。扫描文旁二维码观看5个月婴儿“追视红球”的视频。①

（2）藏猫猫游戏。

妈妈蒙住自己的脸，婴儿以为妈妈消失了，一会儿妈妈把遮脸布拿开，婴儿再次看到妈妈会很高兴（图6–5）。这个游戏让婴儿愉悦的同时可以促进其观察力的发展，为之后获得客体永久概念奠定基础。

（3）扩大视野的游戏。

家长扶住婴儿腋下举起来，让婴儿面向窗外，轻轻举起，再轻轻放下，如此反复（图6–6）。这个游戏可以让婴儿体验到与躺着完全不同的视野，获得愉悦的心情。

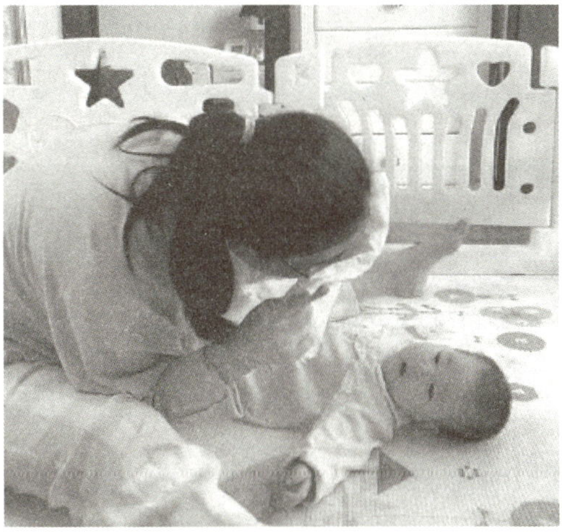

图6–5　玩藏猫猫游戏

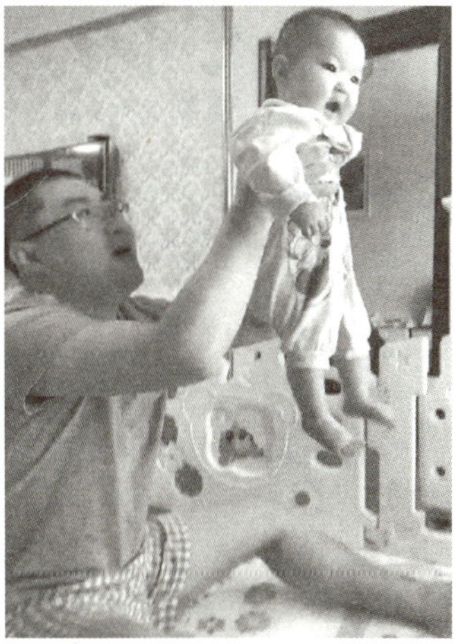

图6–6　扩大视野游戏

6~9个月时，随着婴儿身体动作的发展，活动范围逐渐扩大。可以在婴儿视线之外放置能够发出声响的活动玩具，婴儿听到声响之后用眼睛追踪或直接爬过去拿到玩具，训练婴儿寻找、追踪已经移出视线以外的玩具。还可以结合语言与动作玩照镜子游戏，让婴儿背部靠在家长胸部，坐在家长膝盖上，边照镜子边说：“宝贝在哪儿呢？”“宝贝在这儿呢！”“这是谁啊？”“这是宝贝！”让婴儿照镜

① 活动视频“追视红球”，图6–1、图6–4、图6–5、图6–24由吴俊莹及其女儿倾情提供。

子找自己，有多次照镜子经验之后可以为婴儿指认五官名称，如“这是鼻子”“这是嘴巴”“这是耳朵”等。

10～12个月时，可以引导婴儿认识基本颜色。需要注意的是，颜色是较为抽象的概念，要给婴幼儿足够的时间慢慢理解，通常准确的识别一种颜色需要3～4个月，切记不要同时向婴儿介绍两种颜色，容易给婴儿造成混乱。之后可以进行辨认颜色的活动。

1岁半的时候，应该引导幼儿分辨红、黄、黑三种颜色。可以指导幼儿玩按颜色取物的游戏，第一阶段，家长将三个形状相同，颜色不同的积木放在一起，让婴幼儿依据颜色这一标准取拿积木，例如说“请将红色的积木拿给我”。第二阶段，家长可以选择形状不同、颜色也不同的三块积木，让幼儿根据颜色和形状两个标准选出一个积木，例如说“请将红色的正方体拿给我”。第三阶段，家长可以选择三种不同颜色的不同物体，如黑色的小汽车、黄色的球和红色的仿真蔬菜，让幼儿根据物体的名称和颜色取物，例如说“请将黑色的小汽车拿给我”（图6–7）。

对于两岁半的幼儿，应该在其认识红、黄、黑的基础上，培养他们学会认识绿、白、蓝等基本色，并且反复练习。

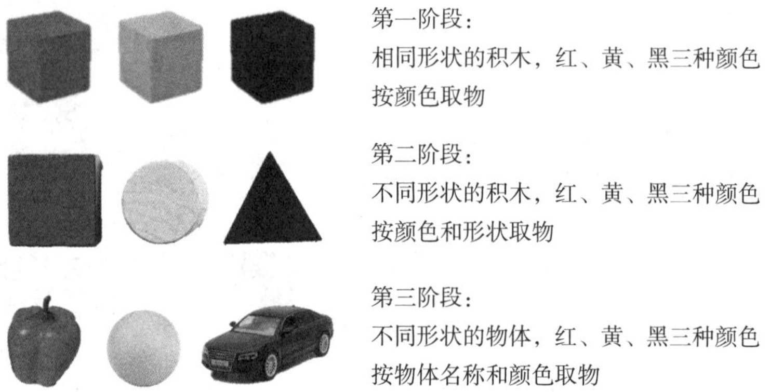

图6–7 认识颜色游戏

2. 触觉训练

对新生儿的触觉训练主要是给予触觉刺激，提升其触觉敏锐度。当新生儿睡醒时，用手轻轻触摸他的脸、双手、全身皮肤，洗澡后为新生儿做全身抚触（图6–8）；也可以借助抚触球给新生儿按摩或让其自行抓握抚触球（图6–9），引导新生儿用手触碰面前的悬挂物体，引起抓握反射，以促进其早期认知能力的发展。

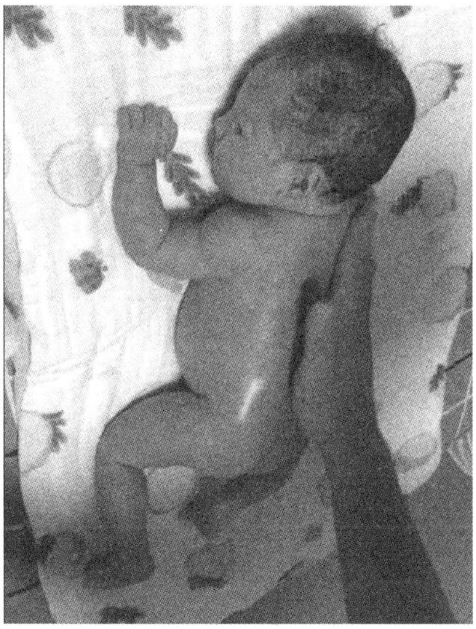

图 6–8　全身抚触

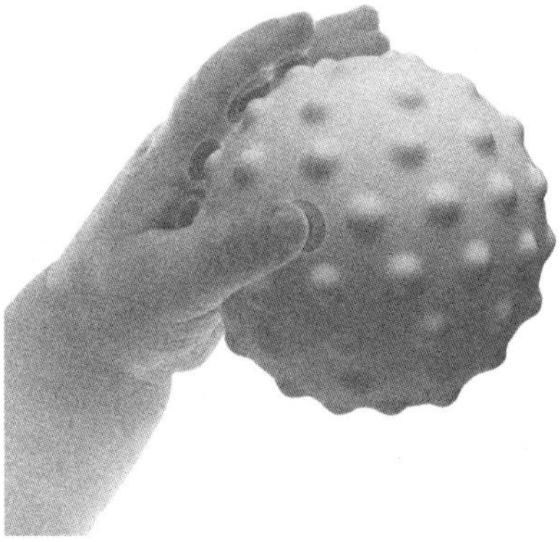

图 6–9　抓握抚触球

对 1～6 个月的婴儿，可以准备不同材质的材料，如柔软的布料、毛线球，稍硬的硬纸盒、塑料制品，坚硬的木制生活用品等，让婴儿多触摸、多感受。在婴儿触摸不同质地物体的时候，告诉他物体相应的特性，如“这是软的”，“这是硬的”，使婴儿将感觉和语言表达结合起来，综合地理解客观事物。7～12 个月的婴儿开始爬行，在爬行的过程中会对可触及的所有物体产生想要把玩的兴趣和欲望。因此，这一时期要注意为婴儿创设一个可以随意地探索和触摸的家庭环境，将存在安全隐患的物品收放在柜子里或放置在婴儿触及不到的地方并装上安全锁（图 6–10），为有棱角的家具安装防撞角和防撞条（图 6–11），防止婴儿在探索的过程中出现危险。

图 6–10　抽屉锁

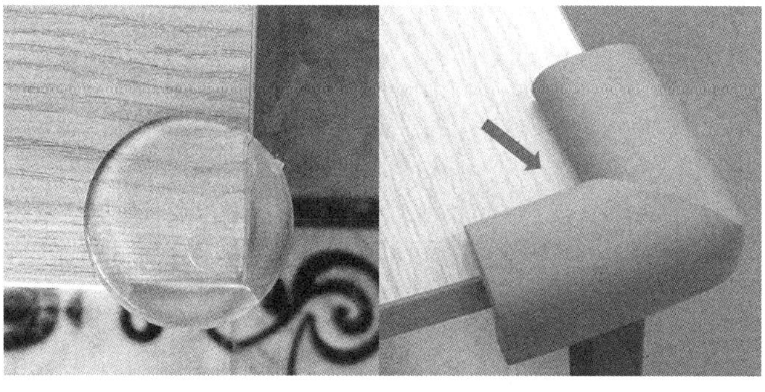

图 6–11　防撞角和防撞条

1 岁半之后，可以为幼儿提供冷、热、软、硬不同温度和质地的物体，让其感受温度的区别，并尝试说出相应感觉的词语。可以借助“神秘袋”，把不同硬度的东西放在一个布袋里，让幼儿去触摸，说出材料的质地和物品的名称。还可以玩

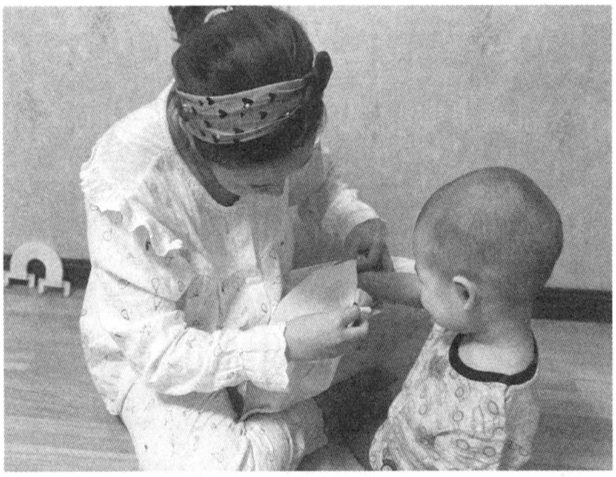

图 6–12　摸“神秘袋”

猜摸几何图形游戏：第一阶段，将幼儿已经认识的几何图形，如圆形、方形、三角形的图板放在一个布袋里，让幼儿用手去摸，判断是什么形状，取出确认图形后进一步感知图形特点；第二阶段将幼儿不太熟悉的几何图形，如长方形、椭圆形等放在布袋里，让幼儿用手去摸，辨别其形状，并说出它像什么物品，如椭圆形“像鸡蛋一样”，长方形“像冰箱一样”（图 6–12）。

对于 1.5～2 岁的幼儿，可以充分利用生活中常见的低结构材料促进其感知发展，如沙、水、大米、白面、豆子等，借助这些材料可以玩沙游戏、玩水游戏、“和面游戏”（图 6–13）等。家长可以和幼儿一起玩沙子游戏，运沙子、堆城堡、在沙上画画等等。初步感受沙子的质感之后，家长要为幼儿准备玩沙道具，如塑料小铲子、小铁锹、小桶等，进行更高层次、更复杂的游戏（图 6–14）。玩沙、水、面等材料不仅可以丰富幼儿的触觉感知经验，还可以锻炼幼儿的手部肌肉，培养情趣，激发婴幼儿的创造力与想象力。①

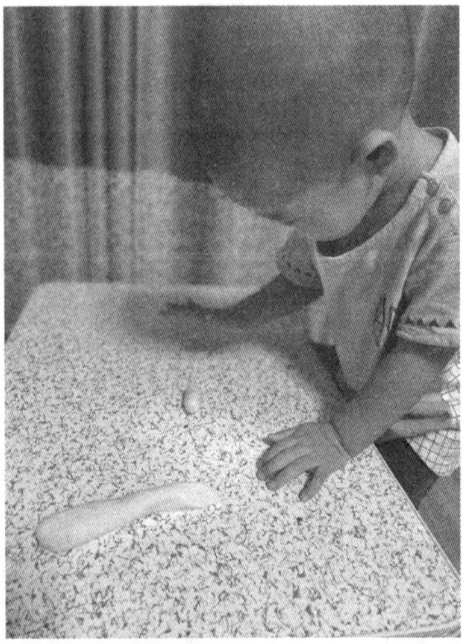

图 6–13　玩面

图 6–14　借助工具玩沙

3. 嗅觉训练

0～6 个月时，可以和婴儿玩闻气味的游戏。家长用生活中常见的有淡淡气味

① 图 6–12、图 6–13、图 6–17、图 6–26 由曹宇坤及其儿子篠篠倾情提供。

的物品，如有淡淡香味的花朵、牙膏、香皂等物品，掠过婴儿的鼻子前面3次。稍微大一点的时候，可以让婴幼儿闻一些味道稍浓的气味，如陈醋的酸味、稍浓的香水味等，但如果婴儿表现出不喜欢就要立刻停止。

从幼儿2岁左右开始，可以逐渐提升闻一闻游戏的难度。需要准备各种不同的水果及相应图片、眼罩，家长先摆出香瓜、菠萝、苹果、香蕉等水果，让幼儿明确他们的名称。第一阶段，家长说出水果名称，幼儿指出是哪种水果；第二阶段，幼儿戴上眼罩，家长随机选择一个水果，拿给幼儿闻，请幼儿说出水果的名称；第三阶段，让幼儿依次闻所有的水果，用图片与水果配对，最后打开眼罩确认结果。

2.5～3岁的幼儿语言表达能力与理解能力都有了很大提升，因此，可以借助特定的故事情境进行嗅觉游戏。例如，玩“森林警察”游戏时，家长为幼儿准备一个森林警察头饰，为自己准备一个动物（熊）头饰，5个不透明的塑料瓶（里面分别装上花椒、香菜、葱、苹果、菠萝或其他有气味的食物）并贴上小偷的图片，与瓶中所装食物匹配的卡片。幼儿扮演森林警察，要帮助熊老板（家长）找到偷东西的小偷，把被小偷偷走的东西按照卡片的位置摆放回熊老板的货架上。幼儿需要通过闻味道判断是哪种食物，借助故事情境，可以使嗅觉活动更加有趣生动活泼，激发幼儿参与的积极性。

4. 听觉训练

家长可以和0～1岁的婴儿玩“忽近忽远”的游戏，培养婴儿感受声音远近和强弱的能力。宝宝坐靠在妈妈怀里，或躺在床上，爸爸拿着录音机（或手机）播放节奏明快的音乐，或者晃动带响的玩具，在婴儿面前逗引，将婴儿的注意力吸引过来之后，逐渐将声源拿开，边走边说：“声音远了！”又渐渐拿近，说：“声音近了！”反复进行。

充分利用家庭中常见的物品促进2～3岁幼儿听觉的发展。例如，准备2～3个不透明的空瓶（图6–15），里面装上不同材质的东西，如豆子、棉花、小石头等物品（图6–16）。让幼儿摇动瓶子，感受不同材质发出的不同声音，激发幼儿探究欲望的同时，促进幼儿听觉感受力的提升。

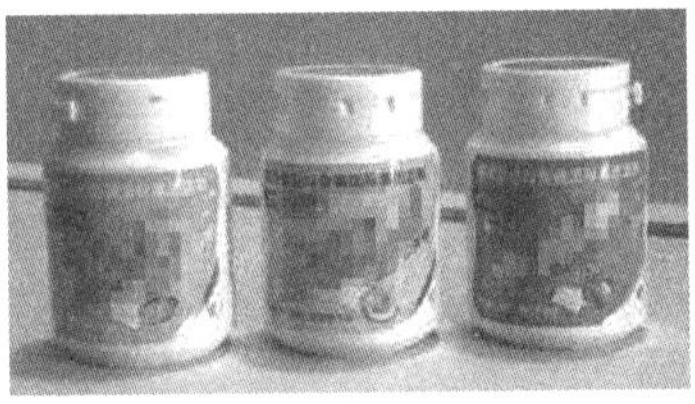

图6–15 废旧空塑料瓶

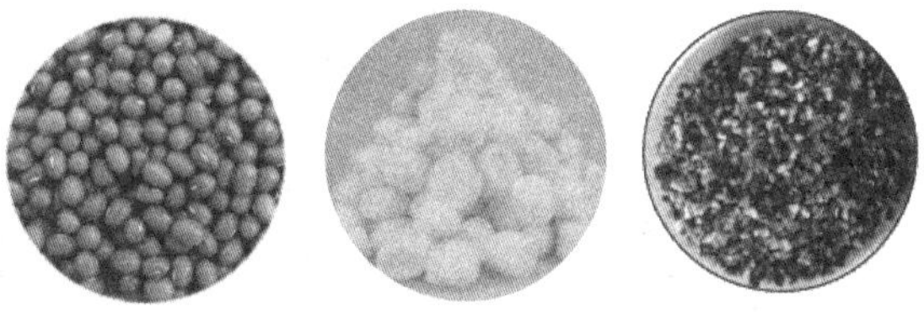

图6–16 绿豆、棉花、小石子等材料

5. 感知觉家庭教育中常见的问题

（1）敏锐察觉婴幼儿视力异常现象，及时就诊。

家长在日常生活中要多注意婴幼儿的视力是否有异常，如果出现以下情况，需要及时到医院就诊：婴儿到三四个月时仍不能和妈妈视线相对；头总是歪向一边视物，脸时常侧着；看图片、电视或画画很吃力，常常揉眼睛；视物时总是眯起眼睛；早产儿及有家族遗传眼病的婴幼儿。

（2）敏锐察觉婴幼儿听觉障碍现象，及早干预。

正常婴幼儿的听觉强度为0～20分贝，听觉强度在20～40分贝为轻度听觉障碍，40～60分贝为中度听觉障碍，60～80分贝为重度听觉障碍，80分贝以上为极重度听觉障碍。出现听觉障碍的婴幼儿听不清楚他人说话，只能根据说话者的面部表情、唇部动作，结合当时的情境猜测说话内容。家长要尽早发现婴幼儿的听觉障碍，为其及早配戴助听器，进行听力语言康复训练，婴幼儿就有机会像正常幼儿一样成长。

（3）在安全的前提下，为婴幼儿提供触觉刺激的机会。

一方面，由于受空间环境的制约以及家长对孩子的过度保护，在城市生活的婴幼儿的活动空间往往局限于家庭之中，很少有机会直接感知外面的世界，严重阻碍了婴幼儿感知觉的发展，因此，家长应在有限的空间内为婴幼儿创造丰富的触觉刺激的机会。家长可以在婴幼儿出现手的探索时，为婴幼儿提供丰富的感知材料，如毛茸茸的布偶、大小不同的圆球、不同形状的积木、粗糙的麻布和柔软的棉布等。当婴幼儿能够爬行后，要仔细检查家中物品有无安全隐患，然后让婴幼儿尽情地探索。学步后，家长应让婴幼儿尽量接触大自然，感受地上的泥土、盛开的花朵、飘落的树叶，这些刺激对婴幼儿的触觉发育非常有帮助。

另一方面，感知觉的发展需要建立在安全卫生的基础之上，在让婴幼儿尽情探索之前，家长需要保证所处环境的安全性，把过于尖锐的和其他任何可能危及婴幼儿安全的物品收好，确保婴幼儿的安全；在探索的过程中，家长也需要在旁边保护婴幼儿的安全。

（4）敏锐察觉婴幼儿感觉统合失调现象，及早干预。

感觉统合是指大脑对个体从视、听、嗅、味、触、前庭、本体等不同感觉通路输入的感觉信息进行选择、解释、联系和统一的神经心理过程。感觉统合失调则是大脑不能对输入的感觉信息进行正确的操作，出现混乱或异常行为。具体有视觉功能统合失调、听觉功能统合失调、触觉功能统合失调、前庭觉功能统合失调、本体觉功能统合失调等。感觉统合失调的婴幼儿会表现出平衡性差、肢体动作不协调、注意力不集中、好动等问题。因此，家长要敏锐地发现婴幼儿的感觉统合失调问题，轻者可以由家长在家通过举高高、走平衡木、“搭飞机”等有针对性的游戏训练感觉统合能力，如果较为严重则需要到专门的医疗机构进行康复训练。

（二）促进婴幼儿记忆发展的家庭教育

1. 0～1岁婴儿记忆力的培养

对于1岁以下的婴儿，家长可以借助“神秘袋”来玩“摸一摸，猜一猜”的游戏，培养婴儿的记忆力。游戏前，家长需准备一个“神秘袋”，放入图画书、玩具小汽车、水杯等婴幼儿生活中常见的物品，游戏时家长先将所有的物品摆出来让婴幼儿看一看，并尝试用肢体动作或声音表示出是什么物品。然后将所有物品放在“神秘袋”中，让婴幼儿触摸物品，猜出是什么，最后取出物品验证答案，以此锻炼婴幼儿的记忆力。

2. 1～2岁幼儿记忆力的培养

接近2岁时，幼儿的记忆再现能力逐渐发展，能用行动表现出最初的回忆能力。因此，可以通过“找图片”的游戏训练幼儿的记忆力和最初的观察能力。游戏前家长需要准备幼儿熟悉的物品或动物的图片4张，游戏可以分两个阶段进行。第一阶段，家长先将图片摆放出来，让幼儿记住都有哪些动物或物品，然后要求幼儿闭上眼睛，家长悄悄拿走一张，让幼儿睁开眼睛后找出哪一张不见了；第二阶段，家长将4张图片正面朝上整齐摆放让幼儿识记，然后立刻将图片倒扣在桌面上，让幼儿凭借记忆找出哪张图片在哪个位置上。为增加幼儿游戏的积极性，游戏过程中家长和幼儿可以互换角色。

3. 2～3岁幼儿记忆力的培养

2岁后，幼儿记忆能力继续发展，家长可以通过综合性游戏训练培养其记忆力，如“选工具”游戏。游戏前家长准备一些幼儿适用的家庭常用小工具，如剪刀、小锤子、螺丝刀、小尺子、小钳子等，家长先逐一拿起每一种工具，告诉幼儿它的名称和用途。例如：“这是小钳子，可以用来夹紧东西；这是小尺子，可以用来量长度”等。给幼儿时间识记后，家长为幼儿创设问题情境：“我要在墙上钉个钉子，应该选择哪个工具呢？”“我有一块木板，现在我们需要把它分成两块，应该选择什么工具呢？”等，引导幼儿尝试解决。该游戏不仅可以提升幼儿的记忆力，同时可以促进幼儿的综合认知能力的发展。也可以充分利用生活中的事物培养婴幼儿的观察力和记忆力。如结合本地情况借助不同季节的图书、衣帽、用具等，与婴幼儿讨论季节，分清冬夏或春秋。例如，寒冷的冬天，家里用暖气和空调取暖；出门时穿上棉衣，戴上帽子、手套。可以滑雪、堆雪人、打雪仗。炎热的夏天，家里用空调或电风扇降温；人们穿短裤，吃冰激凌，去游泳等。由于已有经历四季的经验，3 岁左右的幼儿一般都可以分清冬夏，这一阶段可以引导婴幼儿在日常生活中认识了解自然。

（三）促进婴幼儿思维发展的家庭教育

1. 0～2 岁婴幼儿思维能力的培养

思维的发展在感知觉、记忆等认识过程发展之后，大约在 2 岁时幼儿思维开始发生。对于 1 岁左右的婴幼儿，可以借助“我们是一家”的积木分类游戏，在引导婴幼儿动作操作的过程中，帮助其积累关于数学分类的感性经验，为思维的发展奠定基础。游戏前，需要准备各种颜色的大积木或大粒木质串珠，游戏过程中选择形状、颜色各异的积木，由家长和婴幼儿共同进行分类游戏。第一阶段，按积木的颜色分类；第二阶段，按积木的形状分类；提升婴幼儿对色彩和形状的辨识能力，帮助婴幼儿获得关于集合概念的感性经验。

2. 2～3 岁幼儿思维能力的培养

2 岁幼儿的逻辑思维能力主要体现在对应事物的能力。可以借助“动物宝宝开饭了”游戏，让幼儿将相应事物对应起来，培养他们的配对能力，进而促进幼儿逻辑思维能力的发展。游戏前准备小猫、小狗、小兔子、鱼、肉骨头、胡萝卜图片各一张；游戏时，家长出示小动物的图片，让幼儿说出名称后摆放整齐，然后把所有食物的卡片交给幼儿，家长说：“开饭了！”，请幼儿在小动物的下方摆放上它们最喜欢的食物。第一阶段准备幼儿熟悉的动物和对应的食物；第二阶段准备一些生活中不常见的小动物，在讲解后让幼儿配对。这类游戏在提升幼儿逻辑思维能力和记忆力的同时，也可以丰富幼儿的知识经验。

图 6–17　婴幼儿在玩拼图

对 2.5～3 岁的幼儿，可以借助拼图游戏积累方位感的相关知识经验，这将对未来学习图像思维的几何知识提供帮助。第一阶段，准备 1 张图片切分成 4～9 块的拼图，选择的拼图背景尽量是幼儿喜欢的人物或玩具，让幼儿凭借记忆力和想象力将图拼好

（如图 6–17）；第二阶段，逐渐提升拼图的复杂程度，准备 1 张图片切分成 9～16 块的拼图，引导宝宝提升拼图策略，先将中间的部分按方位拼好，然后再拼图的四边和四角。

数概念的获得有利于婴幼儿思维的发展。3 岁左右的幼儿可以借助纸牌游戏进行数概念的培养，如“看牌识数”游戏。游戏前准备扑克牌红桃、梅花、方块、黑桃四个花色的 1～5 号牌，共 20 张，并准备一盒积木，第一阶段任意取一张牌，让幼儿说出是几，并取出相同数目的积木，即按数取物；第二阶段给幼儿同一种花色 1～5 张牌，让幼儿按数的大小顺序排列，让幼儿熟悉数字的排列顺序；第三个阶段可以将 4 种花色的 20 张牌放在一起，让幼儿以此找出 1～5 各 4 张，使幼儿了解尽管图样不同，但数字代表的含义是相同的，让幼儿了解数的实际意义。

（四）促进婴幼儿注意发展的家庭教育

1. 营造有助于集中注意力的环境，避免不必要的刺激干扰

婴幼儿几乎会吸收所有自己看到的、听到的、感受到的东西，将其内化为自己认知结构的一部分。在一个安静温馨的环境中成长的婴幼儿情绪稳定，处事沉着稳重；如果生活环境凌乱散漫，婴幼儿也容易受到这种环境的影响，养成急躁缺乏耐心的性格。因此，良好家庭环境的创设有助于培养婴幼儿的注意力。

首先，为婴幼儿创设良好的物质环境。一是家长应为婴幼儿的房间选择明度高、色彩淡雅的墙纸，过于华丽的装饰或复杂的条纹都会打破房间的安静感，不利于婴幼儿集中注意力；二是家长不要给婴幼儿买过多的玩具。目前独生子女家庭仍较普遍，很多家长对孩子宠爱有加。有时孩子的房间就是一个玩具城堡，玩具种类和数量都数不胜数。当孩子面对众多玩具时，注意力很难集中在一个玩具上，常常玩一会儿这个，玩一会儿那个，最后所有的玩具都翻出来了，哪个都没能认真玩。因此，家长心中应有购买玩具的原则，即为婴幼儿购买感兴趣并符合其年龄特点的玩具，同样功能的玩具尽量不重复购买。同时，制定游戏规则，同一时间只能取出一两件玩具，不能所有玩具同时玩。

其次，为婴幼儿营造良好的精神环境。一是当婴幼儿从事某项活动时，家长要保证环境尽量安静，不要在旁边大声说话，也不要掺杂个人意见，一会儿说这样一会儿说那样，以免婴幼儿注意分散，注意力下降。如果婴幼儿习惯了嘈杂的声音，就很难对小声音集中注意力，婴幼儿长期注意分散，容易导致做什么事都特别容易厌倦，进而养成散漫的性格。二是为婴幼儿制定日常生活规则，对活动内容提出具体要求，并以身作则，共同遵守。例如，要在饭桌上吃饭，吃饭的时候不能看电视，要在规定的地方游戏，什么时间应该睡觉，什么时间可以看电视，一次可以看多久等。要做到吃饭时间关掉电视，为婴幼儿营造安静而温馨的进餐氛围。有的家庭总是喜欢开着电视，一到家就把电视打开，无论家人在做什么，电视都在播放，这样很容易导致婴幼儿注意力分散，养成边吃边玩、边看边玩的坏习惯。规律的生活、良好的生活习惯既有助于婴幼儿身体健康，又能帮助其形成良好秩序感和专注力。

2. 充分利用各种游戏，促进婴幼儿注意力的发展

（1）0～1 岁婴儿注意力的培养。

对于 4～5 个月的婴儿，可以通过追视纸飞机的游戏提高其注意力。用鲜艳彩色纸折几个纸飞机（彩纸颜色要尽可能鲜艳，色彩对比较为明显），拿起一架红色的纸飞机向宝宝展示，然后帮婴儿握着纸飞机轻轻飞走，增加婴儿的参与感，吸引婴儿的注意力，随后问婴儿：红飞机飞到哪里去了？让婴儿指指看，再换不同颜色的纸飞机重复上述步骤。

培养接近 1 岁婴儿注意力的首选游戏是玩球游戏。家长和婴儿面对面坐着，将球从一人身边滚到对方身边，这时婴儿的视线会随着球移动，可以很好地锻炼婴幼儿的追视能力（图 6–18）。此类游戏对于 1 岁左右婴幼儿皆适用。

图 6–18　11 个月的婴幼儿和妈妈玩球

（2）1～2 岁幼儿注意力的培养。

对于 1.5～2 岁的幼儿，可以开始尝试拼图游戏，并随着年龄的增长逐渐增加拼图的数量与难度。要求幼儿耐心地坐下来，将边边角角的卡片进行对比，长时间集中注意力，不断思考与尝试拼接的方式。拼图不仅是训练幼儿注意力的典型游戏，而且拼图成功可以提升幼儿的成就感。

相关视频

皮球是婴幼儿阶段游戏的重要道具，婴幼儿可以借助皮球玩多种游戏。例如，视频短片中呈现的滚球游戏，该游戏可以发展婴幼儿手眼协调能力，同时可以增进亲子关系。扫描文旁二维码观看亲子游戏视频“玩球”。

对于接近2岁的幼儿，可以借助“对对看”的纸盒游戏锻炼幼儿的注意力。游戏前家长准备一个纸盒，在纸盒表面挖4个大小不同的圆形小洞，再用硬纸板剪出与纸盒表面小洞相应大小的圆片，涂上鲜艳的颜色。游戏时，先由家长为幼儿演示，分别比较圆片和纸盒上圆孔的大小，然后按照不同的大小将圆片一一放入纸盒中。之后递给幼儿小圆片，鼓励幼儿尝试找到其对应的小孔，引导幼儿借助大小和颜色的线索完成一一对应的任务，培养幼儿注意的稳定性。

（3）2~3岁幼儿注意力的培养。

2~3岁的幼儿可以尝试各种建构游戏和块数更多的拼图游戏。例如，积木、积塑、拼插玩具等。在搭积木的过程中，婴幼儿需要仔细观察每一块积木的造型，需要一点一点地完成作品，对婴幼儿的耐力、观察力、专注力都是很有帮助的。

任务二　0~3岁婴幼儿语言发展与家庭教育

0~3岁的婴幼儿正处于语言快速发展时期，从牙牙学语到模仿表达，再到独立表达，为其未来语言发展奠定了母语基础。家庭环境是婴幼儿语言发展最重要的环境，父母是孩子最佳的语言老师。了解婴幼儿语言发展的特点，帮助婴幼儿获得规范的、准确的、文明的、富有美感的口语对家长来说至关重要。

一、0~3岁婴幼儿语言发展的特点

语言中枢成熟的顺序决定着婴幼儿语言行为的发展顺序。脑科学研究证实，位于大脑半球后部的听觉中枢发育较早，因此婴儿的听音、辨音能力和对词意最初的理解能力的发展，早于发音能力和表达能力。当语言单位积累到一定数量，口腔的协调动作能力发展到能发出语音的时候，婴儿才可以开口说话。语言智力高的婴幼儿在发展过程中会表现出对语言发音、语言节奏以及语调的强烈好奇心和敏感性。

根据 0～3 岁婴幼儿语言系统的发展和语言运用能力的发展水平，可以将婴幼儿语言发展概括为三个阶段：前言语阶段、语言发生阶段和基本掌握口语阶段。

（一）婴儿前言语阶段及其发展特点（0～1 岁）

0～1 岁的婴儿处于语言发展的前言语发展阶段，也称言语准备期。这一时期的前言语交流将会为最终出现的单词和最初真正的语言交流奠定基础。

1. 简单音节阶段（0～3 个月）

第一，语音的接受阶段。相关研究证实，在生命初期，婴儿就拥有许多令人惊异的能力，如语音知觉。脑科学研究表明，语言理解区域的髓磷脂鞘化要比语言发音区早 6 个月完成，也就是说，婴幼儿的语音发展要经历先理解后发音的过程，因此，出生后表现为听觉较敏感。另一个特点表现为婴儿对倾听语音感兴趣，即辨别语音的能力，婴儿尤其对语音速度缓慢、语调高度夸张的话语形式，如“妈妈语”感兴趣。出生一个月左右的婴儿能够对熟悉的声音和不熟悉的声音给出明显不同的反应。事实表明，刚出生几个月的婴儿就会对家长的话音刺激十分敏感，会报以微笑或手脚动作。

第二，语音的产生阶段。婴儿在最初发声阶段发出的声音是哭声，婴儿用哭声表达他们的需要，随着婴儿声道生理结构的成熟，他们开始用不同音调的哭声来表达他们不同的需要。但很快他们就会偶然发出“哦哦、啊啊”等声音。2 个月左右的婴儿会发出简单的音节，且多为单音节，包括韵元音和较少的声元音，如 a、ai、ei、ou 等，这种发音属于反射性发音，无实际意义。世界各地的婴儿在 3～6 个月时开始牙牙学语，发出类似言语的声音，由于先天的成熟、听到他人言语的经验、有练习的机会、听到自己的声音等因素，确保了婴儿牙牙学语的产生。

2. 连续音节阶段（4～9 个月）

4～9 个月的婴儿经常发出连续的音节。当成人对婴儿给予社会性刺激时，他们会通过发出声音做出反应，这种反应体现出从单音节发声逐渐过渡到两个音节发声的过程，发音内容多以辅音和元音结合的音节为主，如 pa-pa，da-da，但所发出的声音并无实际意义。6 个月左右，婴儿开始能够感知不同的语调，并做出相应的反应，例如，对微笑、恼怒的语调会做出微笑、紧张、害怕的反应，对陌生的声音会做出仔细聆听的反应。8 个月左右能够听懂简单的词、手势和简单的指令，对指令的理解具有情境性，即婴儿对家长言语的理解是基于当前事件和环境的背景之中的。例如，当家长把婴儿放进餐椅，拿着婴儿的餐具，面带微笑的说

"宝贝，我们吃饭喽！"婴儿就可以结合情境和家长的表情、语调理解这句话的含义。

3. 学话萌芽阶段（10~12个月）

10~12个月的婴儿语言发展处于开口说话的萌芽时期。这一阶段的婴儿发出不同连续音节的频率明显升高，如a-ya-ya，a-ba-a-ba等。出现近似于词语的发音，如ge-ge，ba-ba，a-i等。此时婴儿尝试模仿成人说出第一批词，如哥哥、弟弟、袜袜等。通过话语反应判定法得知，这一阶段婴儿开始理解一些简单的成人语言的实际意义，但在语音表达方面存在显著的个体差异。这时的婴儿会通过家长的语调和表情理解语言，一个肯定的语调意味着"你真棒"；一个严肃的表情意味着"不可以"。当问到婴儿身体的某些部位时，他们便会用手指出，当让他们说"欢迎"时，他们会拍拍手，让他们说"再见"时会挥动手。婴幼儿的语言交际功能就此开始发展。

（二）幼儿语言发生阶段及其发展特点（1~2岁）

语言是婴幼儿接受知识、认识世界的工具，是思维发展的基础。经过1年的准备期，1~2岁的幼儿开始进入口语发展的快速时期，此时的幼儿出现"命名爆炸"现象，掌握了最初的单词。这一时期，随着幼儿身体动作的发展、认知水平的提高、活动范围的扩大，幼儿的语言逐渐丰富起来。

1. 单词句阶段（1~1.5岁）

（1）词汇的掌握。

在10~13个月时，婴幼儿的语言表达出现了最初的单词。在这之前婴幼儿已经能够理解一些单词，通常情况下，婴幼儿对词汇的理解常常早于表达。婴幼儿最早学会的单词是那些他们自己能够施加影响的事物，即那些对他们来说显得比较突出、熟悉和重要的事物，如家庭成员、动物、交通工具、玩具、食品、突出的身体部位、衣着和常用生活用品。他们倾向于掌握处于中等抽象或概括水平的名称，例如，相对于概括水平较低的"长毛垂耳狗"和概括水平较高的"动物"这两个概念，婴幼儿更容易掌握"狗"这一中等概括水平的词。因为这一类抽象概括水平的词，在生活中更有助于他们应对环境，也就是说，在生活中，将狗与其他动物区分开来，比将长毛垂耳狗与其他种类的狗区分开更重要。

（2）词汇的数量。

在婴幼儿词汇发展进程中，多数婴幼儿最初的词汇发展进程缓慢，但在18个月左右会发生单词学习的骤然增长，出现"词汇骤增"现象，也称为"命名爆炸”，在一项个案研究中，一名16个月的幼儿一周之内就习得了44个单词。这一阶段的幼儿平均每天习得9个新词汇，且持续整个学龄前期。具体表现为：先前婴幼儿已经发现事物都是有名字的，而这一时期则是无休无止地询问这些事物的名称，乐此不疲。但通过麦卡锡交流问卷的数据得知，婴幼儿早期词汇数量的掌握存在显著的个体差异，因此，在对婴幼儿进行语言家庭教育时，要注意个体差异，避免“一刀切”，严格对照婴幼儿语言发展阶段进行教育，因材施教。

（3）词义的表达。

这一阶段的婴幼儿主要通过单词句来进行表达。刚学习一个新的单词，婴幼儿很难像成人一样，准确地表达与词义相同的物体或事件。会表现出以下三个特点。

第一，指代错误。表现为词义过度扩大，单词常常被扩大到用于指在感知上或功能上与该词正确指代的对象相似的对象，例如，婴幼儿会认为“猫”不仅仅指猫，还指狗和松鼠。

第二，词义理解偏差。表现为词义过度缩小，例如，婴幼儿会认为“猫”即是指家里的猫或窗外趴着的那只猫，而不是一般的猫。但词义理解过度扩大的婴幼儿最终必会缩小指代范围，词义理解过度缩小的婴幼儿也必然会拓宽指示范围，这是婴幼儿语言发展的必经阶段。

第三，单词含义丰富。相比于成人的词语表达，婴幼儿的单词句试图传递的信息更复杂，更缺乏稳定性和一致性。婴幼儿对单词的使用，不仅可以用来指代某个事物，语义也会随着情境的变化而变化，例如，“球”可以表示“那是球”，也可以表示“我想要球”“球掉了”等含义。

2. 双词句阶段（1.5~2岁）

18个月之后，幼儿口语表达的积极性逐渐高涨，他们的单词句开始结合为双词句，有时甚至有更长的表述。由于这一阶段幼儿的话语十分像电报，具有“电报语”的性质，因此也被称作“电报句”阶段。这一阶段的语言发展有以下特点。

第一，词汇类型的掌握。幼儿倾向于再现言语中那些在语调上读得最重的词汇，通常是名词、动词、形容词，而省略那些在交流中读的较轻、较为不重要的词汇，诸如连词、介词。开始能够理解并运用一些表达抽象意义的词汇，如“高兴”和“生气”或“不高兴”。

第二，语言的理解。幼儿对语言的理解逐渐摆脱具体情境的制约，理解能力不断提高。具体表现为喜欢听成人反复讲同一个故事，并且能简单地复述大意。

第三，出现“拒绝表达”。幼儿的第一个反抗期出现在语言表达的自主性和反抗性上，这一阶段的幼儿常常会对成人的指令说“不”，常用“不”字表示拒绝。

第四，表达的模仿性。这一阶段的幼儿开始模仿周围成人的话语。在模仿的过程中，幼儿不断重复使用语言，在使用中将语言内化，这是幼儿学习语言的典型方式。

第五，表达的创造性。这一阶段幼儿言语表达的一个重要特征就是创造性。从产生句子开始，便出现一些不可能是模仿成人的创造性建构话语，这种话语的首创性表明幼儿的语言表达并不是完全源自于模仿成人的话语，而是会根据某种规则创造语句。

（三）幼儿基本口语掌握阶段及其发展特点（2~3岁）

到3岁的时候，幼儿基本能够掌握口语表达，能够运用完整的句子。这个阶段，幼儿运用语言进行表达的意愿增强，词汇的掌握迅速增长，语言逐渐成为幼儿社会交往的工具。这一阶段幼儿口语发展表现出以下特点。

第一，基本句型的掌握。在幼儿掌握口语的初级阶段，经常使用的句型主要有简单句和疑问句，在生活中能够运用多种简单句句型。疑问句逐渐增多，2岁左右是幼儿产生疑问句的阶段，2岁3个月左右是幼儿疑问句的急速发展时期，常见内容主要有“谁？”“在哪里？”“怎么了？”“为什么”等方面。随着语言技能的熟练和认知水平的发展，2岁半左右幼儿的口语表达中开始出现多词句和复合句。但这一时期的复合句多为两个或多个简单句的松散组合，缺少连词以及正确的语法。

第二，出声的自言自语。这一阶段的幼儿常常会出现出声的自言自语的现象，它是从外部言语过渡到内部言语的一种言语形式。这种现象经常出现在以下两种情况：一是在游戏的过程中，幼儿一边做各种游戏动作，一边用语言补充和丰富自己的行动，例如，在绘画活动中幼儿会用语言来补充不能画出的情节；二是当幼儿遇到问题或困难时，或表现困惑、惊喜时，找到解决办法时，幼儿常常会用言语表现内心活动。2岁半以后，幼儿言语调节能力逐渐增强，自言自语的现象逐渐减少，开始进入“语法爆发期”。

第三，词义的理解。这一阶段的幼儿基本上能够理解成人所用的句子，对词的概括性理解水平逐步提高，对某些词汇的理解表现出直接性和表面性。此外，3岁左右的幼儿开始能够理解方位词所指代的方位概念。例如，上、下、里、外等。

表 6-1 0～3 岁婴幼儿语言发展阶段

阶段	年龄范围	社会技能
前语言阶段	0～1 岁	言语在婴儿的啼哭中产生；能够感知和产生最初的语音；在牙牙学语中模仿元音
言语发声阶段	1～2 岁	开始能够理解并运用单个词；注意力能指向物体的名字；出现“词汇骤增”现象。伴随着认知发展需要，语言也得到发展
基本口语掌握阶段	2～3 岁	逐渐获得词法和句法，掌握基本句型；进入“语法爆发期”；用出声的自言自语进行思维；对词义的理解容易出现偏差

二、促进婴幼儿语言发展的家庭教育

大量研究表明，婴幼儿语言发展具有一定的规律性和阶段性，虽然由于个体差异的原因，不同婴幼儿达到某一阶段的时间不完全一致，但发展的顺序和阶段是一致的。0～3 岁婴幼儿的语言教育主要在家庭中进行，因此，作为婴幼儿的第一任老师，家长的教育行为对婴幼儿语言发展具有深远影响。只有家长掌握了婴幼儿语言发展的规律，树立正确的教育观念，明确婴幼儿语言发展的任务，才能保证婴幼儿语言的高质量发展。

（一）为婴幼儿创设适宜的语言环境，促进婴幼儿语言发展

语言的发展包括听、说、读、写四个方面。听和读是婴幼儿理解语言的过程，属于输入信息；说和写是语言表达的过程，属于输出信息。无论是理解还是表达都需要良好的语言环境作为发展的支撑。因此，良好的语言环境是婴幼儿语言发展的充分必要条件，为婴幼儿创造多听、多看、多说的机会，激发婴幼儿语言学习的兴趣。

1. 营造婴幼儿喜欢听的氛围

第一，家长要积极主动同婴幼儿讲话，激发婴幼儿听他人讲话的兴趣。脑科学的研究证实，婴幼儿语言发展要经历先理解后发音的过程，当婴幼儿的大脑受到语言的刺激时，可以在大脑留下记忆的痕迹，为日后的信息加工打下基础，使婴幼儿能迅速、准确地掌握语言。因此，父母应主动与婴幼儿进行交谈，尤其母亲是婴幼儿学习语言最优秀的老师。有些家长不主动与婴幼儿交谈，他们认为即使说了，婴幼儿也听不懂，自言自语说话看起来会很奇怪，也十分无聊，这些观念不仅错误，而且不利于婴幼儿语言的发展。

家长在给婴儿喂奶、换尿布、洗澡、哄睡、换衣服时，都要不断地与婴儿对

话，描述当前在做的事，刺激婴儿语言的发展。例如，在婴儿睡醒时，用温柔的语调说：“宝贝，你醒了，睡得好吗？”“宝贝，天黑了，我们睡觉吧。”既可以给婴儿以听觉刺激，还可以促进亲子交流。讲话时，视线要和婴儿相对，要让婴儿看到家长说话的口型，增强婴儿的视觉判断能力，尽早建立语音听觉和语言视觉之间的联结。随着婴幼儿对语言表达兴趣的提升，要注意增加婴幼儿的词汇量，从耳朵不断积累词汇开始，让婴幼儿听到丰富的词汇。4个多月的婴儿可以识别自己的名字。6个多月时婴儿开始知道这个名字代表它自己。因此，家长要用一个固定的名字呼唤婴儿，帮助婴儿将名字的呼唤和自己相关联，建立自我意识。

第二，家长要注意语言表达的规范性。日常生活中，家长的语气、态度、行为举止都是婴幼儿学习语言的模仿对象，生活中的各种情境都可以成为其学习语言的良好环境。因此，家长在与婴幼儿互动时要尽量说标准的普通话，运用科学的、儿童化的、趣味性的语言，表情要丰富、有童趣、夸张，情绪要饱满、易懂，发音要准确，注意语言使用的净化、美化、规范化，进而培养婴幼儿的语言美。同时，要注意为婴幼儿筛选试听材料，避免内容低俗的动画片，家长也要避免粗俗的日常用语，以免这些低俗的语言信息对婴幼儿产生消极影响。

2. 创设婴幼儿愿意说的机会

当婴幼儿发出声音时，家长要及时给予回应，及时的反馈会唤起婴幼儿表达的兴趣和积极的情绪情感。无论在哪儿，在做什么，都可以随时交流。家长要积极主动创设与婴幼儿互动的机会，激发婴幼儿参与语言互动的积极性。在婴幼儿从单词句向完整句表达的过渡阶段，会说一些不成句的单词，这时家长要注意正确理解这些单词句的完整含义，通过倾听、理解、展开和示范的方式来回应婴幼儿。例如，在特定情境中，当婴幼儿说“爸爸”时，家长要理解出婴幼儿的完整意思是“爸爸在吃饭”，然后回应婴幼儿“爸爸在吃饭，是不是？”，让婴幼儿感受完整的表达，并引导婴幼儿继续回应对话，激发婴幼儿说话的欲望。2岁开始，幼儿开始经常问“为什么？”“这是什么？”等问题，这时家长要简洁准确地回答婴幼儿的提问，既要保证回答的科学性，又要兼顾艺术性与童趣，家长不能表现出敷衍与厌烦，否则会伤害婴幼儿表达的欲望和探究的好奇心。家长回应婴幼儿简单句的方式如下。

（1）展开式——展开婴幼儿的单词句和电报句。

幼儿：“小狗吃。”

家长：“是的，小狗在吃东西。”

（2）扩充式——对已有信息进行补充。

幼儿："小狗吃。"

家长："是的，小狗在吃东西，小狗饿了。"

（3）平行交谈式——描述婴幼儿的行为。

幼儿："小狗吃。"

家长："是的，小狗在吃东西。你正在给小狗喂食物。"

（4）垂直交谈式——提出问题以丰富谈话内容。

幼儿："小狗吃。"

家长："是的，小狗在吃东西。它会不会想喝水？"

3. 创设婴幼儿喜爱阅读的环境

早期阅读是指家庭通过为婴儿提供与视觉刺激有关的材料，如图书、图片、多媒体、标志等，让婴幼儿接收有关材料的信息，在观察、思维、想象等基础上对材料内容进行初步理解和语言表达，发表自己的观点、见解或倾听父母讲述的一种认知过程。

第一，家长要树立科学的阅读观。一是0～3岁早期阅读意味着家长要与婴幼儿共同开展亲子阅读活动；二是通过图画书教育婴幼儿，让他们获得乐趣是最重要的，即亲子阅读的本质在于分享阅读的快乐。

第二，家长要为婴幼儿创设自由、宽松的阅读环境。1岁左右，家长就可以为婴幼儿准备固定的阅读地点，如阳台、客厅、书房等采光、通风、温度适宜的地方；为婴幼儿准备柔软舒适的靠垫，保证阅读场地干净整洁、舒适（图6–19）；准备适合婴幼儿高度的书架（图6–20）；选择适宜婴幼儿年龄特点的图画书。阅读

图6–19　阅读环境

材料的选择上，应该为 0～1 岁的婴儿选择材料安全环保，不怕撕、可以咬的图画书，结合视听触等多感官的布书、发声书或硬纸板材质的图画书（图 6–21、图 6–22）。为 1～2 岁幼儿选择题材简单、贴近生活的阅读材料，这一阶段可以为幼儿选择一些帮助其养成良好生活习惯的图画书，如《小熊宝宝》（图 6–23）。2～3 岁幼儿图画书的选择要结合幼儿的兴趣需要与爱好倾向，选择重复性较强，语言富有节奏韵律，形象生动有趣的图画书。

图 6–20　婴幼儿书架

图 6–21　布书

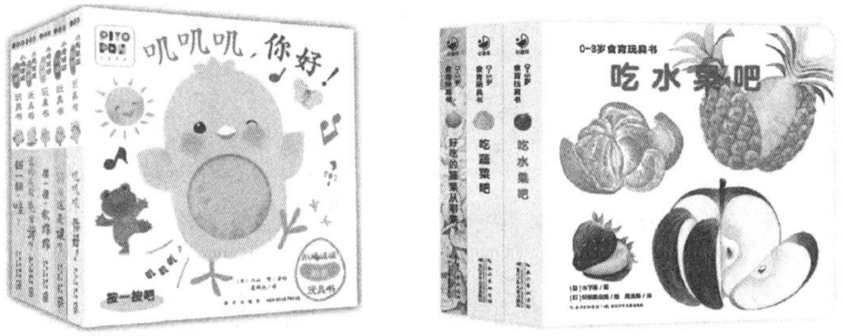

图 6–22　硬纸板洞洞书

图 6–23　习惯养成类图画书

第三，0～3 岁婴幼儿的早期阅读需要家长的参与和陪伴。家长要积极主动地为婴幼儿读书，注意朗读技巧，如停顿、重音、语调、颤音的使用。在表现角色愤怒、紧张、警告时，高声调；在自信、坚决、赞扬、祝愿等有感情的表述中用降抑调；在夸张、强调、特别惊异的句子里使用曲折调。通过富有感情的讲解、抑扬顿挫的语调，让婴幼儿体会到语言的魅力，感受到父母的爱。对于小月龄的婴儿来说，更重要的是体会坐在爸爸妈妈怀里玩书的乐趣（图 6–24）；对于稍大一些的婴幼儿，家长要用手指着图书讲故事，语速尽量放慢、吐字清晰（图 6–25）。家长可以穿插一些提问，例如，“图片上有什么？”“图片上都有谁啊？”“他们在做什么呢？”等，引导婴幼儿思考，启发其表达感受和疑惑，活跃婴幼儿思维，理解故事，增加亲子阅读过程中的有效互动。①

图 6–24　与 5 个月婴儿亲子共读

图 6–25　与 11 个月婴儿亲子共读

图 6–26　与 1.5 岁幼儿亲子共读

（二）充分利用游戏活动，促进婴幼儿语言发展

0～3 岁婴幼儿语言的学习，经历从被动语言到主动语言两个阶段。1 岁左右的婴幼儿处于被动语言时期，1 岁半到 2 岁是过渡时期，2 岁左右是语言表达的主动时期。因此，家长要根据不同年龄阶段婴幼儿语言的发展特点，借助各种语言游戏促进婴幼儿语言发展。

1. 0～1 岁婴儿家庭教育的语言游戏

（1）0～3 个月婴儿语言教育的重点是通过家长与婴儿的互动，刺激其语音的

① 图 6–2、图 6–8、图 6–18、图 6–25 由李冠霖及其女儿李未倾情提供。

发生。

出生第一个月的婴儿，适合听觉语言游戏，家长应尽可能多地与新生儿互动，主要目的是通过亲密接触增进亲子交流，促进婴幼儿早期听觉发展。人的声音，特别是爸爸妈妈的声音，对婴儿语言发展具有重要影响，因此，在最初的一个月要多与新生儿进行讲话、逗笑的互动。新生儿对妈妈的声音尤其敏感，妈妈可以轻轻地抱起新生儿，温柔、亲切地面对面讲话，可以讲爸爸妈妈对他（她）的喜爱、家人对他（她）的关怀与爱护，等等。也可以给新生儿听各种声音，如折纸的声音、翻书的声音、钟表嘀嗒的声音、铃铛摇晃的声音等，最好一边听一边给新生儿解释。家长在照料婴幼儿时，要不停地同婴幼儿讲话；还可以进行口唇游戏：家长张大嘴巴说话，伸舌头、让舌头在口内上下活动、咂舌、使口唇混合发声，婴儿会用口唇模仿成人动作。通过诱导发声为以后发音打基础，也可以念儿歌、讲故事，为其提供丰富的听觉语言信息。

婴儿出生第二个月，家长可以用亲切温柔的声音，面对婴儿发出单个韵母，或用一个能动、鲜红色的玩具或发声体逗笑婴儿，刺激婴儿发声。需要注意的是声音要柔和，不能太刺耳，否则形成噪声会有害于婴儿听觉统合的发育。

婴儿出生第三个月，家长可以对婴儿发出不同的声音，如亲切和蔼的声音、命令式的声音以及激动的声音等，使婴儿对不同的声音产生不同的反应。拖长单元音或连续的两个音，如“啊呜”，使婴儿能够尝试模仿成人的口型进行发音。还可以进行辨音游戏，在室内不同的方向发出声音，如摇动拨浪鼓、用筷子敲碗、搬动桌椅，观察婴儿是否会随着发出声音的方向转头。以此，训练婴儿的辨音能力，为下一阶段的语言发展奠定基础。

（2）4~9个月婴儿语言教育重点是引导婴幼儿连续发出两个不同的单音。

4个月时，可以在婴儿头顶上方悬挂一个发声玩具，婴儿仰卧在床上，让其手脚都能碰到玩具，家长一边逗弄婴儿，一边引导他蹬、抓和发声，激发婴儿将动作与声音进行联结的能力。

5个月的婴儿能够在听到自己的名字时做出反应。需要注意的是，家长要用固定的名字称呼婴儿，不要经常改名字，使婴儿无所适从，避免延迟反应时间。当婴儿听到名字并给家长反应时，要及时将婴儿抱起并亲吻，以示表扬。

6个月时，家长可以经常发出各种简单的辅音，如ba-ba（爸爸）、ma-ma（妈妈）、da-da（打打）、wa-wa（娃娃）等，让婴儿模仿发音。6个月左右的婴儿已经能够发出4~5个辅音。

对7个月婴儿的语言教育，一是要扩大婴儿语音范围，家长可以与婴儿玩玩具，并发出模拟玩具的声音，一边做动作一边引导婴儿模仿发声，如狗—汪汪，猫—喵喵，汽车—滴滴。二是要训练婴儿的语言理解能力，引导婴儿用动作对成人的语言进行回答或反应，如“欢迎”“再见”“谢谢”等动作。三是让婴儿明确“不”字的含义，这是因为7个月的婴儿活动范围扩大了，出于安全考虑，有些行为需要禁止，例如，妈妈指着热水壶对婴幼儿说：“烫，不要动！”并做出摇头、摆手的动作，同时拉着婴幼儿的手轻轻触摸杯子，轻轻离开，并轻轻拍打婴幼儿的手，示意他停止动作。

8个月左右的婴儿仍然不能发出清晰的语音，要进一步促进婴儿语言理解能力的发展，可以通过点头、推开等肢体动作表示对语言的理解。如在指向婴儿熟悉的物品时，问道：“宝宝要不要饼干？”让他推开表示不要，伸手或谢谢表示要。家长可以尝试用单音叠词表示日常生活活动，如“嘘嘘”表示要小便，“溜溜”表示要出去玩等。

9个月左右的婴儿可以开始进行亲子阅读活动。图画书对于婴儿来说是一种能打开合上、有鲜艳色彩的玩具，尽管他们还不懂故事所表达的意思，但他们非常喜欢成人陪伴阅读。家长应选择篇幅短小、朗朗上口的儿歌，色彩鲜艳、形象富有童趣、人物对话简短生动且多有重复的故事，用亲切的语调、丰富的表情、标准的口型和准确的动作为婴儿讲故事，家长应坚持每天给婴儿念儿歌、讲故事、看图画书。

（3）10～12个月婴儿语言教育的重点是理解语言并能够看家长的口形学习发音。

对于10个月的婴儿，家长要结合日常生活继续发展婴儿更多的手势语言，结合面部表情和肢体动作来表达含义，例如，要吃东西时“咂嘴巴”，要排便时能“蹲下”，想要大人拥抱时能够“伸出双手”等。此外，在婴儿能够正确理解语言的基础上，让他们学会遵从指令，例如，指着婴儿手中的玩具说：“请把它给我”，并鼓励他伸手将玩具递到家长手中。开始时，家长可以用手势或表情给予提示，强化婴儿的理解能力和正确反应。

对11～12个月的婴儿的语言教育，要鼓励他们用一个连音表示需要。丰富婴儿的词义联想，例如，“妈妈”，可以表示妈妈抱、妈妈拿饼干、跟妈妈玩等含义。在日常生活中，将生活中的重要他人与其称呼关联起来，逐步做到能够有意识地称呼3个以上的亲人。在进行生活活动时伴随语言刺激，如给孩子喂饭时说：“妈妈喂饭”；父亲陪孩子玩时说：“爸爸玩。”

2. 1~2岁幼儿家庭教育的语言游戏

1岁多的幼儿还只能发一些简单的音，但这一时期是幼儿理解语言并对语言产生兴趣的关键时期。家长可以与幼儿进行模仿动物叫声的游戏，在动物图片或动物玩具中选择幼儿比较喜欢的两三种，告诉幼儿动物的名称，模仿或播放动物的叫声，让幼儿模仿。1.5~2岁幼儿的语言教育侧重于建立语言与事物之间的联系。在生活中应多进行指认命名活动，不断增加其词汇量。还应培养幼儿尝试说自己的名字（小名），通过询问“你叫什么名字？”、照镜子、看幼儿自己的照片等活动，让幼儿将名字与自己联系在一起，使他知道自己的名字。还可以进行指认身体部位的游戏，家长问：“宝宝的鼻子在哪儿？”然后扶着幼儿的手让他摸摸自己的鼻子，说：“这是鼻子啊。”也可以借助镜子，家长拿着幼儿的手指着身体各个部位，一一告诉幼儿名称，让幼儿跟家长一起说。洗澡的时候，家长可以一边洗一边告诉幼儿身体各部位的名称。

1岁半的幼儿已经从单词句阶段过渡到双词句阶段。为了提高幼儿使用词汇的准确性，家长一方面要鼓励幼儿自己表述，多说一些含有名词、动词的双词句。如“宝宝喝水”“宝宝想要”等请求语，以及“我不要”“不喜欢”等否定语；另一方面要鼓励幼儿使用生活常用词汇。

对于1.5~2岁的幼儿，要鼓励他们准确地说出自己的、父母的、同伴的姓名。尝试用一个字词形容家庭成员，如“妈妈漂亮”“爸爸高大”“宝宝可爱”等。学会使用你、我、他等代词，例如，成人询问幼儿：“你几岁啦？”幼儿要回答“我两岁了”，而不是跟着大人说“你两岁了”。家长还可以同幼儿进行听话取物游戏，如“请你帮助我”，引导幼儿将词语与实物相联系。家长准备好玩具或幼儿熟悉的日常生活用品若干，将玩具或生活用品放在幼儿能取到的安全范围中，家长用浅显易懂、简单明了的语言描述出一个物品的特征，如“床上的红气球”，让幼儿根据描述做出判断，将物品取来。待幼儿顺利拿到物品送到成人手中时，成人要说“谢谢”并给予鼓励，可以尝试追问“这是什么？”，引导幼儿说出名称。

3. 2~3岁幼儿家庭教育的语言游戏

2岁以后幼儿一般能说出3个以上单词组成的句子，开始尝试说完整句，即包括主语、谓语、宾语的句子，如“我要去游乐场”“宝宝要睡觉”等。生活中，家长要鼓励幼儿使用生活中常见的简单、形象的形容词。

家长可以同2岁左右的幼儿玩角色扮演游戏。这一时期幼儿对爸爸妈妈的一举一动都会很留心，也愿意尝试模仿，喜欢玩过家家的游戏，所以最初的游戏场景即是娃娃家。可以让幼儿系上爸爸的领带、穿上爸爸的皮鞋，系上妈妈的围裙，扮演幼儿自己喜欢的角色。在角色游戏的过程中幼儿会使用特定的情境性语言。例如，“我要去上班”“我要去买菜”。随着幼儿生活经验的丰富，还可以加入医院游戏、超市游戏等场景，在获得语言表达机会的同时，有助于婴幼儿了解更多社会角色，丰富婴幼儿的认知经验。

2.5～3 岁的幼儿口语词汇量突飞猛进，能说出日常生活中大多数事物的名称，与大人交流基本没有困难，也开始提出更多的要求和问题。家长可以借助生活照片与幼儿聊天，家长可以陪伴幼儿观看出生以后的照片，如出生时的照片、学爬时的照片、会走路的照片、洗澡时的照片、玩玩具时的照片等，还有家庭成员的照片，同时结合照片与幼儿聊天。因为照片中都是幼儿熟悉的人，能够最大限度地激发婴幼儿讲话的积极性。还可以在去一个地方或做一件事之后讲见闻，如讲动物园里的动物、今天的天气、我和妈妈做蛋糕等内容。家长可以通过引导性提问帮助幼儿讲述见闻，例如，“什么时候？”“和谁？”“去了哪里？”“看见了什么？”“做了什么？”，启发幼儿做完整的表述。为了提升幼儿的辨音能力和记忆力，家长可以与幼儿玩“传递悄悄话”游戏，游戏时家长与婴幼儿围坐，家长将准备好的词或短语低声讲给身边的幼儿听，幼儿将听到的内容传递给下一个人，请最后一个人大声说出大家传递的词语或短语，第一个人公布正确的传话内容，可以轮换位置重复游戏。

3 岁左右的幼儿可以尝试念一些简单的绕口令、儿歌。儿歌一般比较短小，节奏鲜明，朗朗上口，易念易记易传，深受幼儿喜爱。为幼儿选择的绕口令或诗歌的内容一定是幼儿生活中常见的具体事物或场景，便于婴幼儿理解与记忆。如传统儿歌《排排坐》：排排坐，吃果果，你一个，我一个，弟弟睡着了，给他留一个。这首儿歌简单明快，用简短的语言和贴近婴幼儿生活的情境，告诉幼儿要关心他人。再如，绕口令《鞋子和茄子》：宝宝拿鞋子，看见大茄子，扔出破鞋子，拾起大茄子。该绕口令篇幅短小，内容生动具体形象，适合该阶段幼儿的理解能力。家长还可以为幼儿提供鞋子和茄子的图片或实物，帮助幼儿理解绕口令内容，当幼儿能发准韵母音“鞋”和“茄”时，就能基本念出这首绕口令。用幼儿喜爱的文学形式，可以最大限度地激发他们语言表达的兴趣和欲望，同时可以促进婴幼儿语言表达能力的提升。这一时期，一些幼儿对平翘舌和近似音的掌握不是很好，可以借助发音游戏，如《四和十》《老和袄》等。此外，还有常见的词句游戏，如问答歌。家长：“我来问，你来答，谁的鼻子长？”幼儿：“大象的鼻子长又长。”反义词问答游戏。家长：“我说粗。”幼儿：“我说细。”

（三）0~3 岁婴幼儿家庭语言教育需要注意的问题

1. 谨慎对待婴幼儿听力障碍问题

婴幼儿在游戏时会发生家长怎么叫都不回应的现象，这时有的家长会担心孩子是不是有听力障碍。听力障碍是指听觉系统中的传音、感音以及对声音的综合分析的各级神经中枢发生器质性或功能性异常，而导致听力出现不同程度的减退，表现为耳鸣、耳聋、幻听、听觉失认等。当婴幼儿出现对家长的呼唤不敏感等情况时，家长不要过于紧张，需要耐心地观察婴幼儿的日常表现。当婴幼儿在做一件自己喜欢的事时，因为注意力完全集中在当下，很可能对他人的呼叫没有回应。如果家长担心是听力有问题，可以在婴幼儿身后大叫一声，如果婴幼儿回头，就表示听到了；如果仍没有回头，家长可以带领婴幼儿到医院做听力检查。

2. 谨慎对待婴幼儿语言发育延后现象

有的婴幼儿到了该说话的年龄仍然不会说话，家长便会担心孩子的语言发展有问题，可先考虑以下原因：婴幼儿的口舌发育不完全，说得不好就会不愿意说；缺少语言表达的环境，家长与婴幼儿互动过少；家长太“聪明”，婴幼儿一个动作或一个单词，家长就知道他要说什么，孩子根本没有开口的必要，婴幼儿自然失去了学习语言的动力。如果是以上原因导致的婴幼儿不愿说话，只需要有针对性的互动即可。婴幼儿语言发展的速度存在差异，这属于正常现象。但是如果婴幼儿的语言发育出现以下情况时，很有可能是语言延后，需要接受专门的辅导与治疗。1 岁半的幼儿不能说出 6 个词语；2 岁左右的幼儿不能说出“吃饭”这样的简单短语，与 6 个月时水平相似；3 岁幼儿不能说出“去哪儿？”这样的简单问句。

3. 敏锐发现婴幼儿口吃现象，及时干预

幼儿在 2~4 岁时容易发生口吃的现象。口吃俗称结巴，表现为说话中不正确的停顿和单音重复，这是一种言语的节律性障碍。当出现这种情况时，家长不要过于紧张，需要明确出现口吃是婴幼儿阶段语言飞速发展中的一种常见的语言不流利现象，然后根据婴幼儿产生口吃的原因进行针对性教育。产生口吃现象的原因：一是生理性原因。由于婴幼儿的言语调节机能还不完善，造成连续发音困难，这时只需要等待婴幼儿言语调节机能成熟，通过练习即可恢复正常。需要注意的是家长切忌讥笑孩子，给孩子贴标签，或让孩子与善辩的孩子一起讨论问题，容易使婴幼儿获得习得性无能。二是心理性原因，可能是由于婴幼儿说话过于急躁、激动和紧张，2~4 岁幼儿口语表达不够流畅，又急于表达而导致的言语节奏障碍；当婴幼儿由于言语机能不成熟而出现口吃时，家长简单、粗暴而又急躁的处理方式也会加剧婴幼儿的紧张情绪，进而加重口吃；还有可能是婴幼儿出于好玩模仿口吃者，想要吸引成人的注意，导致口吃。家长应采用科学合理的办法帮助婴幼儿矫正口吃，包括为婴幼儿营造轻松、愉快的语言环境，耐心等待，解除婴幼儿的紧张情绪；婴幼儿说话时，即使他说的是很琐碎的事情，家长也要坚持耐心听完，不要打断；要提醒婴幼儿不要模仿他人口吃；引导婴幼儿不要急躁，慢慢说话；对于婴幼儿在语言表达过程中出现的进步给予及时的鼓励和强化，不要当着婴幼儿的面讨论口吃问题。

学习检测

一、选择题

1.（　　）的婴幼儿能够从复杂的背景中分辨出妈妈的脸，能够准确地再认妈妈，出现“认生”现象。

A. 1~3个月　　B. 5~6个月

C. 1岁　　D. 2岁

2. 新生儿的注意为（　　）。

A. 条件性定向反射　　B. 无条件的定向反射

C. 无条件非定向反射　　D. 条件性非定向反射

3.（　　）是指婴幼儿用一个单词表达成人用一个句子才能表达的意思。

A. 单词句　　B. 电报句　　C. 简单句　　D. 复合句

4. 1岁半至2岁的婴幼儿使用的句型主要是（　　）。

A. 单词句　　B. 电报句　　C. 简单句　　D. 复合句

5. 口吃俗称结巴，表现为说话中不正确的停顿和单音重复，这是一种（　　）。

A. 智力障碍　　B. 言语的节律性障碍

C. 情感障碍　　D. 精神障碍

二、简答题

1. 简述0~3岁婴幼儿视知觉发展的特点。

2. 列举0~3岁婴幼儿注意发展有哪些特征？

3. 结合实例说明如何促进婴幼儿思维发展。

4. 简述如何为0~3岁婴幼儿创设良好的语言环境。

5. 简述家长应如何应对婴幼儿口吃现象。

三、材料分析题

材料一：2岁的乐乐就快要上幼儿园托班了，可是最近他做事常常虎头蛇尾，很难专注地完成一件事情。例如，他刚刚在画画，不一会儿又要去玩平衡车，在看图画书时，常常不能一页一页地翻看，总是翻几页又去拿另一本，家长阻止，乐乐就会大哭大闹。

问题：请分析乐乐为什么会这样？作为家长应该如何帮助乐乐呢？

材料二：阳阳妈妈和老师在活动室外进行简单的交流，此时2岁半的阳阳在活动室里面玩。突然，阳阳从地上爬起来，拿着玩具向活动室外面跑，这个时候妈妈看到了，拦住阳阳问道："这是什么呀？""是……是……是……是……玩……玩……玩具，这……这……这……是我……我……的奥……奥……奥特……曼。"妈妈听了皱了皱眉头："再说一遍！"阳阳讷讷地看着妈妈。这是近期让阳阳妈妈最头疼的事情，阳阳1岁半的时候就能够流畅地表达，但是为什么到了2岁半，却结结巴巴了呢？

问题：为什么阳阳会结巴？请用婴幼儿语言发展相关理论帮助阳阳妈妈分析并解决这一问题。

实践体验

1. 设计一个适合2～3岁幼儿的家庭阅读环境创设方案，并为该年龄段幼儿选择5本适合亲子共读的图画书。

2. 观察一名0～3岁的婴幼儿，记录该婴幼儿与成人的互动过程，包括婴幼儿的面部表情、动作、手势以及口头语言回应。了解该名婴幼儿的语言发展状况。

单元七　0～3岁婴幼儿情绪与社会性发展及家庭教育

导言

个体情绪和社会性的发展程度会对人身心整体发展产生极其重要的影响。对于0～3岁的婴幼儿来说，积极的情绪状态和良好的人际关系、恰当的性别行为以及积极的亲社会行为能够使他们更好地融入社会，促进身体运动能力、认知能力的提高，并为良好个性的形成奠定基础。通过本单元的学习，你将获得促进0～3岁婴幼儿情绪与社会性发展的家庭教育的相关知识。

学习目标

1. 理解0～3岁婴幼儿情绪发展的特点。
2. 掌握促进0～3岁婴幼儿情绪发展的家庭教育策略和方法。
3. 理解0～3岁婴幼儿社会性发展的特点。
4. 掌握促进0～3岁婴幼儿社会性发展的家庭教育策略和方法。

内容导览

- 单元七　0~3岁婴幼儿情绪与社会性发展及家庭教育
  - 任务一　0~3岁婴幼儿情绪发展与家庭教育
    - 一、0~3岁婴幼儿情绪发展的特点
    - 二、促进0~3岁婴幼儿情绪发展的家庭教育
  - 任务二　0~3岁婴幼儿社会性发展与家庭教育
    - 一、0~3岁婴幼儿社会性发展的特点
    - 二、促进0~3岁婴幼儿社会性发展的家庭教育

任务一 0~3 岁婴幼儿情绪发展与家庭教育

很多家长会有这样的烦恼：婴幼儿一会儿高兴，一会儿生气，一会儿又伤心，情绪变换很快，让人摸不着头脑。有时家长询问孩子闹情绪的原因，孩子也很难清楚准确地表达出来，面对此类情况，家长们常常不知该如何处理。为了解决这个问题，我们有必要帮助家长了解什么是情绪，婴幼儿情绪发展的特点和相应的家庭教育方法。

一、0~3 岁婴幼儿情绪发展的特点

（一）什么是情绪

1. 情绪的定义

人类自出生起，在与他人和环境的相互作用中，就会对外界事物产生种种态度和体验，比如，遇到伤害我们的事情，我们会伤心难过；需要得到满足时，我们会高兴愉快；完成了有难度的任务，我们会兴奋自豪等。这些对客观事物是否符合需求、愿望而产生的体验及相应的行为反应就是情绪，它反映了我们的需要是否获得了满足。客观事物符合人的需求时，就会产生积极的情绪，如愉快、高兴、满意等，而当客观事物不符合人的需求时，个体就会产生消极的情绪，如厌恶、愤怒、伤心等。

2. 情绪的种类

人类的情绪多种多样，众多学者对情绪分类的研究结果并不一致，但公认有四种情绪是基本形式：快乐、悲哀、愤怒、恐惧。快乐是指期望的目标得以实现或需要被满足，或解除紧张时的情绪体验。比如，父母送了想要很久的玩具时的满足，作业完成时的愉悦等，都是快乐的情绪。悲哀是由于分离、丧失和失败引起的情绪体验，如亲人去世时的伤心，心爱的玩具完全损坏时的难过等。悲哀程度取决于失去的东西对个体的重要性和价值大小。愤怒指当愿望不能实现或为达到目的的行动受到挫折时引起的一种紧张而不愉快的情绪体验，如受到了不公平的对待时的气愤，玩具被其他小朋友抢走时的生气等。恐惧是指在面临某种危险情境，想要摆脱而又无能为力时产生的强烈压抑的情绪体验，如独自一人在黑暗无光的房间里的害怕等。这些情绪可以相互组合，派生出其他复合情绪，如忧郁、紧张、焦虑等。

3. 情绪的构成

研究表明，情绪由以下三个成分构成。当情绪产生时，这三个成分共同活动，构成一个完整的情绪体验过程。

（1）生理唤醒。

这是情绪在生理层面上的体现。当人处于某种情绪中，身体会自动发生反应，出现相应的生理变化，主要表现在呼吸系统、循环系统、消化系统以及内外分泌腺的变化上，中枢神经系统通过调节和整合生理变化，使主体适应这一突发状况。不同情绪会伴随不同的生理变化，如愤怒时，生理反应有脸色发红、身体出汗、胃部收紧、呼吸变快、心跳加速、头涨头痛、眼睛充血等。这些生理唤醒是个体基本上无法自控的，而且与不同的情绪体验之间的对应关系也是非常复杂的。

拓展学习

情绪生理唤醒的应用——测谎仪

当人的情绪不想让别人知道时，会尽力隐藏，但没有经过严格专业训练的人很难隐藏情绪产生时的生理唤醒。于是，有人将此应用到犯罪调查中，发明了测谎仪。为什么情绪的生理唤醒可以用来测谎呢？测谎仪的工作原理是怎样的呢？想了解更多内容请扫描文旁二维码。

（2）外部表现。

这是情绪在表达层面上的体现，主要包括面部表情、姿态、声音等外在情绪表现。人在愤怒时，会出现面部表情扭曲、坐立不安、咬牙握拳、双肩发紧等外在可观察到的表现。这些外部表现是表达思想、传递信息的重要途径，我们在日常生活中可以根据外部表现来观察和推测他人的情绪状态，了解他人所要传达的信息或意图。

（3）主观体验。

主观体验是个体情绪在认知层面上的体现。主观体验是当某一具体事件发生后，个体在情绪状态下的主观感受或认知判断，个体解释和评价自己的情绪，依赖于其认知发展水平和已有经验。所以，不同人对同样的事物可能会产生不同的情绪。

（二）0～3 岁婴幼儿情绪发展的特点

1. 0～3 岁婴幼儿情绪表达能力的发展

关于情绪发生的研究和理论众多，存在许多分歧，但学者们普遍倾向认为原始的情绪是进化来的，是天生的、不学而能的，也就是说孩子先天就有情绪反应。原始情绪反应与生理需要是否被满足直接相关。当婴幼儿生理需要被满足，比如吃饱了、排泄后、被妈妈温柔地拥抱等，就会产生愉快的反应（笑、四肢末端自由动作的增加，并且不僵硬），而内外部不舒适的刺激，如饥饿、过热过冷或疼痛等，则会引起婴幼儿哭闹等不愉快的情绪反应，刺激消失后，这种情绪的反应也就停止，代之以新的情绪反应。

对于婴幼儿的情绪究竟如何分化，也存在争议。但大多数学者认为，随着年龄增长，原始情绪开始逐渐分化，至于分化为其他情绪的具体顺序，各理论之间差异较大，这里不一一赘述。总之，原始情绪逐渐分化，2 岁左右就会出现各种基本情绪和多种复杂情绪，如羞耻、害羞等自我意识情绪以及内疚、蔑视等与社会相关的情绪。

2. 0～3 岁婴幼儿情绪识别能力的发展

婴幼儿的情绪识别能力首先开始于对他人面部表情的模仿。发展心理学家蒂法尼・费尔德的研究结果显示，当成人近距离地向新生儿展示惊奇、高兴、伤心 3 种表情时，新生儿能够在一定程度上精确地模仿。还有学者的研究显示，出生刚 2 天的新生儿就能模仿妈妈的高兴和悲伤的表情。这说明，新生儿已经具备模仿他人行为的能力。

图 7-1 视崖实验

随着月龄增加，婴儿开始可以区分成人的表情。有研究对 4～6 个月的婴儿呈现成人愉快、愤怒、中性的表情，结果显示婴儿关注愉快表情的时间长，这说明他们能够区分成人的表情，并且喜欢观看成人愉快的表情。另外，还有研究结果显示，7～9 个月的婴儿能够区分快乐、愤怒、恐惧的表情，所以，他们会根据母亲的表情调节自己的行动。比如，在心理学的“视崖实验”中，研究者发现，如果母亲表现出害怕，婴儿就不敢向前爬，通过视崖，如果母亲向他微笑，大多数的婴儿能够爬过视崖。随着年龄增长，婴幼儿对情绪识别的能力逐渐发展。

3. 0～3 岁婴幼儿情绪的社会化

婴幼儿初生下来的情绪都是与生理需要紧密相连的，但是，当新生儿降生后，就进入到人类社会环境中，和其他人相互交往，情绪逐渐与社会需要的联系越来越多，这就是情绪的社会化。婴幼儿基本情绪的社会性成分增加、出现母婴依恋的社会性情绪等是婴幼儿情绪社会化的核心内容。

（1）基本情绪的社会性成分增加。

这里主要涉及以下三种基本情绪。

婴幼儿的基本情绪首先是用哭来表达不愉快情绪。新生儿出生时就会哭，哭代表不愉快的情绪。据研究，婴儿通过哭的表情和动作反映出来的情绪，很早就有所分化，随着年龄的增长，更进一步分化。新生儿啼哭的主要原因是由于生理需要没有得到满足，有人认为，第一周新生儿主要因为饥饿、冷、裸体、疼痛、想睡觉等原因啼哭，之后递增其他原因，如中断喂奶、烦躁等。随着年龄增长，逐渐因社会需要得不到满足而哭，比如，由于认为自己没有获得应有的关注、提出某些要求没有被满足而哭等。

婴幼儿第二个基本情绪是用笑来表现的愉快情绪。婴幼儿的笑，比哭发生得晚，可分为以下三个阶段。

自发的微笑（0～5 周）：又称内源性微笑，是婴儿最初的微笑，它可以在没有外部刺激的情况下发生。自发的微笑常常在婴儿的睡眠中或困倦时出现，并且是突然出现，低强度的。这种微笑是反射性的，而不是社会性微笑。

无选择的社会性微笑（5 周～3.5 个月）（图 7-2）：在这一阶段，当成人面孔靠近，婴儿会主动报以兴奋的微笑和全身活跃，而当成人侧转时笑容消失。但这种笑并不是针对某个特殊个体（如母亲）的，他们几乎对任何面孔都笑，甚至对像面孔一样物体的刺激也会笑，这说明婴儿出现了最初的社会性微笑，但还不能区分不同人。

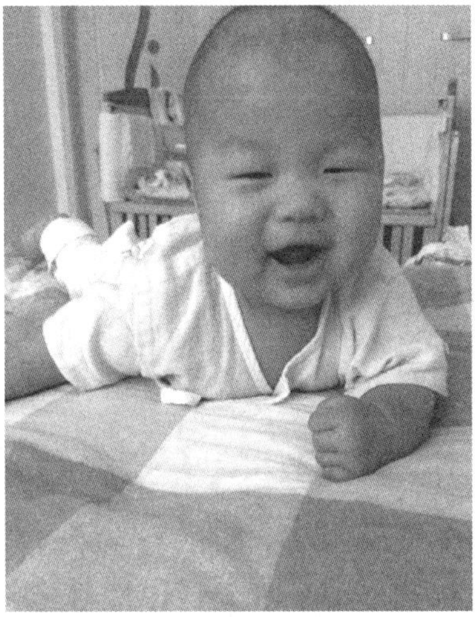
图 7–2　无选择的社会性微笑

有选择的社会性微笑（3.5 个月以后）：此阶段中，婴儿对不同人微笑的反应开始不同，他们对主要抚养者（如母亲）笑得最多，其次是对其他家庭成员和熟人，对陌生人笑得最少。这是有选择的社会性微笑，是真正的社会性微笑。

婴幼儿第三个基本情绪是恐惧。恐惧的发展也经历了几个阶段，逐渐与社会需要相联系。

本能的恐惧：恐惧是婴儿自出生就有的情绪反应。最初，恐惧不是由视觉刺激引起的，而是由听觉、肤觉、机体感觉等方面的刺激引起的，如刺耳的声音、皮肤受伤、身体位置突然发生剧烈变化、从高处摔下来等。

与知觉和经验相联系的恐惧：婴儿从4个月左右开始，出现与知觉相联系的恐惧。引起过不愉快经验的刺激，会激起恐惧。此时起，视觉对恐惧逐渐起主要作用。另外，由于深度知觉的发展，“高处恐惧”也随之出现。

怕生：所谓“怕生”，是对陌生刺激物的恐惧，比如陌生环境、陌生人等。怕生与依恋情绪同时产生，一般在6个月左右出现。婴儿对母亲的依恋越强烈，怕生情绪也越强烈。

预测性恐惧：由于想象的发展，2岁左右的幼儿出现预测性恐惧，如怕黑、怕坏人、怕怪物等。这些与想象有关的恐惧，多是由环境影响而形成的。随着语言的发展和思维水平的提高，成人可以通过讲解帮助孩子克服这些恐惧。

（2）出现母婴依恋等社会性情绪。

依恋是婴幼儿最初的社会性情绪，是情绪社会化的标志。它是指存在于婴幼儿与其主要抚养者（一般是母亲）之间的一种强烈而持久的情感联结。依恋关系在婴儿6～7个月时形成，主要表现为：婴儿将其多种行为，如微笑、牙牙学语、哭叫、注视、依偎、追踪、拥抱等指向母亲；最喜欢同母亲在一起，与母亲的接近会使其感到最大的舒适和愉快，在母亲身边能得到最大的安慰；与母亲的分离则感到最大的痛苦；因陌生人和陌生环境产生恐惧、焦虑时，母亲的出现会使其感到最大的安全；当饥饿、寒冷、疲倦、厌烦或痛苦时，婴幼儿往往首先寻找依恋对象，接近依恋对象的可能性要大于接近其他人。

良好的母婴依恋一旦建立，婴幼儿就会经常欢笑而少哭闹，情绪欢快、活跃并喜欢探索，喜欢摆弄物体，喜欢尝试接近新事物、新情景甚至陌生人。良好的依恋有助于婴幼儿形成积极、健康的情绪情感，养成自信、勇敢、敢于探索的个性，促进智力发展，形成乐于与人相处、信任人的基本交往态度。

因为母婴依恋是在婴幼儿与母亲的相互交往和情感交流中逐渐形成的，所以，母亲良好的教养可以促进良好依恋关系的形成。母亲的教养行为可以通过三个方面来加强母婴依恋：对婴幼儿发出的信号积极地应答；经常通过笑、说话、爱抚积极地表达情感；通过相互模仿、丰富环境、调整自己的行动以适应婴幼儿的行为节律而不是以自己的习惯强加给婴幼儿。

随着婴儿逐渐能分清生人、熟人，以及母婴依恋的建立，陌生人的出现便会引起婴儿的恐惧和焦虑，这种反应称之为“陌生人焦虑”。陌生人焦虑也是一种社会性情绪，一般在婴儿 6～8 个月时发生，比如，当一个 8 个月大的婴儿被妈妈抱在怀里，妈妈的朋友想靠近，他愣了几秒钟后，突然将脸埋在妈妈的怀里，表现出害怕的反应。

二、促进 0～3 岁婴幼儿情绪发展的家庭教育

情绪对婴幼儿的心理活动和行为具有强大的动机和激发作用，对婴幼儿的认识过程，也有着很大的影响，比如，当婴幼儿情绪放松愉悦时，思维最活跃，想象力最丰富。另外，婴幼儿时期的情绪发展会为未来情绪和个性发展奠定良好的基础。所以，家长需要从婴幼儿时期就注意培养孩子的积极情绪，帮助他们学会克服消极情绪，提升情绪调节的能力。

《托育机构保育指导大纲（试行）》中对 0～3 岁婴幼儿情感培养的指导建议提出，要观察了解每个婴幼儿独特的沟通方式和情绪表达特点，正确判断其需求，并给予及时、恰当的回应；与婴幼儿建立信任和稳定的情感联结，使其有安全感。根据以上建议，家长在家庭教育中可以从以下三方面着手促进婴幼儿良好的情绪发展。

（一）提高婴幼儿的情绪识别能力

1. 营造和谐、轻松的家庭心理环境

家长应该营造和谐、轻松的家庭心理环境，使婴幼儿处于愉快的情绪之中，同时获得安全感和信任感。研究证明，家庭关系不和谐、父母离异、家庭暴力等情况，易使婴幼儿产生恐惧、悲观情绪。

家长是婴幼儿情绪发展的重要环境因素。婴幼儿的情绪易受他人影响，所以，家长应该以身示范，可以通过不同方式描述自己的情绪体验，做出良好的情绪识别的示范。家长在日常生活中也要保持良好的情绪状态，为孩子树立良好情绪的榜样。

2. 通过绘本和游戏帮助婴幼儿感知自己和他人的情绪状态

优秀的绘本能够潜移默化地引导婴幼儿体验常见的情绪，帮助他们理解情绪和行为之间的关系，并向婴幼儿传授描述情绪的方式，包括直接判断、打比方等。比如，绘本《我不想生气》里描述生气：“当我生气的时候，我的肚子里像装着一个大火球，马上就、要、爆炸啦！”“当我生气的时候，我想使劲叫，使劲踢，使

劲跺、跺……”。再如，在阅读《大卫上学去》《大卫，不可以》的过程中，可以给婴幼儿表演绘本中的情节，展示人物的情绪反应，让婴幼儿慢慢了解自己的情绪状态，逐渐学会从他人角度考虑问题，并且学会从别人的语气、声音和行为等方面感受辨别情绪。比如因为老师批评他，他不高兴等等。

为了让婴幼儿更好地认识、描述自己和他人的情绪，家长还可以开展与情绪有关的游戏活动。

拓展学习

为了让大家更好地理解有关情绪的游戏活动，这里提供了一个案例供大家参考。扫描文旁二维码浏览亲子游戏“表情配配对”。

（二）发展婴幼儿的情绪表达能力

1. 家长准确表达自己的情绪，为婴幼儿提供模仿榜样

《家庭教育促进法》第十七条指出：“未成年人的父母或者其他监护人实施家庭教育，应当关注未成年人的生理、心理、智力发展状况，尊重其参与相关家庭事务和发表意见的权利，合理运用以下方式方法：……（四）潜移默化，言传与身教相结合。”由于婴幼儿的情绪模仿性强，所以，家长在孩子面前描述自己的情绪体验不仅可以帮助婴幼儿发展情绪识别能力，还可以为其提供表达情绪的模仿榜样，进而发展婴幼儿情绪表达的能力。

2. 接纳婴幼儿各种情绪的自然流露

家长要积极接纳、引导和鼓励婴幼儿进行情绪的表达，比如，每天都可以询问婴幼儿今天做了哪些高兴的事情，哪些事情让他觉得有意思（好玩）。通过问题中积极词汇的引导，使婴幼儿更多地回忆、表达积极情绪。

当孩子出现负面情绪时，家长更要理解、接纳，不要否认其负面情绪，应帮助孩子用语言或其他可以接受的形式合理表达自己的情绪，提醒孩子在表达负面情绪时不要伤人，要以肯定、表扬的方式及时鼓励婴幼儿在情绪表达上的进步。比如，孩子生病、身体不舒服，既有不愉快的感觉又要打针，这时孩子往往会哭闹。家长可以鼓励孩子将疼痛、不舒服的感觉表达出来，并表示理解，同时要表扬孩子，“虽然身体不舒服、打针很痛却还是坚持下来了，是很勇敢的孩子”，而不要说类似于打针不痛、打一针病就好了、不难受了等，这实质上是一种否认婴幼儿情绪和感受的语言，会使孩子以后不愿意表达或以不合理的方式表达。

（三）培养婴幼儿的情绪自控能力

1. 提前预防情绪失控的情况

在出行前或需要到某些场合时，提前对婴幼儿提出要求或规则，以防发生在不适宜的场合下情绪失控的情况。比如，去商场前和孩子说好购物清单，规定除此之外的物品不会购买；外出就餐前讲清楚用餐的礼仪，一定程度上可以避免孩子在公众场合出现不恰当的情绪和行为。还可以恰当地使用暗示和强化，预防消极情绪。比如，佳佳的妈妈就总是在外人面前肯定她，妈妈会说："我们家宝贝很坚强，摔倒了感觉疼却不哭。"佳佳就真的控制了自己的情绪。

2. 引导婴幼儿合理宣泄情绪

家长首先要理解和正确看待孩子发泄负面情绪的行为。对待婴幼儿负面情绪错误的做法有：打骂、恐吓、哄骗、取消权利、讲大道理、给孩子定性、贴上胆小或坏脾气等的标签。正确的做法应该是家长采取积极的教育态度，找到婴幼儿情绪激动的真正原因，发现情绪背后的需求和想法，及时给予安慰，引导孩子宣泄负面情绪，提供缓解情绪的物品等。不要让婴幼儿总是压抑情绪而无法表达，否则不良情绪压抑久了，积累下来会使得情绪失去控制。比如，孩子因年龄、能力限制做不到某些动作或活动时，会有受挫感，此时有些孩子会有摔玩具、打人、哭闹等反应，家长可以在等孩子平静一些之后，先蹲下来，面对面看着孩子，平和地说："妈妈知道你因为想做好，却没做到而难过，妈妈能够理解你，你愿意和妈妈说说吗？"等婴幼儿情绪完全平复了，再和他沟通合理表达情绪的方法，比如向父母、老师等亲近的人诉说，或者独自静静地待一会儿等等。

3. 恰当处理婴幼儿的情绪失控

0~3 岁婴幼儿的情绪调节能力较差，情绪往往不稳定，常会出现情绪失控、哭闹的情况，家长需要恰当处理这些情况，引导婴幼儿逐渐提高情绪调节能力。常用的方法有如下三种。

（1）转移法。转移法是指把注意力从产生消极、否定情绪的活动或事物上转移到能产生积极肯定情绪的活动或事物上来。例如，妈妈对哭泣的孩子说："这怎么有这么多水呢？正好妈妈渴了，我们来接水吧！"然后爸爸拿了一个杯子准备接孩子的眼泪，结果孩子就破涕为笑了。

（2）冷却法。当婴幼儿情绪强烈，与成人对立时，家长要让婴幼儿的情绪逐渐平静，使其尽快恢复理智，所以，不要“针尖对麦芒”，可以采取暂时不予理会的方法，等孩子冷静后，再和孩子对之前的事情进行梳理，让他反思一下，自己刚才的情绪表现是否合适、要求是否合理等等。

（3）消退法。有时婴幼儿出现消极情绪是为了吸引成人的关注，这时成人的关注就是一种强化、奖励，如果成人关注了，就会使消极情绪出现的概率越来越多。所以，面对这种情况，家长可以采取不予理会的方法。比如，有的孩子不吃饭、哭闹，就是想获得父母的关注，这时，家长可以在其他时间段增加陪伴孩子的机会，关注肯定孩子，而当孩子不吃饭、哭闹时不予理会，顺其自然。几天下来，婴幼儿就不在吃饭时哭闹了。

任务二　0~3岁婴幼儿社会性发展与家庭教育

个体的社会性发展水平一定程度上决定了个体是否能够较好地融入社会。0~3岁婴幼儿社会性发展处于初级阶段，其社会化程度还很低，但该阶段的社会性发展是未来个体社会化的基础。家庭是婴幼儿接触的第一个社会单位，对他们的社会性发展具有重要的启蒙和奠基作用。

一、0~3岁婴幼儿社会性发展的特点

（一）什么是社会性发展

社会性是作为社会成员的个体为适应社会生活所表现出的心理和行为，也是人们为了适应社会生活所形成的行为方式。

社会性发展是指儿童从一个自然人逐步掌握社会道德行为规范与社会行为技能，成长为一个社会人，逐渐步入社会的过程。新生儿只是具有人类生理结构的自然人，他们不具备社会属性。而个体的社会性就是在与外界环境相互作用的过程中发展起来的。外界的事物对新生儿来说，是陌生的。几个月后，婴儿就会对人有反应，喜欢观看人脸，随后出现“认生”现象。随着婴幼儿长大，神经系统逐渐发展、成熟，父母会在日常生活中不断教给孩子各种行为规则，于是，孩子会逐渐变得能够自控。之后，在老师的教育下，孩子渐渐接受更多的社会道德行为规范，并将这些道德行为规范作为行为的标准自觉地遵守。个体的社会性就是这般发展的。

（二）0~3 岁婴幼儿社会性发展的特点

婴幼儿社会性发展涉及以下三个方面。

1. 婴幼儿人际关系的形成

人际关系是社会性发展的基本内容。随着社会性的发展，0~3 岁婴幼儿的人际关系主要包括三方面：一是婴幼儿与父母的关系，即亲子关系；二是婴幼儿与教师的关系，即师幼关系；三是婴幼儿与同伴的关系，即同伴关系。

（1）婴幼儿亲子关系的发展特点。

俗话说："父母是孩子的第一任教师。"婴儿最初接触到的社会环境是供自己生存、成长的家庭环境，最初的社会交往是亲子交往，最初的人际关系是亲子关系。

拓展学习

亲子关系对婴幼儿发展的影响

亲子关系是婴幼儿未来其他人际关系的基础。亲子关系良好，孩子就比较容易与他人建立良好的人际关系，同时也有利于孩子智力的发展、个性的形成等。许多真实案件中的罪犯，其犯罪心理的形成根源大多是罪犯早期缺乏良好的亲子关系。心理学众多理论和实验均说明，亲子交往在婴幼儿身心健康发展中具有不可替代的作用。扫描文旁二维码，了解"亲子关系对婴幼儿发展的影响"的相关信息。

对婴幼儿来说，亲子关系最主要的特点就是与主要教养人形成依恋。在情绪部分我们已经了解了依恋是婴幼儿与其主要教养人（一般是母亲）之间的一种强烈而持久的情感联结。经过研究，依恋其实是一个毕生发展的系统，根据鲍尔比的研究，婴幼儿的依恋可分为四个阶段。

第一，无分化阶段。婴儿 0~3 个月时，主要活动就是对周围的人和事物进行探索。此时，婴儿对母亲的反应与对其他人的反应没有明显的差别，也就是说，对人的反应没有出现分化。

第二，低分化阶段。婴儿 3~6 个月时，在继续探索环境的基础上，开始能够区分熟悉的人和不熟悉的人。对熟悉的人，特别是母亲更加敏感。但婴幼儿对陌生人的态度还是友好的，没有出现排他性，所以，该阶段还没有形成真正的依恋。

第三，依恋形成阶段。婴儿从 6 个月左右开始，对偏爱对象（一般是母亲）

的亲近和接触与之前相比更加积极主动，婴儿的行为获得了“目标—矫正”性质，这是一种恒定的反馈倾向。孩子为了能够亲近和接触依恋对象，会更加仔细地调节自己的行为以适应成人的行为。因此，依恋行为的表达也更加复杂起来。

第四，修正目标的合作阶段。30个月之后，幼儿的自我中心减少了，逐渐能从母亲的角度来看问题，推测母亲的情绪和动机，并决定采用相应的行为和计划来影响母亲的行为。此时，亲子关系变得更加复杂，鲍尔比将之称为“伙伴关系”，即婴幼儿与依恋对象在计划上达到基本一致，具有合作的性质。

（2）婴幼儿师幼关系的发展。

随着时代和社会的发展，0～3岁的婴幼儿不再3岁之后才进入幼儿园与教师进行交往，而是在3岁前便可能来到早期教育机构接受多种形式的照管或教育。在这个过程中，婴幼儿必然要和教师（或其他照护者）有所互动、交流。所以，师幼关系逐渐成为0～3岁婴幼儿人际关系的重要部分。与其他年龄段的师幼关系不同，婴幼儿的师幼关系具有短期性、变化性和多样性的特点。

婴幼儿的师幼关系是指婴幼儿与教师之间的人际关系，在师幼关系中会发生各种形式、各种性质和各种程度的相互作用和影响。师幼关系对婴幼儿的环境适应发挥着重要的作用，对积极情感和社会性各方面发展具有不可低估的作用，并且通过影响婴幼儿的亲子关系和同伴关系对婴幼儿发展产生重大影响。

（3）婴幼儿同伴关系的发展。

同伴关系是指年龄相同或相近的儿童在共同活动中相互协作的关系。它是同龄人之间或心理发展水平相当的个体之间在交往过程中建立和发展起来的一种人际关系。同伴关系有利于个体社会性发展，对认知能力、自我认知的发展也有促进作用。

婴幼儿很早就会对同伴的出现及行为做出反应。3～4个月的婴儿有触摸和观望同伴的行为，在6个月的时候能微笑或牙牙学语。但以上这些行为并不是真正的同伴关系，他们可能只是把同伴当作物体玩具，行为大多是单向的。到1岁时，幼儿偶尔会用微笑和模仿对方来进行双向的交流。1～2岁时，随着身体运动能力和言语能力的发展，同伴关系变得复杂，双向交流变得更为常见，最显著的特征就是幼儿之间相互模仿。这个时期，幼儿在互动中深化同伴关系。2岁左右的幼儿开始运用语言来影响同伴的行为。

2岁以后，幼儿与同伴交流的最主要的形式就是游戏。相关研究结果显示，幼儿在游戏中的合作和互动随年龄的增长而增加。按照合作和互动从少到多的顺序，可以将游戏分为随心所欲的行为、旁观者行为、单独游戏、平行游戏、联合游戏、合作游戏。对于 0～3 岁的婴幼儿来说，他们所从事的主要游戏活动是比较简单的，如随心所欲的行为、旁观者行为、单独游戏和平行游戏。随心所欲的行为是指婴幼儿不是在做游戏，而是在注视偶尔碰到的引起其兴趣的事情，比如，看到一个好玩的玩具自己就摆弄起来。旁观者行为是指婴幼儿观看同伴的游戏，有时还与正在游戏的婴幼儿谈话，但自己并不参与游戏。单独游戏是指婴幼儿专心从事自己的游戏活动，彼此之间互不影响。平行游戏是指婴幼儿玩相同的玩具、相似的游戏，会有相互模仿的现象和少量的交谈，但他们仍是在独自游戏，相互间没有合作。

2 岁以后的幼儿同伴交流的另外一种形式是随机交往。幼儿每天有许多自由的活动时间与机会，他们可以和小朋友一起谈话、游戏等。幼儿之间的这种交往就属于随机交往。其最大的特点就是随意、随机、随便。这种交往有利于培养婴幼儿之间的感情，逐渐建立各自的社会小群体。

拓展学习

婴幼儿同伴交往类型

不同的幼儿在与同伴交往的过程中，其行为方式有很大的差异，同伴对他们的反应也有许多的不同。有的孩子提出的建议得不到响应，有的孩子却能“一呼百应”。所以，在幼儿同伴中间存在着不同的交往类型，即幼儿在同伴中有不同的社交地位。想了解“婴幼儿同伴交往类型”的更多内容请扫描文旁二维码。

2. 婴幼儿性别行为的发展

生物的性别有两种，一种是生理性别，另一种是社会性别。生理性别是指动物与生俱来的性特征，对人类来说，生理性别不会因种族、民族、地域或国别有所差别。社会性别则是后天形成的，通过社会实践的作用发展形成的男女性别的角色、行为和情绪情感等方面的特征。

（1）性别差异。

由于生理及社会因素的影响，男女之间确实存在某些性别差异。从目前的研究看，较明确的性别差异主要有以下几方面。

身体、动作和感觉发展的性别差异：女孩出生时身体和神经方面较发达，较早学会行走和达到青春期。男孩出生时肌肉发展较成熟，肺和心脏较大，对痛的敏感性较低。随年龄增长，男孩在需要力量和大动作技能的活动中占优势。男胎流产较多，男婴死亡率较高，对疾病、营养不良和许多遗传异常较敏感。

认知发展的性别差异：婴幼儿期女孩在言语能力上占优势，这种优势在中学阶段显著增长。这包括词汇、阅读理解和言语创造性。从10岁左右开始，男孩的视觉—空间能力领先，表现在两维或三维物体操作、读图和确定目标物等活动中。

社会性和情绪性发展的性别差异：男孩更多地成为攻击者和被攻击者，特别是身体上的攻击，即使在早期社会性游戏中也是这样。早在2岁时，女孩对于父母和其他成人的要求就有更多的遵从，男孩对成人指导的反应更为多样化。

其他发展问题的性别差异：男孩较女孩更易出现阅读困难、言语缺陷等学习问题和情绪问题。

（2）性别角色与性别行为。

性别角色属于一种社会规范，是对男性和女性行为的社会期望。男女性别由遗传造成，而男女在家庭生活和社会生活中扮演的角色，则是从婴儿起接受成人影响、教育的结果。儿童通过对同性别长者的模仿而形成自己这一性别所特有的行为模式，即性别行为。性别行为可以表现在许多方面，比如服装、行为举止等等。我们经常会听到婴幼儿说："女孩才穿裙子""小汽车是男孩玩的，布娃娃是女孩玩的"，这其实就是婴幼儿对性别行为的认识。

（3）婴幼儿性别行为的发展特点。

婴幼儿已有一些性别行为差异，这种差异明显体现在婴幼儿的游戏活动中。评价婴幼儿行为的"性别相符性"的最常见方法就是观察婴幼儿在游戏中的玩伴与游戏的内容。

婴幼儿对玩具的偏爱在很小的年龄就有了性别差异，14～22个月的幼儿中，通常男孩在所有玩具中更喜欢卡车和小汽车，而女孩则更喜欢洋娃娃或柔软的玩具。玩具的品类也规定了男女婴幼儿的游戏内容，男孩更喜欢参与运动性、竞赛性游戏，女孩则更喜欢过家家的角色游戏。

婴幼儿对同性别玩伴的偏好也出现得很早。2岁的女孩就更多表现出喜欢与其他女孩玩，而不喜欢跟吵吵闹闹的男孩玩；很多男孩到3岁时就明显地选择男孩而不选择女孩作为伙伴。

帮助孩子形成性别角色，发展性别行为是成人的任务。一般来说，认识性别角色和相应的性别行为是儿童健康发展的一个重要方面。但近些年的研究显示，高智力水平是与糅合两性品质的男女同一化相联系的。所谓男女同一化就是指一个人身上同时具有男性和女性的心理特点。过分划分两性不同的作用会妨碍儿童的智力和心理发展。适当淡化婴幼儿的性别角色和性别行为，对形成男女同一化性格是有利的。在家庭教育中，母亲和父亲皆应参与对孩子的教育；为孩子准备的玩具可丰富一些，适当兼顾不同性别的偏好；鼓励婴幼儿表露自己的真实情绪和想法；尊重和鼓励婴幼儿独立自信的行为；等等。

3. 婴幼儿社会性行为的发展

社会性行为是指人们在社会交往中对他人或事情表现出的态度及相应的行为反应。社会性行为可以分为亲社会行为和反社会行为两类。

亲社会行为是指个体帮助或打算帮助他人，做有益于他们的事的行为及倾向，主要表现为分享、合作、谦让、援助、抚慰等。亲社会行为是人们之间形成和维持良好关系的重要基础，是被社会肯定和鼓励的积极行为。与亲社会行为相对立的是反社会行为。反社会行为是指故意或非故意、不顾他人感受和想法，并且可能对社会造成危害、不能造福大众的行为。婴儿期最突出的反社会行为就是攻击性行为，攻击性行为是以伤害另一生命的身体或心理为目的的行为，如推人、打人、骂人、破坏物品等。

（1）婴幼儿亲社会行为的发展特点。

婴儿在出生的第1年，就能通过多种方式表现出亲社会行为，尤其是同情和帮助、分享、谦让等利他行为。6个月左右，婴儿开始认生，而对较为熟悉的人展现微笑，这种对熟人的行为反应就是最初表现出的亲社会行为倾向。当婴儿看到别的孩子摔倒、受伤、生病、哭泣时，他们会关注，并表现出皱眉、伤心等，甚至会出现共鸣性情感。到1岁左右，他们还有可能对那些孩子做出一些积极的抚慰动作，如走过去站在他们身旁，或拉一拉对方的手，或轻拍、抚摸一下对方受伤的地方等。在日常生活中，当家长为他们买回了好吃的食物时，婴儿会一边吃一边往大人嘴里放，此时已经表现出最初的分享行为。

在人生的第二年，幼儿具备了各种基本的情绪体验，在一定的生活环境中越来越明显地表现出同情、分享和助人等利他行为。如在成人的教育下，把自己的玩具拿给别人玩，或者拿出一点食物给别的小朋友吃。同时，他们开始按照成人所要求的规则，初步了解到什么是可以的，什么是不可以的，从而形成了简单的道德规范。亲社会行为的出现与幼儿自我意识的发展关系密切。由于3岁前幼儿的自我意识尚处于萌芽状态，因此有人认为真正的亲社会行为是不可能出现的，此时所谓的亲社会行为多停留在情绪反应或属于模仿性助人行为，而真正的亲社会行为如合作、分享等一般要到幼儿时期才会出现。

（2）婴幼儿攻击性行为的发展特点。

婴幼儿的攻击性行为是社会性发展中一项非常重要的内容。攻击性行为是他人不愿接受的、出于故意或工具性目的的伤害行为，这种有意伤害包括直接的身体伤害、语言伤害和间接的、心理上的伤害。攻击性行为在各年龄阶段的儿童中都有所表现，一般表现为骂人、推人、打人、抢别人的东西等行为。

从攻击性行为的目的可将其分为两类：敌意攻击和工具性攻击。敌意攻击是有意伤害别人的行为，如一个男孩子故意打一个女孩子，惹她哭，这是敌意攻击；但如果男孩子只是为了争夺女孩子手中的玩具而打她，则是工具性攻击。

婴幼儿在1岁左右开始出现工具性攻击行为；到2岁左右，幼儿之间会表现出一些明显的冲突，如推、打、踢、咬、扔东西等，其中绝大多数冲突是为了争夺物品，如玩具、手巾，甚至为争座位而发生的。

攻击性行为不仅会影响到孩子道德行为的发展，而且如果任其发展，并延续到青少年时期，就容易形成攻击性人格。这将严重影响其以后良好人际关系的形成和正常的社会交往，有的甚至还可能转化为犯罪行为。

拓展学习

儿童攻击性行为的产生和出现频率会受哪些因素的影响呢？扫描文旁二维码了解更多相关信息。

二、促进婴幼儿社会性发展的家庭教育

《托育机构保育指导大纲（试行）》对0～3岁婴幼儿社会性培养的指导建议指出，要为婴幼儿建立一日生活和活动常规，开展规则游戏，帮助婴幼儿理解和遵守规则，逐步发展规则意识，适应集体生活；创造机会，支持婴幼儿与同伴和成人的交流互动，体验交往的乐趣。根据以上建议，教师可以引导、建议家长通过以下方法来增进婴幼儿的社会性发展。

（一）建立健康的亲子关系

家长作为成年人，在建立和维持亲子关系的过程中占有主导地位，必须具备与婴幼儿交往的能力，能够满足婴幼儿的合理需要，提高亲子关系的质量。所以，家长应该掌握相应的技巧和方法。

1. 营造和谐的家庭氛围

家庭是建立亲子关系的场所，如同培育茁壮的种子需要肥沃的土壤一样，要想培养性格乐观开朗、身心和谐健康的孩子，就要有乐观开朗、和谐健康的家庭氛围。即便夫妻关系不好导致离异，父母双方仍应担负起教育孩子的责任，仍应努力让孩子感受到来自父母双方的爱。《家庭教育促进法》第二十条对此亦有规定："未成年人的父母分居或者离异的，应当相互配合履行家庭教育责任，任何一方不得拒绝或者怠于履行；除法律另有规定外，不得阻碍另一方实施家庭教育。"

2. 理解、满足婴幼儿的合理需要

对婴幼儿来说，其合理需要包括生理需要、安全感的需要、游戏的需要、交往的需要、被信任和被尊重的需要、创造的需要、探索的需要、成功的需要以及独处的需要。家长可以通过观察、询问等手段，了解婴幼儿的需要，对合理需要给予满足，对不合理需要给予科学引导，切忌以家长的需要代替婴幼儿的需要。

30 个月的小磊活泼好动，喜欢探索，有一天他把家里的大米和面粉掏了出来，洒得地上到处都是。妈妈看到了没有生气，而是和小磊说："我们一起收拾一下，你帮妈妈做饭吧。"然后，妈妈领着他收拾了地上的大米和面粉，脏的面粉加水和成了面团让小磊揉玩，而大米洗干净后做成了米饭。妈妈的做法满足了小磊的好奇心，同时也满足了他游戏的需要。

3. 利用各种活动建立和维持良好的亲子关系

由于在生活的多种活动中，比如游戏、家务劳动、购物、外出游玩等，亲子之间会有很多的交流沟通、合作互动，这有利于建立和维持良好的亲子关系。《家庭教育促进法》第十七条中就提出未成年人的父母或者其他监护人要"亲自养育，加强亲子陪伴"以及"平等交流，予以尊重、理解和鼓励"，所以，家长要合理安排时间专心陪伴孩子，通过创造各种机会，有意识地开展各种活动来实现亲子之间的良性互动。

4. 学会和婴幼儿交流沟通

恰当的家庭教养方式有利于家长与婴幼儿之间建立良好的亲子关系，婴幼儿虽然幼小，但也需要与其充分交流沟通。家庭教养方式主要有权威型、专制型、溺爱型和忽视型四种。已有研究结果显示，不同的家庭教养类型与婴幼儿的性格、情感、人际关系形成、处事能力等均有明显的关系。

权威型家庭培养的孩子多数独立性较强，善于自我控制和解决问题，自尊感和自信心较强，喜欢与人交往，对人友好。专断型家庭培养的孩子大多缺乏主动性，容易胆小、怯懦、畏缩、抑郁，自尊感、自信心较低，不善与人交往。溺爱型家庭培养的孩子往往具有较高的冲动性和攻击性，而缺乏责任感，不太顺从，行为缺乏自制，自信心较低。而忽视型家庭培养的孩子在青少年时期更有可能出现不良行为问题。

从研究结果能够看出，正确的家庭教育方式是权威型，权威的家长会以恰当、温和的态度对待孩子，为孩子设立合理的标准，并解释道理。既要尊重孩子的自主和独立，又能坚持自己的合理要求。因此，权威的家长才能培养孩子健全的自我，在这种家庭环境中长大的孩子，从小被尊重，又不乏引导和要求，更能成长为独立而有自信的人。

（二）建立和谐的师幼关系

1. 加强与教师的合作沟通

作为家长，首先要和教师建立良好的亲师关系，加强与教师的合作沟通，共同创设令婴幼儿愉快的环境。在这个过程中，良好的亲师关系有助于师幼关系的建立。家长可以就婴幼儿在发展过程中遇到的问题或家庭教育中遇到的难题，抑或是婴幼儿的进步与教师进行分享，促进教师对孩子的了解。同时，家长在与教师沟通的过程中，也向婴幼儿进行了与教师沟通交往的示范，让孩子也能够乐于与教师进行交流。

2. 充分了解婴幼儿的发展规律及合理需要

家长引导婴幼儿与教师建立良好师幼关系的一个重要前提，就是家长一定要了解婴幼儿的发展规律及合理需要，树立恰当的教育理念。只有充分了解孩子发展的规律及需要，家长才能更好地与教师开展沟通交流，也能够更恰当地引导婴幼儿与教师的交流。比如，2 岁左右的幼儿开始出现自我意识的萌芽，开始进入第一个叛逆期，此时，幼儿会对成人的一些要求说“不”，等等。如果教师和家长都能够很好地了解这种现象的实质，在教师通过采取不要命令的口吻、坚守原则、转移注意、给出选择等处理方法时，家长就不会去质疑、干涉教师的做法，并和教师保持一致，婴幼儿就能够感觉到教师对自己的理解，也就更加喜欢老师，亲近老师，有利于良好师幼关系的建立和维持。

（三）建立友好的同伴关系

1. 创造婴幼儿同伴交往的机会

家长或老师可以利用各种时机和场合，如去亲戚朋友家里做客、有客人来访或外出时，鼓励婴幼儿与同伴接触和交谈。更要创造同伴交往的机会，如家长邀请小朋友到家里玩，教师可以提供婴幼儿自由交往的机会，组织各种形式的游戏活动等，这样的活动可以促进婴幼儿同伴之间的合作和交往，享受和同伴一起游戏的快乐，形成良好的同伴关系。

2. 帮助婴幼儿学习掌握同伴交往的基本技能

结合具体情境，家长可以指导婴幼儿学会同伴交往的相关规则和技能。比如，当孩子不知道怎么加入其他小朋友的游戏活动时，可以建议他扮演成某个角色加入游戏，或拿出自己的玩具邀小朋友一起玩。当婴幼儿与同伴发生矛盾或冲突时，先不要立即干预，等待一段时间，先让孩子尝试解决，如果发现矛盾或冲突升级，无法解决，成人再指导他尝试用协商、交换、轮流玩、合作等方法解决问题。家长和教师还可以利用绘本、故事等文学作品，结合婴幼儿的已有经验，帮助孩子学习什么样的行为受小朋友欢迎，如何与他人交往等技巧。另外，成人也要为婴幼儿做出沟通交往技能的示范，为孩子提供学习的榜样。

（四）行为的控制与习惯养成

1. 鼓励强化婴幼儿的亲社会行为

3 岁之前的婴幼儿虽然出现了亲社会行为，但还不能实现真正的内化，家长可以通过积极的教育引导培养婴幼儿的亲社会行为。一是为孩子提供榜样示范，家长要注意言传身教，日常工作和生活中能够做到合作、分享、谦让、互助等行为，这些亲社会行为都会被婴幼儿学习模仿。二是及时强化婴幼儿的亲社会行为，比如，当婴幼儿与其他小朋友分享玩具或图书的行为，及时地给予表扬。三是在各种活动中开展训练，亲社会行为作为一类行为，同样可以通过练习巩固强化获得，所以，家长可以在日常生活和学习的活动中锻炼婴幼儿。比如，对婴幼儿进行移情训练，即引导婴幼儿深刻体会他人在某种情况下的心理感受，使其在遇到类似情况时，能够理解他人的感受，做出互助、分享等亲社会行为。也可以在日常生活的场景中进行随机教育，在反复的练习中，将亲社会行为巩固为婴幼儿的自觉行为。

2. 正确认识处理婴幼儿的攻击性行为

由于整体心理水平、交往方式和自我控制能力的不成熟，婴幼儿很容易因争抢玩具等物品而与同伴发生矛盾、冲突，继而产生攻击性行为，所以要对婴幼儿的攻击性行为进行有效的控制和引导。家长要正确认识和分析婴幼儿攻击性行为的性质，同时教给孩子恰当的交往方式，特别是当自己的愿望、需要与他人发生矛盾冲突时，应该学会表达自己的愿望、需要，和其他小朋友商量解决。

另外，家长在家庭教育中也要注意自己的行为举止，避免做出不恰当的攻击性行为。家长在遇到挫折或冲突矛盾时，要展现良好的处理方式，不要通过攻击性行为来解决问题。家长在家庭中的良好示范能帮助婴幼儿养成更符合社会要求的行为。

学习检测

一、选择题

1. 婴儿期最突出的反社会行为是（　　）。

A. 哭闹行为　　B. 攻击性行为　　C. 偏食挑食　　D. 打人

2.（　　）是婴幼儿最初的社会性情绪，是情绪社会化的标志。

A. 恐惧　　B. 社会性微笑　　C. 愤怒　　D. 母婴依恋

3.（　　）是最早开始出现的人际关系。

A. 同伴关系　　B. 师幼关系　　C. 亲子关系　　D. 亲师关系

4. 常用处理婴幼儿情绪失控的方法不包括（　　）。

A. 消退法　　B. 转移法　　C. 鼓励法　　D. 冷却法

5. 有利于婴幼儿发展的家庭教养方式是（　　）

A. 权威型　　B. 专制型　　C. 溺爱型　　D. 忽视型

二、简答题

1. 社会性发展的主要内容有哪些？

2. 简述依恋的发展阶段。

3. 作为教师，如何指导家长建立和维持良好的亲子关系？

4. 你认为在工作中建立良好的师幼关系应采取哪些做法？

5. 若你是一名早期教育机构（含托育机构）的工作者，你会如何帮助0~3岁婴幼儿建立同伴关系？

三、材料分析题

材料：兵兵是一个3岁的男孩，平时不爱说话，讲话口齿不太清楚，脾气暴躁，行为冲动，一不顺心就会发脾气，看到别的小朋友有好玩的玩具，伸手就拿，有时还用武力抢夺。兵兵的爸爸是一名下岗工人，家庭经济情况较差，性情暴躁，经常打骂妻儿，妈妈则比较溺爱他。兵兵平时特别喜欢看动画片，如《熊出没》《喜羊羊与灰太狼》等。

问题：结合案例中幼儿的情况分析其攻击性行为的成因，并说说你怎样看待0~3岁婴幼儿的攻击性行为。

实践体验

1. 检索关于婴幼儿情绪分化的理论，形成报告。报告的具体撰写要求请扫描二维码查看。

2. 针对 0～3 岁婴幼儿的情绪发展，设计一个引导 0～3 岁婴幼儿情绪识别能力的游戏活动。

3. 请选择任意月龄的某名婴儿（幼儿），结合本单元婴幼儿社会性发展中人际关系的内容，观察该婴儿（幼儿）某一种人际关系的具体情况，并填写下面的观察记录表，形成观察报告。

表 7-1 观察记录表

婴幼儿姓名		性别		观察人	
观察时间		观察地点			
观察记录					
分析说明					
相应措施					

单元八　0~3 岁婴幼儿审美情趣的家庭熏陶

导言

0~3 岁不仅是婴幼儿生长发育与心理发展的重要时期，也是其审美情趣发展的启蒙阶段。《家庭教育促进法》指出，培养未成年人广泛的兴趣爱好、健康的审美追求是家庭的重要责任。对婴幼儿而言，家庭熏陶是审美情趣培养的基本途径。本单元将从了解 0~3 岁婴幼儿审美熏陶的可能性入手，探讨 0~3 岁婴幼儿审美情趣家庭培养的主要途径。

学习目标

1. 了解 0~3 岁婴幼儿审美情趣培养的意义。
2. 理解 0~3 岁婴幼儿审美熏陶的可能性。
3. 掌握 0~3 岁婴幼儿审美熏陶的具体做法。

内容导览

- 单元八　0~3岁婴幼儿审美情趣的家庭熏陶
  - 任务一　0~3岁婴幼儿审美熏陶概述
    - 一、0~3岁婴幼儿审美情趣的内涵
    - 二、0~3岁婴幼儿家庭审美熏陶的意义
    - 三、0~3岁婴幼儿审美熏陶的可能性
  - 任务二　0~3岁婴幼儿审美的家庭熏陶
    - 一、遵循婴幼儿发展规律，树立科学的美育观念
    - 二、创设良好家庭美育环境，营造浓厚审美氛围
    - 三、树立榜样，与婴幼儿共同成长

任务一 0～3岁婴幼儿审美熏陶概述

美是人类永恒的精神追求。在家庭中培养婴幼儿的审美情趣应贯穿在儿童的全部生活中。根据《家庭教育促进法》的要求，“培养广泛兴趣爱好、健康审美追求……”是家庭的重要责任。家长都希望自己的孩子健康、活泼、美丽、可爱，然而在很多的家庭中，审美的教育往往被忽视，似乎可有可无、无足轻重。大量实践证明，缺乏美育的教育是残缺不全的，没有生命力的，缺乏感染力的。缺失美育的个体生活是乏味的、精神世界是贫瘠的，人格结构是失衡的。

培养全面发展的儿童，家庭教育必须重视美育。0～3岁婴幼儿的审美熏陶既要秉持重视美育的理念，又要根据婴幼儿的身心特点采取相应的实施策略。

一、0～3岁婴幼儿审美情趣的内涵

（一）“美”与“美感”

对0～3岁婴幼儿审美情趣的认识应以对美的正确理解作为基础。从古至今，关于美的本质的探讨与研究从没停止过。综合各家观点来看，一方面美是客观的存在，现实生活中无所不在，另一方面不同社会形态和历史阶段对美的标准也有所不同。美的事物总需要让人产生美感或对“美”的思考才有意义。

对0～3岁的婴幼儿进行审美熏陶，需要依托具有审美特征的事物。根据美的特征，可以将美分为以下几种形态。

1. 自然事物和现象的美

自然事物中的美有直接形态的、未经后天加工过的美，如天空中的日月、星辰和云彩，大地上的原野、河流、湖泊、山峰、海洋等自然景观的美；也有经过劳动加工的美，如人工种植的花草树木、动物园里的小动物的美。

2. 社会生活中事物和现象的美

社会生活中的美主要表现为人物形象的美。人物形象的美同时表现为个体内在美好的精神品质以及外在的形体美。人的内在品质、性格、情感和才能主要是通过外在的表情、动作和语言表现出来的。一个人真正的审美价值是由人的美好精神品质和外在形体美共同决定的。

3. 日常生活中的美

0～3岁婴幼儿能够接触到的日常生活中美的事物主要包括家庭环境中的家具

布置、日常用品以及家长的衣着服饰美。总的来说，就是指环境美和人体装饰美。日常生活中的美可以唤起人的美感，使人身心愉快，一个人高尚的审美趣味和情操的形成在人生早期主要就是通过日常生活培养的。

4. 艺术作品中的美

艺术作品是艺术家创造性的劳动成果，艺术家用不同的形式表现现实中事物的美，是源于现实又高于现实的主观反映的产物。艺术作品包含许多种类，不同艺术种类有不同的表现形态。0～3 岁婴幼儿主要接触的艺术种类涉及绘画、雕塑、音乐、舞蹈和语言艺术。

美感是一种由具有审美特征的审美对象引起人的情感体验，一种精神上的喜悦和欢乐。广义的美感包含审美趣味、审美能力、审美要求、审美理想以及审美感受等内容。狭义的美感是一种心理现象，是指审美主体接触了客观存在的审美对象后，在感情上产生的强烈反应，在理智上获得的启示，在精神上得到的满足和怡情悦性的效果。客观的美的对象与主观的美感都是在人的实践活动中产生和发展的，美感是以感知觉等感性认识为基础，伴随思维活动的一种心理现象。

0～3 岁婴幼儿美感的发展基本遵循以下过程：最初婴幼儿对美的事物和现象产生的是无意识的反应，这种无意识反应并不是美感。例如，2 个月的婴儿能够将视线集中于物体；3 个月的婴儿对优美的乐音会表现出愉快的情绪；4 个月的婴儿开始对颜色有分化反应，这些属于无意识反应，不是真正意义上的美感；1 岁左右的婴幼儿逐渐过渡为能够模仿周围的人表现美感，这时婴幼儿尚没有自己独立的美感反应，只是一种单纯的模仿，例如，给 1 岁左右的女孩头上戴一个蝴蝶结，家长在镜子面前愉快地说："宝宝头上的蝴蝶结真漂亮！"女孩就会表现出喜悦的表情，这就是幼儿模仿成人的结果；最后发展到有意识地感受美、表现美。婴幼儿期主要以感受美为主要活动，3 岁时出现简单的表现美的活动。

（二）美育与婴幼儿美育的含义

美育即审美教育。现代教育普遍认为美育在于培养年轻一代对自然环境、社会环境、日常生活和艺术作品中美的感受，培养他们爱美、审美的情趣，表现和创造美的能力。狭义的美育主要是指艺术教育。

婴幼儿美育是根据婴幼儿的身心特点，利用美的事物和丰富的审美活动培养婴幼儿感受美、表现美的情趣和能力的教育。

0～3 岁婴幼儿的美育不同于学校美育，主要是通过婴幼儿能接触到的所有美的事物进行审美情趣的熏陶。通常借助于大自然中、现实生活中、艺术领域中美好的事物和艺术元素，以幼儿感兴趣的活动为手段，借以丰富婴幼儿审美认知、培养审美情感，提高审美水平，从而促进幼儿健康全面发展。

二、0~3 岁婴幼儿家庭审美熏陶的意义

大力倡导重视家庭美育的蔡元培先生曾说："人人都有感情，而并非都有伟大而高尚的行为，这是由于感情推动力的薄弱，要转弱为强，转薄为厚，有待于陶养。陶养的工具，为美的对象，陶养的作用，叫作美育。"家庭审美熏陶开始得最早，持续时间最长，对人的影响最深刻，个体在早期获得的美的印象会留下深刻的痕迹。儿童在潜移默化的审美熏陶中，奠定了思想、感情、道德、行为发展的基础。

（一）促进婴幼儿身体发展

生活化的家庭美育蕴含在保教过程中，家长以优美的动作、轻盈的身姿感染孩子，为婴幼儿树立模仿的榜样。家长引导婴幼儿伴随着音乐进行律动可以提升婴幼儿的身体协调性与平衡感。绘画、手工、打击乐等活动可以很好地促进婴幼儿手部精细动作的发展。美育活动需要婴幼儿身体各部位根据不同的活动需要参与其中，这些活动会不同程度地促进婴幼儿身体动作的发展。

（二）促进婴幼儿智力发展

人类的智力活动离不开非智力活动的参与，婴幼儿的智力活动也始于注意力的吸引和兴趣的激发。家庭审美熏陶关键在于敏锐洞察并抓住婴幼儿的兴奋点给予及时恰当的影响，形成各种感性认识，发展婴幼儿的各种感官，例如，通过给婴幼儿听音乐，感受音乐的旋律和节奏，可以提升婴幼儿听觉感受性。婴幼儿敏锐的洞察和深刻的感受以及内心的好奇，正是探究世界的智力活动必需的心理品质。婴幼儿在审美的过程中观察着、感受着、体验着也渐渐地思考着。因此家庭审美熏陶与智育并驾齐驱，相互促进。

（三）促进婴幼儿品德发展

通常情况下，美感与道德感会在同一过程中实现。美的事物在陶冶婴幼儿情操的同时，也能够培养婴幼儿积极向上的精神和活泼开朗的性格。塑造婴幼儿美好的心灵既是德育的任务也是美育的功能，而美育能够直接促进婴幼儿在思想、品德、情操、志趣、性格上的健康发展。例如，家庭审美熏陶中对自然美、生活美和心灵美的重视，所以家长从小教孩子认识家乡美、山河美，认识家务劳动创造出来的美食，像爱妈妈做的美食产生更爱妈妈的情感一样，引导孩子参与创造美的活动去发展孩子的审美情趣，培养爱的情感，将美与爱充分联系在一起，实

现美育与德育的深度融合、相互促进。

早期的审美熏陶可以有效激发婴幼儿大脑潜能，使其知觉与抽象、情感与理智、理性与非理性得到平衡，奠定其个体完整的人格基础。婴幼儿的审美熏陶就是要丰富他们的审美体验、培养他们健康的审美情趣和敏锐的审美感知能力，丰富他们的情感，使婴幼儿从小热爱生活、热爱身边一切美好的事物。

三、0～3 岁婴幼儿审美熏陶的可能性

0～3 岁婴幼儿处于人生的最初阶段，基本能力在不断发展和完善的过程中。当前家庭教育普遍存在忽视美育的情况，很多家长认为 0～3 岁的婴幼儿年龄尚小，认知、动作、情感等身心各方面发展都不成熟，不具备进行美育的条件。但从已知的婴幼儿身心发展特点来看，婴幼儿的身心发展为其接受审美熏陶提供了可能性，0～3 岁婴幼儿已经具备进行美育的基础能力。

（一）婴幼儿审美熏陶的认知基础

1. 婴幼儿审美熏陶的感知觉基础

婴幼儿主要是通过感官认识周围世界。新生儿从出生就具有感知的生理机制，很快就能把感觉器官接受的信息加以注意和选择，组织与说明。研究表明，感官探索越积极，对事物及其色彩、形式、声音的知觉就越强烈。这就为对 0～3 岁婴幼儿进行审美熏陶提供了可能性与现实性。任何事物和现象的感知都需要个体具备相应的“感觉准备”，因此，婴幼儿感知觉的发展对其接受审美熏陶具有重要意义。0～3 岁婴幼儿审美熏陶主要需要感知觉中的视觉和听觉。

婴幼儿视觉的发展：新生儿第一周就能看一个目标，但由于尚不能调整晶状体的焦距，仅能看视距为 7～15 厘米的事物，此外，新生儿是看不见彩色的。前两个月，婴儿喜欢看熟悉的东西。2、3 个月时出现视觉偏好，偏好人脸、线条和对比鲜明的颜色。2 个月后，婴儿可以运用视觉进行比较和选择，喜欢适度的新奇，对反复出现的东西减少注意和兴趣。4 个月时，能看视距为 20～150 厘米的事物，开始注意看图形的某个部分，如人脸中的眼、鼻或嘴，但不关注整个图形。同时，可以分辨彩色与非彩色。6 个月时视敏度出现 4～5 倍的发展。4～8 个月的婴儿喜欢暖色，如红、橙、黄色，不喜欢冷色，如蓝紫色，喜欢明亮的颜色，不喜欢暗淡的颜色。1 岁左右，婴幼儿的视敏度接近正常成人的水平。

婴幼儿听觉的发展：新生儿自出生就能够听见声音，会将头转向声源处，能够对外界声音做出明显的同步动作反应。尖锐的高音会引起新生儿惊跳，持续的低音可以让新生儿露出舒适的表情。6 周后分辨声音的能力提升，开始能听成人说

话；1～2 个月的婴儿偏爱有规律且和谐的声音，不喜欢杂乱无章的声音；喜欢听人说话的声音，尤其是母亲和父亲说话的声音；2 个月的婴儿偏爱优美舒缓的乐音，不喜欢强烈紧张的声音；7～8 个月的婴儿对成人柔和、温柔的话语表现出愉悦的表情，对严厉、生硬的话语表现出烦躁或不安的表情。

2. 婴幼儿审美的注意、记忆、想象基础

注意是伴随着感知觉、记忆、想象等心理活动出现的心理过程。3 岁前的婴幼儿主要以无意注意为主，1 岁半的幼儿能集中注意 5～8 分钟，2 岁的幼儿能够集中注意 8～10 分钟，3 岁的幼儿能够集中注意 10～12 分钟。但注意的水平较差，容易受多种因素的影响发生注意的转移。因此，家长要结合婴幼儿注意的特点引导其进行审美活动。

想象并不是与生俱来的，而是伴随着个体认知发展到一定阶段的产物。新生儿虽然生来就有原始的感知和记忆形式，可以获得客观事物的映像，但这种映像非常不稳定，保持时间也很短。想象需要以稳定的记忆表象为基础，幼儿直到 1.5～2 岁才可以形成具有一定稳定性的记忆表象。因此，在 1.5～2 岁时，幼儿才开始具备想象的基础，这一阶段的想象开始具有早期的表征功能。2 岁以后，幼儿的想象逐渐发展起来，但婴幼儿的想象仍以无意想象和再造想象为主，有意想象和创造性想象刚开始萌芽。家长可以根据婴幼儿这一发展特点开展审美熏陶活动。

（二）婴幼儿审美熏陶的动作基础

0～3 岁婴幼儿美感的发展与其动作发展密切相关。婴幼儿平衡、协调等基本运动能力的发展以及身体肌肉的发展都为对婴幼儿进行审美熏陶奠定了基础。

婴幼儿身体发展遵循离心原则，即婴幼儿身体的发展是从中央到四周，对头与躯干的控制早于对四肢的控制，对手臂的控制早于对手指的控制。因此，婴幼儿是先发展大肌肉，后发展小肌肉的。

婴幼儿最初的动作是全身性的、笼统的，以后逐渐分化为局部的、准确的。方向上是从最初的头部到躯干，最后到下肢。婴幼儿躯体和四肢的动作发展实现了其对自己身体的控制，为生活中的各项身体活动奠定了基础。例如，律动、舞蹈、表演等活动都需要以大肌肉动作发展作为基础。

小肌肉的发展主要是指双手动作的发展。手是婴幼儿探索世界、进行认识活动的主要器官。0～6 个月的婴儿主要是抓握动作以及手指的打开和合拢。7～12 个月的婴儿可以在家长的引导下做出拍打、抓握、松开、扔东西和敲打动作。1～2 岁的幼儿开始尝试借助工具做各种手部动作。2～3 岁的幼儿开始发展手眼协调能力和手部控制能力。0～3 岁的婴幼儿进行的许多审美活动都离不开小肌肉动作的发展，如绘画、手工、乐器的演奏等。

（三）婴幼儿审美熏陶的语言基础

1 岁前的婴儿处于前语言阶段，这一阶段婴儿尚不具备言语表达的能力，1 岁末多数婴儿能在牙牙学语中模仿元音。1～2 岁幼儿的语言发展到言语发生阶段，开始理解简单的词汇，口语表达也从单词句过渡到双词句阶段，但尚不能说出语法结构完整的句子。到 3 岁时，幼儿基本具备口语表达能力，能够掌握基本句型，虽然对词义的理解有时仍存在偏差，但基本上能够理解生活中的常见句子，并能够运用完整的句子。在 3 岁末，幼儿能用简单的语言表达自己的要求和思想。

任务二　0～3 岁婴幼儿审美的家庭熏陶

爱美之心人皆有之，即便是婴幼儿也对美好的事物也难以抗拒，如漂亮的玩具、美妙的音乐，都对他们具有强烈的吸引力。0～3 岁婴幼儿的发展主要依赖家庭的养护，培养婴幼儿积极的审美情趣应该让他们随时随地能够拥抱美、感受美的存在。

一、遵循婴幼儿发展规律，树立科学的美育观念

（一）婴幼儿审美心理，树立科学美育观

关于儿童审美心理的研究为对 0～3 岁婴幼儿实施家庭审美熏陶提供了一定理论依据，对 0～3 岁婴幼儿认知心理的研究从心理现象证实了该年龄段的婴幼儿具备接受审美熏陶的心理条件。

孔起英所著《儿童审美心理研究》一书认为：儿童的审美活动是自由而本真的生命活动，儿童在感受世界的同时创造着他们自己的意义世界，从而获得审美愉悦。儿童具有一个先在的图式，对他们的审美活动起着动力和选择的作用，而且这种图式的原始性和开放性及其动力功能的强大性，使得儿童发生审美活动的可能性远远超过成人。儿童的审美心理结构由两部分构成，一是对文本感知与思维的意识部分，二是对移情与想象深刻审美情感体验的无意识部分，两部分相互联系成一体，是成人所不能及的。儿童审美直觉的内容通过完形知觉获得，以语言、非语言的动作、表情等为渠道，通过直觉把握艺术文本的意义。儿童的审美想象活动更富有情感、更生动、更丰富，在想象活动中儿童体验到一种物我不分、现实与超现实共在的审美享受。儿童的审美情感是移情的结果，是放弃自我和非自我的疆界，从而获得纯洁强烈的情感高峰体验，只有与其生命活动相同的对象

才能产生审美愉悦。[①]

（二）明确婴幼儿审美熏陶的目的，消除功利心理

美育不能等同于艺术教育。当今社会竞争激烈，一句“不让孩子输在起跑线上”使许多家庭教育走进功利主义的误区。很多家长认为美育就是培养孩子的艺术特长，让孩子从小学习一技之长，助力未来学业的进步，将来能更好地立足社会。这种观点是非常错误的，一方面，艺术教育只是美育的一部分，0~3 岁婴幼儿的美育不仅指引导婴幼儿感受音乐、美术等艺术作品中的美，还应涉及所有能引起婴幼儿审美情感的活动，生活中的美、自然环境中的美都可以成为婴幼儿审美情趣熏陶的内容；另一方面，即使引导婴幼儿接触某项艺术特长，其目的也不应仅仅是为了获得某项专业技能，更应将培养婴幼儿对美的兴趣与审美能力、享受艺术带来的愉悦作为目标。尤其不要把婴幼儿的美育看得过于严肃和专业化，应其注重生活化和渗透性。

因此，家长需要明确，对 0~3 岁婴幼儿进行审美熏陶不应抱有外在的功利性目的，审美熏陶的目的是提高婴幼儿的审美情趣，激发婴幼儿的创造潜能，为婴幼儿形成健全人格奠定基础。

（三）遵循婴幼儿身心发展规律，恰当地进行审美熏陶

0～3 岁的婴幼儿身心发展处于最初阶段，许多与美育相关的基本能力尚在发展之中，家长不能拔苗助长，要结合婴幼儿当下的身心特点进行审美熏陶。3 岁前的婴幼儿是用感官和基本动作来感受美、表现美的，因此要注意让婴幼儿用具体的身体活动来体验和感受审美对象。重要的是婴幼儿在活动过程中的美感体验以及在感知基础上的过程体验，不能过于关注婴幼儿的活动完成到什么程度，学会了什么，能唱多少歌曲或者能画出怎样的画。尤其是艺术方面的熏陶，家长要注意让婴幼儿感受和欣赏丰富多样的、简单的艺术作品，发展美感，培养兴趣；切勿脱离艺术自身的感染作用，单纯的练习技能，呆板的模仿，这不仅脱离婴幼儿的实际能力，也不利于婴幼儿审美能力的发展。此外，在审美能力与艺术表现力方面，婴幼儿之间存在着个体差异。例如，有的婴幼儿音乐感受力较好，节奏感强，2 岁多就可以随乐舞动；也有的婴幼儿乐感稍弱，3 岁末仍不能随着音乐节拍进行身体律动；有的婴幼儿对色彩的形象知觉较好，绘画作品色彩斑斓；也有的幼儿在 3 岁末仍只能画一些重复的线条。因此，作为最熟悉孩子的家长要密切

---

① 孔起英：《儿童审美心理研究》，南京，江苏教育出版社，2004。

留意婴幼儿的表现能力，注意发现婴幼儿的艺术才能，为其进一步发展创造条件，同时不要忽视对其他方面审美兴趣的熏陶。

二、创设良好家庭美育环境，营造浓厚审美氛围

家长作为婴幼儿接受审美熏陶的第一任老师，应着力为其营造良好的美育环境。首先，家庭作为婴幼儿接受审美熏陶的第一场所，其环境创设对婴幼儿美育至关重要；其次，家长要充分利用家庭之外的环境，使婴幼儿感受到自然美、社会美等不同的美的形式，丰富审美体验。因此，家长应结合婴幼儿身心发展特点给予相应的环境刺激，使婴幼儿置身其中耳濡目染，在不知不觉中受到审美熏陶。在婴幼儿心中播下美的种子，获取成长的力量。环境熏陶，贵在坚持，短期成效不明显，但只要一以贯之地坚持，一定会显现在婴幼儿的身心发展之中。

（一）创设适宜的家庭环境

0~3 岁婴幼儿美感最初的发生和发展并非与生俱来，而是在天性的基础上，经后天环境的熏陶逐渐形成的，在成长过程中逐渐形成和发展了审美情趣。审美活动是一种自由的生命活动，产生审美愉悦是根本特征。因此，家长应通过细心的观察捕捉婴幼儿的兴奋点，在家庭中为婴幼儿提供色彩、声音、事物等丰富多样的美的刺激，提供表现美的活动环境，为婴幼儿模仿成人的审美创造条件，逐步扩大婴幼儿感受美的范围，助推婴幼儿对美好事物的感受和欣赏。

1. 创设能看得见的美的环境

家庭环境的布置要融入美的元素，坚持美的原则，保证家庭室内环境的清洁、整齐、美观。家庭用品力求适用、美观、整洁、有序。婴幼儿能看到的室内装饰要有丰富的色彩、多变化。新生儿几乎整日都在睡觉，因此为新生儿提供一个舒适又美观的睡眠环境很重要，寝具、窗帘、壁纸的颜色最好是白色或浅黄色。婴儿满月后可以在他仰卧位的前胸上方悬挂色彩鲜艳的玩具或图片，如红色的小球、彩色的气球等。3 个月左右的婴儿开始对周围环境产生好奇心，喜欢适度的新奇，房间布置要从淡雅素净过渡为色彩鲜明，为婴儿提供与以前感知过的或与图片相似的物品。例如，以前挂小鸟玩具，之后换成小鸡玩具，给予婴儿视觉上的刺激，注意事物间的区别。装饰物布置的高低要适合婴儿的视线，要考虑婴儿在平躺、坐起、爬行、抱起时，都能从不同角度看到一些室内布置。1 岁起，幼儿逐渐学会行走，活动空间逐渐扩大，家长要为其创设相对开阔的活动空间，尽量保证活动空间宽敞、明亮、简洁，有条件的家庭可以用幼儿喜欢的主题统一地板、壁纸和小件物品的风格，以求达到活动环境格调的协调一致。如果幼儿有专门的房间，

为其挑选的寝具色彩要柔和，图案要生动有趣。墙面装饰不必太过花哨，应适当满足幼儿的个人喜好。置身于美的视觉环境可以唤起婴幼儿的美感，增进对美的欣赏力。

2. 创设能听得见的美的环境

新生儿出生就能够听见声音，6 周后逐渐能分辨成人说话，家长这时就可以开始对婴儿说话。2 个月时婴儿偏爱优美舒缓的乐音，家长可以从出生起，就用较低音量播放舒缓的音乐，作为生活的背景音乐，随着婴幼儿年龄的增长，逐渐有意识地引导婴幼儿注意音乐的旋律或歌词。婴儿睡眠时可以播放摇篮曲等轻缓的音乐，有助于其进入甜美静谧的梦乡，同时在潜移默化中让婴儿感受音乐美。3 个月时，可以在婴儿床边挂上铃铛或响铃玩具。1 岁左右可以为婴幼儿准备音响悦耳的玩具供其摆弄，让其将自身活动与声音感受结合起来。1 岁以后的幼儿逐渐开始理解语言，家长可以为其念诗歌、讲儿歌、讲故事、放歌曲。清晨放几首轻快的晨曲，让幼儿元气满满地起床。入睡之前用动听的声音配以舒缓的音乐给婴幼儿讲一个故事，伴随家长富有感情的语言，婴幼儿开始建立“美”这个词与美的事物之间的联系。通过听说话、听音乐、听文学语言等声音，让婴幼儿感受到声音中的美。

3. 提供丰富的艺术活动材料

艺术熏陶是美育的重要形式。婴幼儿认知的发展、运动能力的发展、经验的积累都为其艺术活动的开展提供了可能，家长要尽可能地创造条件让婴幼儿有表现美的机会。0～3 岁婴幼儿的艺术活动主要有美术和音乐两种形式，美术活动主要有绘画活动和手工活动，音乐活动主要涉及欣赏活动、歌唱活动、韵律活动和打击乐活动。

（1）绘画。

绘画活动需要手、眼、脑协调一致。1 岁半左右的幼儿手部精细动作和大肌肉的发展满足了绘画活动的身体要求。从接触绘画开始，每一个婴幼儿都喜欢用笔在纸上、墙上、书上等所有能画上痕迹的地方到处涂抹。这一阶段婴幼儿的绘画属于未分化的涂鸦，线条长短不一，随机杂乱，既不流畅，也没有任何意义。2～3 岁幼儿的动作已较好地受到视觉的控制。开始能够在纸上画出一些重复的、上下左右的直线、锯齿线、螺旋线等。手部动作发展较好的幼儿已经能够将所绘制的线条控制在整张纸内。3 岁末的幼儿喜欢反复地画圆圈，如封口或未封口的圆形、复线圆形等。在这一阶段，幼儿的涂鸦具有很大的随意性，多数画的是意愿画，绘画作品只是象征性的，没有明显的表达意图。

对于这一阶段的幼儿，家长应为其提供专门的可以任意涂画的区域，例如，在幼儿的房间布置一面适合他身高的绘画墙，为其提供丰富的绘画材料，例如，蜡笔、油画棒或颜料。幼儿可以用笔进行涂鸦，也可以直接用手蘸取颜料进行创作。活动的重点在于鼓励婴幼儿天真地表现，而不拘于技能的要求，让幼儿感受不同绘画材料的性质、自己对笔或身体的控制感以及绘出作品的成就感。

（2）手工。

0～3 岁婴幼儿手部小肌肉发育不够成熟，认识能力有限，不能够从理论上理解手工工具和材料的性质。因此，这一阶段婴幼儿的手工活动属于纯粹的玩耍活动，不能有目的地制作出形象。家长带领婴幼儿开展手工活动主要是让婴幼儿感受手工操作的过程，享受自主活动的快感，感受不同材料的触感以及材料形态的变化感。因此，家长只需要为婴幼儿提供材料，例如白面、超轻黏土、纸、糨糊、儿童剪刀等，带领婴幼儿进行手指画、糨糊画、粘贴画、揉面粉团、捏超轻黏土等手工活动，与婴幼儿一同玩耍即可。

美术活动的开展涉及一个很重要的问题——活动后婴幼儿美术作品的处置。对于这个问题很多家长很头疼，如果把孩子的每一件作品都保存下来，自己的家很快就被孩子的作品填满，以致“泛滥成灾”；如果直接把孩子的作品丢弃，孩子会不高兴，家长也没有留下孩子的成长印记。因此，家长妥善处理婴幼儿的艺术作品可以参考以下策略：①同类作品中，建议留下他自己认为最棒的作品，每隔一段时间让婴幼儿自己选择 1～2 件最喜欢的作品保留下来。②为婴幼儿的作品拍照留念，建立作品档案袋。有的家长认为婴幼儿的作品很稚嫩、不成熟，没有保存价值，但对婴幼儿来说，每一件作品都是他们努力的成果，是独一无二的珍品。因此，家长可以帮助婴幼儿把作品拍下来，给每个作品附上作品说明，统一收藏起来。这样的话，即使作品因为各种各样的原因损坏或丢弃了，家长和婴幼儿也都可以拥有一份美好的回忆。③为婴幼儿设置一块展示区域，展示婴幼儿最心爱的作品。可以有展示墙，用来展示婴幼儿喜欢的平面作品；也可以有展示架，用来展示婴幼儿制作的立体作品，随着婴幼儿不同时期作品的变化而更新。这样，每一个家庭成员或来访的客人都可以欣赏婴幼儿的作品，无形中增添了婴幼儿的荣誉感与自信心，激发婴幼儿继续创作的热情与积极性。④将婴幼儿的作品作为最特别的礼物送给他人（图 8–1），婴幼儿的作品是给亲朋好友最好的礼物。当需要向亲朋好友表达心意时，可以鼓励婴幼儿将自己的作品作为一份特别的礼物送给特别的人，收到礼物的人对作品的喜爱与收到作品的欣喜对婴幼儿来说，将是最棒的鼓励和认可。

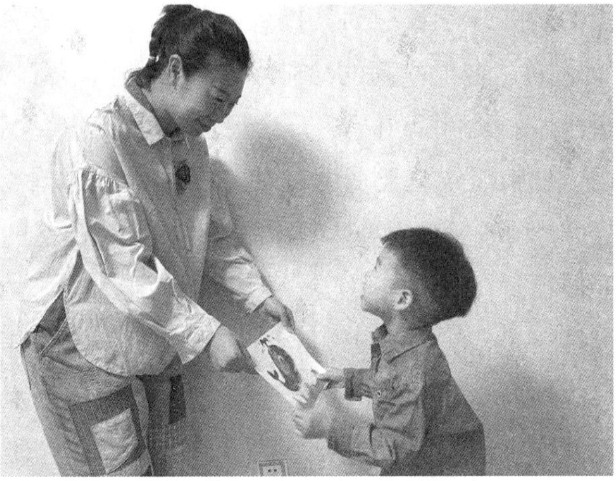

图 8-1 将作品作为礼物送给家人

（3）音乐。

①音乐欣赏。

音乐是一门以声音塑造形象的听觉艺术。培养婴幼儿的音乐感受力，首先要让其学会倾听，家长要为婴幼儿选择节奏鲜明、旋律优美的音乐作为倾听的材料，如《拍球》《宝宝睡觉吧》等符合婴幼儿年龄特点的音乐。之后，逐渐引导婴幼儿根据音乐的歌词和旋律理解性质鲜明的音乐情绪，如根据音乐沉重、阴暗、缓慢的性质联想起狗熊、大象等巨大而笨重的动物，根据音乐轻快、明亮、跳跃的性质联想起兔子、青蛙等动作灵巧的动物，根据音乐优美、轻柔的性质联想起鱼儿、小鸟、蝴蝶等美丽温柔的小动物。同时，家长要鼓励婴幼儿大胆地表现自己，如听着音乐想象自己是音乐中欢快跳跃的兔子或是脚步沉重的大熊等，并模仿动物的动作。随着婴幼儿理解力与感受力的提升，可以尝试给婴幼儿听多种形式和风格的音乐，如器乐曲、交响乐、民族民间音乐、古典音乐，例如普罗科菲耶夫的儿童交响乐《彼得与狼》、圣桑的《狮王进行曲》等。婴幼儿不需要完全理解作品的思想内容，只需感受不同的乐器刻画出的人物和动物的性格、动作和神情。如在《彼得与狼》中，用长笛的高音区表现小鸟的灵活好动；用弦乐描绘彼得的机智勇敢；用双簧管生动地刻画鸭子那蹒跚的步态；用大管浑厚、粗犷的声音表现爷爷老态龙钟的神态；用三只圆号体现狼阴森可怕的号叫。

家长应根据婴幼儿音乐理解力的发展层层递进地为婴幼儿选择适宜的音乐进行欣赏。从旋律简单、歌词易懂的《宝宝睡觉吧》，到用旋律表达形象的音乐，再到用不同乐器刻画人物和动物形象的交响乐。随着婴幼儿欣赏音乐的体裁、题材的多样化，婴幼儿的感受与情感体验也会日益丰富，逐渐形成婴幼儿最初的审美倾向。

②歌唱。

初步语言能力的发展使得 3 岁前的婴幼儿已经能够部分地再现一些歌曲的片段，如一到两句在歌曲中重复较多的乐句。由于这一阶段婴幼儿理解能力及听辨发音方面的能力有限，对歌词只是简单的重复，并不理解其真正含义。因此，这一阶段的婴幼儿在歌唱时常常会出现发音错误的现象。例如把“高”的音发成“刀”，把“狗”的音发成“斗”……尤其是对他们不熟悉、不理解的歌词，婴幼儿常常会用他们熟悉的语音代替。2 岁前婴幼儿的歌唱与说话尚未完全分开，歌唱活动仍属于嗓音游戏，2～3 岁幼儿逐渐将唱歌和说话从嗓音游戏中分离，可以唱出 c^1-g^1 范围内的 3～4 个音域的音。3 岁前的婴幼儿对歌曲节奏的意识还很模糊，即使是最简单的节奏，有时也不能唱得很准确。

因此，家长要为婴幼儿选择篇幅短小、歌词内容贴近婴幼儿生活、易于婴幼儿理解、音域在 c^1-g^1 范围之内（图 8-2），$\frac{4}{4}$ 拍或 $\frac{2}{4}$ 拍等节奏的儿童歌曲。例如，《哈巴狗》《亲亲我》《数字歌》《摇啊摇》等。

钢琴键盘与五线谱、简谱音高对照表

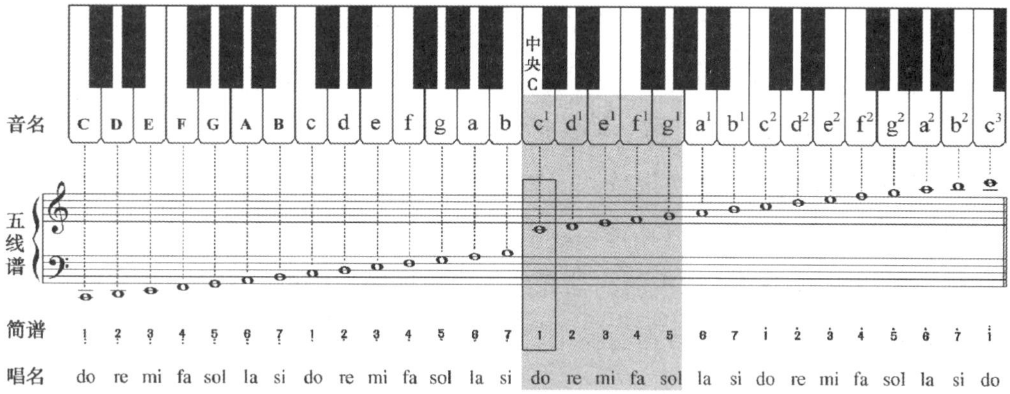

图 8-2　适合 0～3 岁婴幼儿歌唱的音域

儿歌示例

哈巴狗

1=C $\frac{4}{4}$

小快板　愉快地　　　　作者　佚名

1	1	1	2	3	–	3	3	3	4	5	–
一	只	哈	巴	狗		坐	在	大	门	口	
一	只	哈	巴	狗		吃	完	肉	骨	头	
6	6	5	4	3	–	5	5	2	3	1	–
眼	睛	黑	黝	黝		想	吃	肉	骨	头	
尾	巴	摇	一	摇		向	我	点	点	头	

摇啊摇

1=D $\frac{2}{4}$　　　　　　佚　名　词

慢板　　　　　　　　　　韩德常　曲

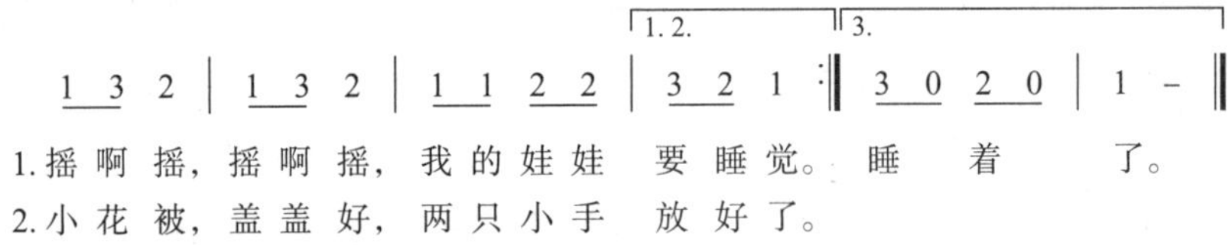

音频资源

歌词简单，音域跨度五度以内的儿歌更适合婴幼儿演唱，扫描文旁二维码试听儿歌弹唱《摇啊摇》《哈巴狗》。

③律动。

从随乐能力上看，2 岁前的婴幼儿可以跟着熟悉的音乐自发地屈伸膝部、扭动胯部或挥动手臂。从动作上看，3 岁前的婴幼儿最先发展的是非移位动作，从上肢动作到躯干动作再到下肢动作。3 岁时，大多数幼儿能够掌握拍手、点头、摇头、晃动手臂、用手拍击身体部位、慢速度小幅度地躯干运动等简单的非移位动作。1 岁前，婴儿的自主随乐动作很少，偶尔会在听到喜欢的音乐时挥动手臂或晃动整个身体；2～3 岁时，幼儿开始能够感受音乐的节奏与旋律，能够根据音乐的节奏晃动头部、扭动身体；3 岁末时，幼儿的乐感逐渐增强，在成人的引导下动作逐渐变得合拍、轻松、自然，节奏的稳定性也日益提高，能够有意识地保持动作与音乐相协调。

因此，家长可以为婴幼儿选择旋律简单、节奏平稳、歌词适合婴幼儿做出相应动作的律动歌曲，与其共同进行律动活动。为培养婴幼儿对节奏的感知，家长可以用有节奏的语言、夸张的表情和动作表演给婴儿；随着婴幼儿自主动作的增多，家长可以手把手地与婴幼儿共同进行手指律动、手臂律动，如《小手拍拍》《小蜗牛》《园里的番茄》等。刚刚学会行走不久的婴幼儿，对这一新习得的技能非常感兴趣，家长可以充分利用这种兴趣，借助音乐《跟着妈妈走走》与婴幼儿共同进行走路的律动游戏。在婴幼儿熟悉小兔、小鸭、小乌龟、小花猫行走特点的基础上，家长可以借助儿歌《走路》带领婴幼儿进行模仿小动物走路的律动游戏。当婴幼儿逐渐熟悉自己的身体部位时，家长可以与婴幼儿玩《摸摸鼻子拍拍手》的律动游戏，感受欢快的歌曲和有趣的身体律动。

儿歌示例

园里的番茄

相关视频

扫描文旁二维码观看亲子律动《园里的番茄》，注意观察视频中婴幼儿的情感状态与动作。①

儿歌示例

跟着妈妈走走

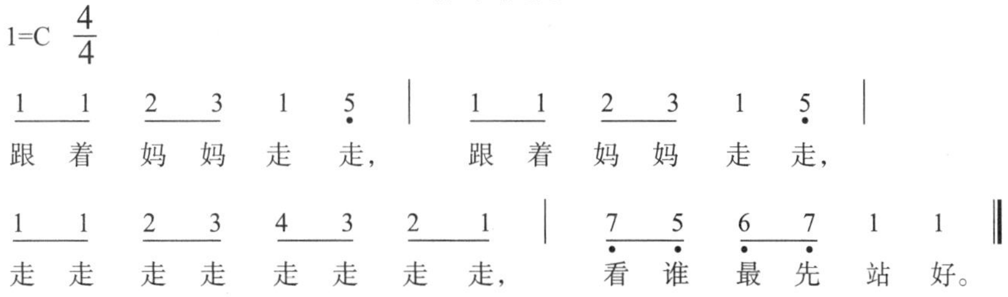

走　路

陈镒康　词

苏勇　王平　曲

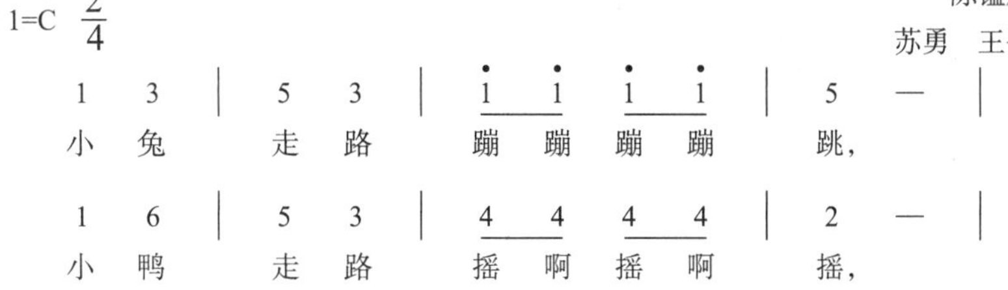

① 活动视频“园里的番茄”由赵越及其女儿李宛桐倾情提供。

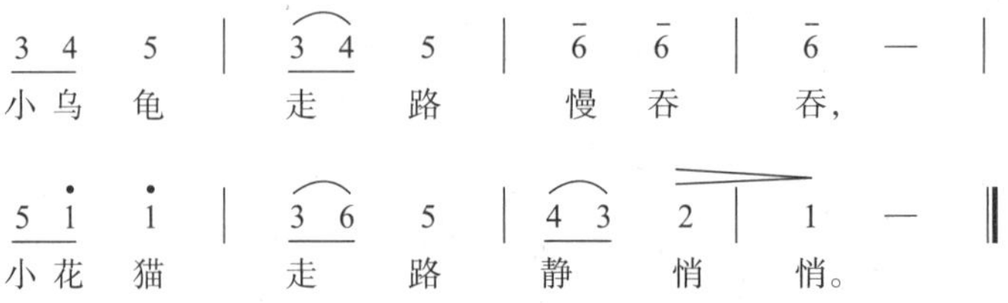

相关视频

扫描文旁二维码观看亲子律动《走路》。[①]视频中的家长为幼儿播放儿歌《走路》，与幼儿共同模仿音乐中出现的小动物的走路姿态，体验亲子游戏的快乐。

④打击乐。

通常情况下，打击乐活动是以身体大肌肉动作参与为主，运用一定的乐器，通过打击演奏出特定音响的活动。但对于0～3岁婴幼儿来说，打击的物品不局限于特定乐器，凡是可以敲击出声响的物体都可以成为婴幼儿操作的对象。例如，手可以拍打身体各个部分发出声响，以及奶瓶、碗筷、勺子、钥匙、积木、纸盒等。婴幼儿的打击活动从对事物的探究开始，尝试敲击、摇动、摔打它们，探究它们制造出的声音，在这个过程中不断丰富他们最初的音乐认知，如高低音、轻重音、长短音、不同音色等，这些最初摆弄物体创造声音的经验为后续的打击乐活动奠定基础。家长可以借助节奏简单明快的旋律引导婴幼儿感知节奏，也可以通过奥尔夫节奏乐《快与慢》感知节奏的快慢。如，让婴幼儿背部贴靠家长胸前坐在家长怀里，家长双手轻握婴幼儿的双手，播放音乐，根据音乐的节奏带领婴幼儿轻拍身体感受节奏的快慢。有的婴幼儿在3岁末时会尝试自己一边唱歌一边敲打物体或乐器，但大多数婴幼儿不能使奏出的音响与音乐协调一致。也就是说，3岁前的婴幼儿所能获得的随乐演奏能力是十分有限的。因此，家长不能急于求成，无须让婴幼儿过早地接触特定的演奏乐器，学习演奏技能，只需要做到在婴幼儿用身体、拨浪鼓、沙球、小铃铛、碗筷等生活中常见的物体探索声音时，给予足够的宽容和鼓励，让婴幼儿有探索的积极性与表现的自信心即可。

在婴幼儿用各种活动表现美时，家长需要特别注意，不要阻碍婴幼儿以绘画、歌唱、律动等方式表达自己的成长，切记不要把成人习惯采用的复杂的表现形式

---

① 活动视频“走路”由李宝茹及其女儿敦祯烄倾情提供。

强加给婴幼儿，不要否定他们的创造与表达，要充分肯定他们的想象力与创造力。家长需要做的，只是为他们提供活动的条件和机会，陪伴他们每一次游戏，鼓励他们的每一次成长。

（二）充分利用家庭之外的环境

1. 充分利用自然环境之美

最好的提升审美的方式，就是与美为邻。苏轼说："惟江上之清风，与山间之明月，耳得之而为声，目遇之而成色，取之无禁，用之不竭。"自然界的美是丰富多彩的，总会带给我们惊喜。大自然的美通常也是家长最容易忽略的、最不善利用的审美资源。丰富的大自然有无尽的美：蔚蓝的天空、和煦的阳光、飘动的云彩、高飞的大雁、潺潺的小溪、舞动的蝴蝶、艳丽的花朵、高山流水、江河湖泊、亭台楼阁、花鸟鱼虫等等。尽管 0～3 岁的婴幼儿的主要活动场所在家庭之中，但随着年龄的增长，身体免疫力与活动能力的发展，家长应逐步带领婴幼儿领略自然环境的美。

有些家长认为，山川河流、森林田野、湖光山色并不是家门口就有的景物，自然美虽然好，但对婴幼儿来说遥不可及。实际上并非如此，一方面，3～4 个月的婴儿就可以进行短途出行了，5～6 个月时就可以进行长途旅行了。采取就近原则带领婴幼儿外出是可行的；另一方面，感受自然美不一定要长途跋涉地去风景区或旅游景点，自然美也可以在婴幼儿的身边。例如，抬头即可见的空中的日月、星辰和云彩的变化；家庭所在小区里人工种植的花草树木；朋友家饲养的小猫、小狗、小鱼等小动物；附近公园中人工饲养的小动物、漂亮的花朵等。随着婴幼儿身体和认知的发展，理解力的提高，应该逐步扩大婴幼儿感受美的范围，提高婴幼儿感受美的能力。

婴幼儿对大自然有着天然的亲近，他们会为自然景物丰富的色彩、形态和声响所吸引。因此，家长要在天气条件和婴幼儿身体允许的情况下，为婴幼儿提供与大自然接触的机会，让婴幼儿回归大自然的怀抱，从最初观看个别的具体的自然物体开始，逐步扩大到观赏并感受一定范围内的自然景物，引导婴幼儿充分领略大自然的美。在婴幼儿感受自然美的同时家长用婴幼儿能够理解的语言描述自然美，让婴幼儿将美的语言和美的感受统一起来。

2. 充分感受社会环境之美

社会生活是由人的实践活动构成的，社会生活中充满了美好的事物。家长要善于利用社会环境中婴幼儿能够理解的事物，引导婴幼儿感受美、发现美。例如，街道上宽阔的柏油马路、壮观的立体交叉桥、商店里精心装饰的橱窗、有特色的城市建筑、节日的装饰以及各种职业劳动者创造的劳动成果等。此外，家长要充分利用各种适合婴幼儿的娱乐场所，例如，到大剧院观看木偶戏、儿童剧、艺术表演，参观美术馆、雕塑展等各类艺术展馆，让婴幼儿通过艺术作品感受不同形式的美。感受美好的社会生活环境可以丰富婴幼儿对周围生活的认识，激发婴幼儿对美的事物的积极情感与向往之情，使婴幼儿学会热爱生活。

也许0~3岁的婴幼儿尚不能理解艺术作品中的深刻内涵，但每一个孩子天生都是艺术家，只要多听、多看、多感受，在潜移默化的环境熏陶中丰富婴幼儿的审美体验，在婴幼儿心中播撒下美的种子，总有一天我们会发现，无痕的教育影响已显现在婴幼儿的成长之中。

三、树立榜样，与婴幼儿共同成长

在家庭中，父母不仅是孩子的领路人，也在与孩子共同成长。婴幼儿具有吸收力的心智，身边接触的一切，都是他们学习、模仿的对象。而对尚未走出家庭、对外界接触不多的婴幼儿而言，父母是其首要的模仿对象。家长怎么做，孩子就会跟着怎么学。如果家长自己喜好音乐，经常在家里欣赏音乐或演唱歌曲，孩子也会受到影响而喜爱音乐并乐于表现自己。因此，在日常生活中，家长一定要以身作则，用自己的言行习惯为婴幼儿提供直接的行为示范，使婴幼儿在模仿的过程中获得发展。

家长作为婴幼儿感受社会美的开端，要让自己的内在品质与外在形象都体现出美的特质，让自己在生活中接人待物时的表情、动作、语言自然地表露出美好；同时，注意自己的身体形态以及穿着服饰，争取做到内外兼修。老一辈人的教育观念中更强调心灵美，很多家长在家庭生活中往往不注意自己的形象，穿着随意，不修边幅，认为只要心灵美就行了，实际上，家长的穿衣风格、修养品味都在潜移默化地影响着婴幼儿，孩子的气质与外貌里潜藏着父母的审美观念。

总之，整个外部世界在0~3岁的婴幼儿眼中是陌生的、新鲜的，是可以感知的、真实的，也是不断变化着的。婴幼儿通过家庭的审美熏陶感受世界、领悟世界，未来也将参与到对世界的创造中，家庭审美的伟大就在于它能丰盈孩子的内心世界，陶冶孩子幼小的心灵，促进孩子全面发展并在未来创造一个更美好的世界。

学习检测

一、选择题

1. 根据审美对象的性质可以将美分为不同形态，下列不属于人类生活中的美的形态的是（　　）。

A. 社会生活中事物和现象的美

B. 日常生活中的美

C. 纯粹美与依存美

D. 艺术作品中的美

2. 婴幼儿的身心发展特点为其接受审美熏陶提供了可能性。以下哪些方面的发展为其接受审美熏陶提供了可能？（　　）

①婴幼儿感知觉发展　②婴幼儿注意的发展　③婴幼儿记忆的发展

④婴幼儿想象的发展　⑤婴幼儿动作的发展　⑥婴幼儿语言的发展

A. ①②③　　B. ②③④

C. ①⑤⑥　　D. 以上全部

3. 以下哪种处理婴幼儿艺术作品的方式是不恰当的？（　　）

A. 同类作品保留 1~2 件

B. 为作品拍照留念，建立作品档案袋

C. 直接丢弃

D. 设置展示区域，展示婴幼儿作品

4. 婴幼儿审美熏陶的重点在于（　　）。

A. 感受美、发现美　　B. 评价美

C. 鉴赏美　　D. 表现美

5. 下列哪首歌曲适合 0~3 岁婴幼儿演唱？（　　）

A.《小背篓》　　B.《好汉歌》

C.《哈巴狗》　　D.《贝加尔湖畔》

二、简答题

1. 简述 0~3 岁婴幼儿审美熏陶的意义。

2. 如何理解 0~3 岁婴幼儿审美熏陶的可能性？

3. 家长如何处理婴幼儿的美术作品？

三、材料分析题

材料：粲粲是一个 2 岁 4 个月的小男孩，粲粲妈妈很羡慕邻居家的小哥哥在许多绘画大赛中拿了奖。她发现粲粲平时也喜欢在家里乱涂乱画，妈妈希望粲粲也能像邻居家哥哥一样在绘画方面有所发展。就准备了很多画笔，每天要求粲粲规规矩矩地坐在书桌前在纸上好好画画，妈妈每天教粲粲画不同的小动物，渐渐地粲粲越来越不愿意画画了。

问题：粲粲的问题出在了哪里？为什么他越来越不爱画画了？

实践体验

1. 结合本单元内容设计一个有利于培养婴幼儿审美情趣的家庭室内环境创设方案。

2. 搜集适合 0～3 岁婴幼儿身体律动的歌曲，并尝试设计相关亲子活动。

单元九　0~3 岁婴幼儿家庭心理健康教育

导言

众多心理学研究均证实，一个人成年后的心理健康水平与其婴幼儿时期的经历存在着密切关联。家庭是 0~3 岁婴幼儿生活的主要场所，家长及家庭所处社区的环境对婴幼儿的心理健康有着重要影响。通过本单元的学习，我们将了解 0~3 岁婴幼儿家庭心理健康教育的价值、任务和方法。另外，0~3 岁特殊婴幼儿在家庭中的治疗是干预措施的重要方面，对特殊婴幼儿心理健康的帮助是极大的，故在本单元中，我们还将了解 0~3 岁特殊婴幼儿常见的家庭干预方法。

学习目标

1. 领会 0~3 岁婴幼儿家庭心理健康教育的价值。
2. 理解 0~3 岁婴幼儿家庭心理健康教育的具体任务。
3. 掌握 0~3 岁婴幼儿家庭心理健康教育的常用方法，并能够初步运用。
4. 了解 0~3 岁特殊婴幼儿常用的家庭干预方法。

内容导览

- 单元九　0～3岁婴幼儿家庭心理健康教育
  - 任务一　0～3岁婴幼儿家庭心理健康教育概述
    - 一、何为0～3岁婴幼儿家庭心理健康教育
    - 二、0～3岁婴幼儿家庭心理健康教育的价值
    - 三、0～3岁婴幼儿家庭心理健康教育的任务
  - 任务二　0～3岁婴幼儿家庭心理干预的常用方法
    - 一、行为改变技术
    - 二、游戏治疗
  - 任务三　0～3岁特殊婴幼儿的家庭干预
    - 一、应用行为分析
    - 二、感觉统合训练

任务一　0~3 岁婴幼儿家庭心理健康教育概述

每个人的心理发展过程都深受其家庭的影响，小到一个人的具体行为习惯，大到人格养成。个体成年后的心理健康水平奠基于婴幼儿时期。所以，家长应重视 0~3 岁婴幼儿的家庭心理健康教育，并深刻理解婴幼儿家庭心理健康教育的价值。

一、何为 0~3 岁婴幼儿家庭心理健康教育

近年，我国越来越重视儿童的心理健康，相继发布了许多关于加强儿童、青少年心理健康教育的文件，特别是 2016 年发布的《关于加强心理健康服务的指导意见》中提出，学前教育机构应当关注和满足儿童心理发展需要，保持儿童积极的情绪状态，让儿童感受到尊重和接纳。《家庭教育促进法》第十六条也明确提出“保证未成年人营养均衡、科学运动、睡眠充足、身心愉悦，引导其养成良好生活习惯和行为习惯，促进其身心健康发展”“关注未成年人心理健康，教导其珍爱生命”等规定。

依据心理健康教育的含义，我们将 0~3 岁婴幼儿家庭心理健康教育定义为：家长根据 0~3 岁婴幼儿生理心理发展的规律和特点，初步运用心理学的教育方法和手段，培养婴幼儿具备良好的心理素质的教育。

二、0~3 岁婴幼儿家庭心理健康教育的价值

0~3 岁婴幼儿家庭心理健康教育的价值，主要体现在个体、家庭、社会三个层面上。

（一）对婴幼儿的价值

现代认知神经科学研究发现，从小生活在单调刺激、缺乏应答环境中的儿童，他们大脑的突触连接与生活在丰富刺激中的儿童相比较显示出单一和不灵活。可以这样说，儿童早期所显示出的能力是在他们与环境及教养人的社会互动中形成的，发展是儿童先天生理基础与环境支持相互作用的结果，复杂、丰富的早期环境刺激对大脑的早期发育至关重要。①

家庭心理健康教育应该通过多种心理学手段和方法，为婴幼儿提供丰富、恰

① 蒋京川：《认知神经科学对早期学习的研究进展及其启示》，载《早期教育》，2004 年第 1 期。

当的物质环境和心理环境，这些教养活动不仅能够促进婴幼儿多方面能力的发展，而且有利于培养婴幼儿良好的心理素质。同时，0～3岁婴幼儿家庭心理健康教育可以在母婴依恋的基础上帮助其建立良好的人际交往经验，为社会化奠定基础。0～3岁婴幼儿良好心理素质主要体现在婴幼儿能够具备初步生理自理能力、积极的情绪、良好的母婴依恋并乐于探索、喜欢游戏等。

（二）对家庭的价值

0～3岁婴幼儿家庭心理健康教育是促进家庭环境和谐的有效工具。在家庭心理健康教育的过程中，一方面，家长会获得相应的心理健康教育知识，形成良好的心理品质，掌握科学的心理健康教育方法，提高家长自身的心理健康水平；另一方面，在科学的家庭教育活动中，婴幼儿更可能对家长的教养行为给予积极的反馈，这会促使家长更多地投入到与婴幼儿的互动中。所以，对于整个家庭来说，亲子间会处于一个良性循环的互动状态下，对于建立良好亲子关系极其有利。

（三）对社会的价值

随着社会发展，科学技术飞速进步，国际竞争日趋激烈，社会对人才的需求也有了相应的变化。各个国家的发展都需要人才甚至普通公民具备健康的身体、健康的心理素质、能够处理好竞争和合作、具有创新精神等满足时代发展需要的素质。苏联教育家马卡连柯曾说过："教育儿童是我们生活中的一个最重要的方面。我们的儿童是我们国家的未来的公民，也是世界的公民，他们将创造历史。我们的儿童是未来的父亲和母亲，他们也将要成为自己儿童的教育者。我们的儿童应当成长为优秀的公民，成长为贤良的父亲和母亲。但是，这没有概括一切，我们的儿童又是我们晚年的希望。因此，正确的教育是我们幸福的晚年；不好的教育是我们将来的苦痛、辛酸，是我们对其他的人们和整个国家的罪过。"梁启超也说"少年智则国智，少年强则国强"。这些话都表达了家庭教育下的公民素质与国家命运的关系。

因此，通过家庭心理健康教育，0～3岁婴幼儿能够在人生早期奠定良好个性的基础，形成良好的心理品质，具有良好的人际交往经验等，为婴幼儿未来接受学校教育、社会教育做了扎实的铺垫，有利于推进全民族的素质教育，为国家培养合格公民，提高整体国民素质做出应有的贡献。

三、0～3岁婴幼儿家庭心理健康教育的任务

为实现0～3岁婴幼儿家庭心理健康教育的价值，在0～3岁婴幼儿家庭心理健康教育过程中，家长需要树立心理健康的观念，增强自身的心理健康水平，改善

家庭的心理环境，进而完成家庭心理健康教育的任务。结合《中华人民共和国家庭教育促进法》中所涉及的家庭心理健康教育的规定，具体而言，家庭心理健康教育的任务主要包括以下四个方面。

（一）营造良好的家庭心理环境

婴幼儿时期是一个人各项心理品质及个性形成的重要阶段。0~3岁婴幼儿的生活环境主要是家庭，家庭心理环境的优劣势必直接影响儿童的健康成长。

良好的家庭心理环境通常具有以下几方面特征：父母与各自的原生家庭有良好的情感交流；家庭成员间互相信任、支持、相爱；家庭中每个成员都受到尊重；家庭成员互相鼓励独立思考，乐于听取不同意见；每个家庭成员都对自己的行为负责；每个家庭成员都乐于与家人分享喜怒哀乐；家庭成员注重一起努力的过程甚于结果；每个家庭成员都有正面、积极的心态。在拥有良好心理环境的家庭中，家庭成员相濡以沫、同甘共苦、互爱互助。①

营造良好的家庭心理环境，家长应用心了解孩子的心理特点与需求，并适时提供心理支持。亲子之间良好的情感交流，信任、尊重的家庭气氛的形成都有助于父母了解孩子的心理，并在孩子需要的时候提供恰当的心理支持。因此，父母要认识到不同年龄阶段儿童的心理需求是不同的，父母提供的心理支持也应有所不同。

根据心理学家埃里克森的心理发展阶段理论，0~2岁的婴幼儿需要发展信任感，克服不信任感，所以，在这个时期，父母可以通过满足婴幼儿在生理方面的需要，以及建立良好的依恋关系，培养婴幼儿的信任感。2~4岁幼儿的心理需要是获得自主感，克服羞怯和疑虑。父母应该满足幼儿自主探索世界的需要，引导幼儿积极自主参与各种活动，不要过分限制幼儿的活动。

拓展学习

埃里克森的社会心理发展理论简述

埃里克森的社会心理发展理论提出的八个阶段的发展任务和所形成的良好人格品质分别是：婴儿前期（发展任务是获得信任感和克服不信任感，体验着希望的实现）、婴儿后期（发展任务是获得自主感而克服羞怯和疑虑感，体验着意志的实现）、学前期（发展任务是获得主动感和克服罪疚感，体验着目的的实现）、童年期（发展任务是获得勤奋感和克服自

① 何助宜：《浅谈良好家庭心理环境的创设》，载《读写算：教育教学研究》，2013年第36期。

拓展学习

卑感，良好的人格特征是能力品质)、青少年期(发展任务是形成角色同一性和防止角色混乱，良好的人格特征是诚实品质)、成年早期(发展任务是获得亲密感和避免孤独感，良好的人格特征是爱的品质)、成年中期(发展任务是获得繁衍感和避免停滞感，良好的人格特征是关心品质)、成年后期(发展任务是获得完善感和避免失望或厌恶感；良好的人格特征是智慧、贤明品质)。想了解更多内容，请扫描文旁二维码。

另外，良好的家庭教育与家长的言传身教是分不开的。父母作为孩子重要的模仿学习对象，要做好示范，以身作则，注意自身言行，关注自身心理健康情况，以便为孩子树立心灵成长的榜样，为其营造一个健康、积极、和谐的发展环境。这方面内容的具体建议可参见本书单元十。

(二)引导婴幼儿养成良好的行为习惯

《托育机构保育指导大纲(试行)》中提出，0~3岁婴幼儿的保育重点包括营养与喂养、睡眠、生活与卫生习惯、动作、语言、认知、情感与社会性等方面。其中，营养与喂养、睡眠、生活与卫生习惯、社会性等都关乎行为习惯的培养。良好的行为习惯可以促进儿童身心发展，有助于其更好地实现社会化。对于婴幼儿，需要培养的行为习惯主要包括：必要的生活习惯，如穿衣、洗漱、个人卫生等；规律的生活作息；与社交相关的行为习惯，如说礼貌用语、遵守交通规则等行为。

培养生活习惯时，家长可以让婴幼儿参加一些力所能及的劳动，学习一些简单的劳动技能，使之具备一定的生活自理能力。比如，会扫地、擦桌椅、有序取放自己的生活用品等。

婴幼儿的作息有其自身规律，家长在遵循发展规律和个人气质类型的基础上，可以引导婴幼儿形成科学有规律的作息时间，对婴幼儿的身心发展大有裨益。

良好社交行为习惯的培养，需要家长在生活中潜移默化地进行引导。如得到他人帮助，引导婴幼儿通过语言或非语言的方式表达谢意；与婴幼儿一起过马路时，讲述并遵守红绿灯规则等。

(三)培养婴幼儿具有积极的情绪

情绪是人对客观事物是否符合需求、愿望而产生的体验及相应的行为反应。

能够满足人的需要的事物会引起人的积极性质的体验，如快乐、自豪等；不能满足人需要的事物会引起人的消极性质的体验，如愤怒、害怕、悲伤等。积极的情绪可以提高人的活动能力，而消极的情绪则会降低人的活动能力。培养婴幼儿具有积极的情绪、调整消极情绪，可以使婴幼儿在面对外界事物时能够乐于并敢于探索世界，并为未来情绪情感的发展奠定良好的基础，能够较好地调节自己和他人的情绪，实现良好的人际交往。培养婴幼儿情绪发展的具体方法请参看单元七。

（四）奠定良好的个性基础

个性，是指一个人的整体精神面貌，是个体的一些意识倾向和各种稳定而独特的心理特征的总和，包括气质、性格、动机、兴趣、理想、信念等。良好的个性能够促进一个人积极的发展，体现在能够使得人们积极地从事活动，选择恰当的态度、行为来面对自我、他人、社会事件等。在影响个性的因素中，家庭教育起着潜移默化的作用，家庭成员特别是父母的教育理念、教育方法等会在下一代的个性中打下深深的烙印。古语有言，"近朱者赤，近墨者黑"。一个人的个性在成年后才会相对稳定下来，婴幼儿时期虽不能形成稳定的个性，但经由恰当的家庭心理健康教育，能够为良好的个性奠定基础。

任务二 0～3 岁婴幼儿家庭心理干预的常用方法

0～3 岁婴幼儿的成长要求家长对家庭心理健康教育充分重视。多数家长并非心理治疗方面的专业人员，但仍有必要了解婴幼儿家庭心理干预的基本知识和常用方法，以便更好地维护 0～3 岁婴幼儿的心理健康。常用的家庭心理干预方法有行为改变技术、游戏治疗等。

一、行为改变技术

行为改变技术是指建立在心理学理论基础之上，旨在减少、消除个体不良行为，增进、塑造个体良好行为的各种原理方法。在家庭心理健康教育中运用行为改变技术可以减少或消除儿童的不良行为，如攻击性行为、挑食、偏食、多动等，也可以养成儿童良好的行为习惯，如讲礼貌、遵守交通规则等。家庭心理健康教育常用的行为改变技术包括强化、惩罚、消退、塑造等。

（一）强化

强化是指有机体做出某一个行为后出现的结果提高了该行为以后出现的概率

的过程。根据行为的结果，可以将强化分为以下两种。

1. 正强化

给予满足有机体需要的刺激被称为正强化物，通过给予正强化物增加行为出现概率的过程称为正强化。对婴幼儿来说，正强化物根据刺激物强化作用的起源或者性质分类可分为无条件强化物和条件强化物。无条件强化物是指对人类生存及种族延续具有基本价值的自然刺激物，也称为基础强化物或原级强化物，如食物、水、安全、睡眠等。条件强化物也叫次级强化物或者习得性强化物，是指当一个中性刺激物（目前不具有强化刺激功能的刺激物，它不影响所跟随的行为），通过与一个无条件刺激物或者与一个已有强化价值的条件强化物配合后，被赋予了强化力量的刺激物，所以，他们的价值不是自然获得的。比如，表扬、微笑、证书、钱等。

2. 负强化

令有机体厌恶的刺激被称为惩罚物，通过减少或撤除惩罚物增加行为出现概率的过程称为负强化。婴幼儿常见的惩罚物也可分为无条件惩罚物和条件惩罚物，无条件惩罚物的惩罚功能发挥不需要借助其他惩罚物，其厌恶性并非个体学习而来，而是物种进化的结果。[1]无条件惩罚物对个体的生存和物种的延续存活具有重大影响，使人类学会逃避或回避这些刺激，直接或间接与有机体的生存密切相关。比如，寒冷、高温、噪声、疼痛、酸、苦等。后者是指只有在与无条件惩罚物或其他已经存在的条件性惩罚物配对之后，才具有惩罚作用的刺激或事件。比如，斥责、警告、摇头、摇手等。

因此，家长可以选择运用上述强化原理，促使增加婴幼儿的某种良好行为。

拓展学习

我们在生活中经常会运用强化原理，但有时会发现结果并不如我们预想的那样能够增加婴幼儿的良好行为，这往往是因为没有正确地运用强化，那么，在实施强化原理时，需要注意哪些事项呢？想了解更多内容请扫描文旁二维码。

① 昝飞：《行为矫正技术》，199页，北京，中国轻工业出版社，2012。

（二）惩罚

惩罚是指有机体做出某一行为反应的结果，降低了该行为以后发生概率的过程。行为的结果存在两种情况，分别是厌恶刺激的承受和积极刺激的撤离，这两种情况都可以降低行为发生的概率。有机体承受厌恶刺激（即惩罚物）来降低行为发生概率的过程称为正惩罚，有机体被撤离积极刺激（即强化物）来降低行为发生概率的过程称为负惩罚。当想要减少或消除婴幼儿的不良行为时，可以采用惩罚。比如，孩子对老奶奶不礼貌，家长可以采取批评也可以采取一天不能玩他最喜欢的玩具作为惩罚。

惩罚容易造成一些身心伤害，因此，运用惩罚时需要注意：第一，惩罚实施者要注意控制自己的情绪，尽量心平气和地实施惩罚，做到对事不对人。第二，惩罚要与对替代的良好行为的强化相结合，惩罚只能短期减少或消除不良行为，若想要达到长期的效果，还要使与不良行为相反的良好行为能够建立并巩固下来，才能更好地实现改变婴幼儿行为的目的。第三，由于 0～3 岁婴幼儿身体发育和心理发展迅速，有些“行为问题”可能是阶段性的，不一定是必须要被矫正的，或是月龄较小时不适宜采用惩罚，家长在实施时应慎重。

拓展学习

我们了解了正强化、负强化、正惩罚、负惩罚四个概念，但在真正理解和运用时容易出现混淆，如何区别它们呢？扫描文旁二维码了解相关具体内容。

（三）消退

消退是指一个经过一段时间强化的行为不再被强化，就会逐渐消失。在单元七中，恰当处理婴幼儿的情绪失控正是运用了该原理。婴幼儿有时会出现一些有意的破坏性行为，当成人批评时，他们的这种不良行为出现的频率或强度反而增加了。将批评作为惩罚物来实施惩罚却并没有降低不良行为发生的概率，原因是婴幼儿这种不良行为的目的是吸引成人的关注，对他们来说，批评也是一种关注，是他们所喜欢的刺激，所以，成人实施批评时以为自己在惩罚孩子，实际上却成了正强化的过程，不良行为不降反升。处理这种现象需要运用消退原理，即在婴幼儿出现破坏性行为时不予理会，不提供关注这种强化物。

实施消退时需要首先找出维持不良行为的所有强化物，然后确定消除强化物的方法，并且一致地实施消退，也就是每一次不良行为出现时都给予消退。家长实施消退要做好消退爆发和自发恢复的心理准备。消退爆发是指一旦行为不再得到强化，其频率、持续时间或强度在减少或最终停止前暂时增加。比如手机突然黑屏了，我们可能会去不停按各种按键，一会儿发现还是黑屏，没用，放弃了。（这是消退）可过了一会儿，总觉得不死心，还是再狂按十几次。（消退爆发）在还是黑屏的情况下，最终放弃了，选择送修。而自发恢复是指行为在停止发生一段时间后又再次发生。所以，为了避免自发恢复，与惩罚一样，还要与对替代行为的强化相结合，真正实现对不良行为的矫正。

同惩罚类似，由于0～3岁婴幼儿身心发展特点，某些情况下不适宜采用消退法。比如，“哭声免疫法”实质就是运用消退结合强化的方法，当婴幼儿哭闹时，家长不去抱、不去安抚，只当婴幼儿不哭的时候才去抱。但经过研究，这种方法使得许多孩子变得冷漠、难以与家长建立良好的依恋关系，随着年龄增长，甚至会发展出严重的心理问题。个体0～2岁时，是母婴依恋建立的重要时期（单元七阐述了母婴依恋的重要性），婴幼儿由于思维水平的限制，他们的哭闹往往确有其因——是由于身心不愉快所造成的，这时正是需要成人给予恰当的抚慰，建立亲子关系的时机。如果不辨缘由地采用消退法就容易损害亲子关系，不利于婴幼儿心理健康发展。2岁后的幼儿有时会出现为了达成目标而无理取闹的情况，需要家长能够分清孩子哭闹的具体原因，确实是任性、无理的行为，这时采用消退便较为恰当和有效。

（四）塑造

塑造是建立个体在当时还不会完成的新的目标行为的过程，也就是使个体的行为不断接近目标行为而最终做出这种目标行为的差别强化过程。婴幼儿掌握语言，学习穿衣、穿鞋、吃饭等生活基本技能，都可以运用塑造原理。塑造原理的实施是首先找到一个目前个体有可能实现的且与目标行为有关或相似的初始行为，并对之进行强化。当这个初始行为出现频率逐渐增大并能稳定出现时，就对之进行消退，转而强化另一个更加接近目标行为的反应。通过这样逐一强化更为接近目标行为的反应，同时消退先前的较为接近目标行为的反应，使目标行为最终确立。所以，塑造也被称为“渐次接近法”。这种方法的关键是将行为目标细化，在帮助婴幼儿学习比较复杂的行为时，可以将目标划分为不同等级，再引导婴幼儿通过塑造逐步实现。

以教会婴幼儿发“啊”音为例，分为两个步骤进行。第一步，将婴幼儿现在不会发“啊”到会发“啊”之间确定四级目标：第一级目标即要求模仿张嘴的动作。如果孩子做不出，家长可以用手辅助他张开嘴，直到孩子不用家长的帮助就能张开嘴巴；第二级目标即要求张嘴发出声音，不要求必须发出“啊”；第三级目标即要求发出近似“啊”的声音；第四级目标即要求发“啊”音。

第二步，运用塑造原理依次对每一级目标进行强化训练。通过观察、访谈或调查对正强化物开展调查，将婴幼儿喜欢的事物作为强化物。当婴幼儿能够很稳定地完成第一级目标，即一段时间内都可以不用家长帮助就能张开嘴巴了，开始进入对第二级目标的强化，此时对只是张嘴的行为不再给予强化，而是对不仅张嘴而且发出声音进行强化，由于只张嘴不发声没有得到强化，需要发出声音才能得到强化，孩子就不再只张嘴了，他还会发出声音。当第二级目标稳定出现后，进行第三级目标，家长强化他发出“啊”的近似音，发出其他音时不再强化。于是发其他音的行为被消退了，婴幼儿发出“啊”的近似音的行为建立起来了。稳定后进行第四级目标，此阶段，只强化发出“啊”的行为，对发出近似“啊”的行为不再强化。

婴幼儿会在每一级目标的强化中不断调整自己，最终达到目标。从某种意义上来说，塑造就是为个体提供达到目标的思路的过程。

二、游戏治疗

游戏作为一种产生于古代人们的生活实践的产物，是一种古老的文化现象，从古至今在儿童身心发展过程中起到了不可替代的作用。众多学者的研究成果显示，游戏对婴幼儿心理健康有重要促进作用。游戏是 0～6 岁婴幼儿生活中的主要活动。在游戏中，婴幼儿的情绪得到宣泄，并以一种特殊的形式参与社会生活，实现自我价值，体现创造能力，有利于培养健全人格。

凡是以游戏为主要沟通媒介的心理治疗都可称为游戏治疗。当婴幼儿出现一些心理困扰、行为问题时，以语言为主要中介的治疗方法运用起来存在困难。为了实现沟通，要借助婴幼儿喜欢的沟通载体达到目的，可以把游戏作为与儿童沟通的媒介，让儿童通过游戏“说”出自己的问题。于是，有学者提出并发展了游戏治疗这一方法。目前得到广泛认可的对游戏治疗的界定是国际游戏治疗协会在 1997 年对游戏治疗的定义，即游戏治疗是一种通过理论模式的系统使用而建立的人际交往过程。在这期间，接受过训练的游戏心理治疗师使用游戏这种治疗方式帮助来访者，使他们获得成长和发展。①

① ［美］Karla D. Carmichael:《游戏治疗入门》，王瑾译，2 页，北京，高等教育出版社，2007。

游戏治疗既是帮助有问题儿童的最佳方法，也是帮助每一个儿童健康成长的重要手段。游戏治疗的主要的目的不仅仅是解决儿童的问题，游戏的发展性和预防性功能更备受重视，这也是游戏治疗近年来的一个重要发展趋势。所以，虽然家长可能不具备专业知识或未接受过一定的专业训练，也可以在学习了一定的游戏治疗知识后，有侧重地运用游戏来促进婴幼儿的积极发展，达到预防心理问题发生的目标。

根据使用的媒介和手段可以将游戏治疗分为以下几类：象征性游戏技巧，主要包括洋娃娃、布偶、面具、电话、积木等玩具的使用；自然媒介的游戏技巧，主要是指对沙、水、泥土、实物等物品的应用；艺术的游戏技巧，包括绘画、指画等游戏的应用；必须借助言语完成的游戏技巧，包括说故事、角色扮演、放松想象等游戏技巧；规则游戏技巧，如各种棋类游戏；电子游戏技巧，如任天堂游戏、利用电脑和数码产品的高科技的游戏治疗。

任务三　0～3 岁特殊婴幼儿的家庭心理干预

随着国家经济和文化等事业的迅猛发展，特殊儿童得到了国家和社会越来越多的重视、关注。在国务院发布的多项政策文件中，都提到了关于发展非义务教育阶段特殊教育，其中就包括针对 0～3 岁特殊儿童开展早期教育和康复干预训练。为了更好地实现对 0～3 岁特殊婴幼儿的康复教育，充分利用儿童发展的关键期，形成教育合力，家庭康复训练是不可或缺的。所以，家长非常有必要掌握一些常用的早期教育和康复的方法。由于特殊儿童种类较多，各类特殊儿童的表现和特点差异较大，这里针对孤独症谱系障碍、发展迟缓等尤为需要家庭康复配合的婴幼儿，介绍以下两种方法。

一、应用行为分析

（一）概述

应用行为分析（Applied Behavior Analysis，ABA）是将行为原理应用于人类实际生活中的重要社会行为的一门科学，应用行为分析可应用于人类社会生活的多个方面，比如组织管理、学校管理、公共卫生、特殊儿童康复等。这种方法是目前国际上多种类型特殊儿童康复教育的主流方法之一。应用行为分析中最有代表性的研究者是美国加州大学洛杉矶分校的心理学教授洛瓦斯（Lovaas）。20 世纪 60 年代，他将行为原理（如强化、塑造等）引入到孤独症及其他发育性障碍的治疗教育中并进行了系统研究，创立了离散教学法（Discrete Trials Teaching，DTT，又称回合式操作教学法），取得了较好的干预效果。

离散教学法（DTT）是孤独症儿童和其他发育障碍儿童干预的最常见操作方法，以分解目标、强化和辅助为原则，以由经过专业训练的工作人员或儿童的家长所组成的干预小组与自闭症儿童进行一对一的训练作为干预的主要形式。

拓展学习

使用应用行为分析的前提是要进行行为功能分析，行为功能分析是指通过对环境、个人历史及其自身情况等方面的考察，达到对问题行为的原因和功能的掌握，从而为解决问题行为提供有效的途径。如何进行行为功能分析呢？

想了解更多内容请扫描文旁二维码。

（二）应用行为分析的主要操作方法

在实施操作之前，家长需要将每个能力分解成细小的、简单的单元后再进行训练，这一步骤称为分解目标。之后，就可以实施应用行为分析的主要操作方法——离散教学法（DTT）。

离散教学法包括指令、个体反应、结果（强化或辅助）、停顿4个基本环节。家长指令发出后，如果婴幼儿出现正确反应，家长马上给予强化，然后停顿，这就是一个回合的结束。如果指令发出后出现错误反应，停顿，然后再次开始一个回合。若指令发出后婴幼儿1～3秒没有反应就认为是无反应，马上重复指令，如果仍失败，第三次发出指令后立刻辅助。在各个回合中，家长要以一致的方式要求孩子，避免使孩子理解出现混乱，延误进步。强化、塑造等行为原理，就是在DTT中的一个个回合具体体现的。

1. 指令

通过指令，不仅可以引导孩子理解语言，更重要的是使孩子明白自己和他人是有关系的，即建立起听他人语言和自己动作的关系。为了实现指令的作用，需要注意三个问题：一是排除无关刺激的干扰。发指令时要注意简明扼要、重点突出，音量要大一些保证婴幼儿可以接收到。二是指令的用语和要求要适合婴幼儿的能力水平。特殊儿童的个体差异很大，即使是同一名特殊儿童，在不同的阶段也有不同的要求。所以，指令要根据孩子的能力水平，从简到繁，从易到难。三是家长发出指令后要给孩子留一定的思考时间。这是为了等待孩子独立做出反应。初学者切忌重复指令，因为这会影响婴幼儿的思考。

2. 结果

（1）强化。

当孩子对指令做出正确反应后，家长要及时给予强化。运用什么强化物要提前做好观察和调查，确保是孩子喜欢的事物。强化物的及时给予和撤出都非常重要，给予不及时，孩子无法将强化物和行为反应联系起来，不明白究竟强化物奖励的是哪种行为。给予过多容易出现饱餍，强化物就失去了激励作用。强化物不及时撤出则容易出现强化物的依赖。

（2）辅助。

当特殊儿童表现为不配合或者有难度，不能独立完成时，家长就要采用辅助。常用的辅助方式有：身体辅助、示范、语言辅助、移动提示和位置提示。身体辅助一般是手把手辅助，比如，当婴幼儿不会用勺子盛饭时，家长就手把手地教。示范是家长提供参照和模仿的示例（可以是语言示范、动作示范、视频示范），例如，教儿童拿“碗”，可以将碗放在桌子上，发指令“拿碗”后，家长用示范的方式拿起碗给孩子看，然后再让他模仿。语言辅助可以是口头语言也可以是非口头语言（主要是文字、图片）的辅助，比如，出示一张猫的图片，问婴幼儿这是什么，婴幼儿回答不出来，家长可以继续提问“什么动物喵喵叫？”作为提示。移动提示是用手指指示的方式提示正确答案，例如，家长拿出三块不同颜色的积木，提问“哪个积木是红色的？”，如果孩子找不出，重复指令的同时就用手指指示红色积木。位置提示是通过调整教具的位置提示正确答案，比如可以把碗放在离孩子比较近的地方，容易拿到，孩子能力提高后再将物品的位置还原。

相关视频

如何实施“辅助”呢？请扫描文旁二维码观看相关教学视频。

3. 停顿

停顿就是结果出现后，下一个回合开始之前，家长要稍微暂停几秒。停顿的作用之一是使婴幼儿对刚才的反应与结果的关系有一个记忆他们之间联系的过程；作用之二是给家长思考的时间，以便根据上一个回合孩子的反应决定下一个回合的处理方式；作用之三是能够让婴幼儿区别两个回合，使得他/她能够更好地理解之后的指令。

二、感觉统合训练

（一）感觉统合

感觉统合这一概念是美国南加州大学的简·爱尔丝于 1969 年提出的。感觉统合是指进入大脑的感觉刺激信息，在中枢神经形成有效率的组合，从而使大脑协调身体对外界做出恰当的反应。人脑就是将各种感觉刺激信息组合起来形成整体，使人针对环境产生有目的的动作。

爱尔丝认为，人类都有感觉统合的基本能力，每个孩子生下来便有这种本能。可这种本能必须在儿童时期通过与环境的持续互动，在大脑和身体不断地顺应下，才能够实现健全的发展。但是，由于每个人的生理条件、生长环境不同，感觉统合发展的程度也有所不同。大多数人是中等程度的统合，但少数人由于生理的问题或幼年生长环境不利，会导致感觉统合不理想。特殊儿童由于身心存在着一定障碍，如听觉、视觉、智力等的缺失，使得他们相比普通儿童更易存在感觉统合问题，程度也更严重。

由于感觉统合发展存在不理想的情况，感觉统合训练也就应运而生。1972 年，爱尔丝综合前人对脑神经的研究发现，感觉统合失调时，会引起儿童学习和情绪的重大困扰；而当感觉统合良好时，大脑高层次的认知学习才能充分运用。在此基础上发展的治疗理论，就称为感觉统合训练。感觉统合训练是通过专门的设备同时给予儿童前庭、肌肉、关节、皮肤触摸、视、听、嗅等多种刺激，并将这些刺激与运动相结合。我国普遍在学前儿童运动训练、各类特殊儿童康复训练中使用有关设备，它是在家庭康复治疗中家长相对容易掌握和操作的一种训练方法。

（二）感觉统合训练常用的指导方法

1、触觉系统训练

触觉系统训练可以强化皮肤、大小肌肉关节神经感应，辨识感觉层次，调整大脑感觉神经的灵敏度。训练器材有按摩球、球池、平衡触觉板等。便于家长操作的触觉系统训练有三种。

（1）毛巾游戏：家长两人合作用大毛巾将孩子包起来，让孩子在毛巾中滚动或扭动，有助于身体各部位皮肤接受触觉刺激的强化，也容易引发他的兴趣，适用于触觉迟钝的特殊婴幼儿。

（2）吹风机、软毛刷子游戏：利用吹风机能够调节各种温度的特点，家长可以用吹风机在孩子的敏感部位吹，长期使用可以帮助孩子形成抑制轻微接触刺激的能力，适用于触觉敏感的特殊婴幼儿。用软毛刷子刷身体，也有相同作用。

（3）呵痒痒：家长可以用手挠孩子的颈部、胳肢窝、腰部、脚底等皮肤触觉敏感处。如果孩子害怕或抗拒，家长可以先轻轻地抚摩孩子的全身肌肤，孩子习惯后再逐渐把时间延长，加重力度。

2. 前庭感觉训练

前庭感觉训练有调整前庭感觉信息，促进前庭平衡及视听能力完整程度等作用。常用训练器材包括圆筒、平衡踩踏车、按摩大龙球、羊角球、跳床、滑梯、平衡台、晃动独木桥、袋鼠袋、圆形滑车等。家庭中比较容易操作的器材有按摩大龙球、羊角球、跳床等。

（1）滚动大龙球。

家庭康复中，大龙球使用方法很多。滚动大龙球的活动中，家长可以先扶着孩子腋下帮助他边走边滚动大龙球，当孩子可以比较顺利完成时，可逐渐减少对孩子辅助的力度，直到孩子能够独立边走边滚大龙球。

（2）俯卧大龙球。

让孩子俯卧在大龙球上，头部抬高，目视前方，家长两只手分别抓住孩子的两只脚，前后左右摇晃。当孩子适应后可逐渐增加难度，如增加变化，时而左右，时而前后，或者360°旋转，也可做数秒钟的终止，这样可以促使前庭系统警醒，强化其感觉信息过滤和选择的能力。家长在摇晃中需要注意孩子的脸色、表情和姿态，当看到孩子有眩晕或害怕的表现时要立刻停止，因为刺激过度会有不适应现象出现，家长要随时保持警觉，以免发生意外。如果孩子玩时情绪愉快，身体没有不适应，可以尽量多做几次，但吃过饭后不要做此游戏，以免恶心呕吐。

（3）阳光隧道。

让孩子俯卧着身体，从隧道中爬行通过。难度上可以根据孩子的表现设计：如果孩子表现出害怕，可让他/她先观察家长是如何通过隧道的，并让孩子触摸和摇晃隧道，培养孩子对活动的兴趣和消除恐惧感；如果孩子表现出不合作，可以把孩子喜欢吃的零食或水果放在隧道里，作为强化物鼓励孩子爬进去拿食物；如果孩子能够很愉快地进行活动，或经过训练能力有了提高后，可以让孩子边爬边推球前进。

3. 本体感觉训练

本体感觉训练可以强化平衡、触觉，大小肌肉双侧协调，灵活身体运动能力、健全左右脑均衡发展。常用的训练器材包括蹦床、平衡木、晃动独木桥、滑板、S形垂直平衡木、S形水平平衡木、圆形平衡板等。

（1）仰躺大龙球。

做仰躺大龙球前要让孩子做好趴卧大龙球的游戏，有趴卧大龙球的经验，孩子比较容易接受、适应。家长先让孩子仰躺在大龙球上，并握住孩子的大腿或腰部，与趴卧大龙球活动一样进行不同方向、不同速度的滚动。家长要提醒孩子尝试协调、控制自己的身体平衡。当仰躺大龙球做好后，可以换成小弹力球，让孩子背靠球，自己去滚动球。

（2）溜滑梯。

在溜滑梯中，下滑的动作可以帮助大脑统合本体感觉信息的输入，协助身体姿势的稳定，维持高度的平衡感。如果在溜滑梯时孩子怕高，可以先从较低的位置开始。要求孩子在坐着下滑时保持固定的姿势，落地时两脚要同时着地。也可以采用俯卧的姿势滑下来，对前庭器官的刺激比较强烈。俯卧下滑时需要在滑下的位置放置软垫，以保护孩子安全。

（3）滑板游戏。

滑板游戏的训练不仅可以强化本体感觉，还可以促进触觉与前庭感觉的统合发展。要求孩子俯卧在滑板上，头抬高，挺胸，身体紧贴滑板，以腹部为中心，双手双脚抬高，如飞机起伏的状态。当掌握好静态的滑板姿势后，可让孩子用双手在地板上用力使滑板移动，在滑板上做各种动作，如前进、后退、行进时转变方向或360°大回转。

学习检测

一、选择题

1. 以下说法正确的是（　　）。

A. 只要是婴幼儿喜欢的物品都能成为正强化物

B. 成人的批评不可能成为正强化物

C. 消退就是忽视，不理会

D. 惩罚会带来一定程度的身心伤害

2. 大多数人的感觉统合水平是（　　）。

A. 非常好　　B. 较好

C. 中等　　D. 较差

3. 当教师拿出 5 张不同的图片，提问：“哪一个是小猫？”如果幼儿找不出，就在重复指令的同时用手指指示小猫的图片。这是（　　）辅助。

A. 肢体辅助　　B. 示范　　C. 位置提示　　D. 移动提示

4. 当幼儿大声哭闹是为了获得成人的关注，这时应该采用（　　）方法。

A. 强化　　B. 惩罚　　C. 消退　　D. 塑造

二、简答题

1. 如何理解 0～3 岁婴幼儿家庭心理健康教育的含义？
2. 简述 0～3 岁婴幼儿家庭心理健康教育的价值。
3. 简述 0～3 岁婴幼儿家庭心理健康教育的任务。
4. 阐述行为改变技术有哪些原理可用于 0～3 岁婴幼儿家庭心理健康教育。
5. 说说幼儿日常的游戏与游戏治疗中的游戏有何区别。
6. 简述应用行为分析的离散教学法的主要步骤。

三、材料分析题

材料：小帅是一名 2 岁 9 个月的男孩，平时和爸爸妈妈生活，主要由妈妈负责小帅的饮食起居。爸爸妈妈偶尔周末会领小帅去爷爷奶奶或外公外婆家度过。小帅的爸爸妈妈均为高中毕业，爸爸是出租车司机，每天工作时间很长且不固定，所以，妈妈全职在家照顾小帅。小帅的性格比较倔强，爱发脾气，爱好唱歌、跳舞。每当小帅吃饭时都让妈妈特别头疼，他不仅严重挑食，不吃青菜和蛋类，而且吃饭的时候总是喜欢看电视。如果妈妈劝说或勉强他吃，小帅就会大发脾气。

问题：请分析案例中小帅的问题行为表现及其成因，并简述适合采用的行为改变技术。

实践体验

1. 检索关于婴幼儿游戏治疗实施操作的文献，形成报告。报告的具体撰写要求可通过扫描二维码查看。

2. 请自选一两名 0～3 岁婴幼儿，针对其某一问题行为，采用行为功能分析法进行记录、分析，并恰当地选择行为改变技术制定相应的行为改变方案。

3. 请在本单元触觉系统训练、前庭感觉训练、本体感觉训练提到的训练活动中各选一项进行模拟操作。

单元十 0～3岁婴幼儿家庭环境的创设

导言

家庭教育的手段通常是言教、身教和环境教育。人们通常重视言传身教，却往往忽视了环境教育，即家庭的物质及精神环境对婴幼儿产生的潜移默化的影响。0～3岁是个体一生脑发育最快速的时期，婴幼儿需要充足而全面的物质营养和精神营养以满足其生长发育与心理发展的需求。物质营养一般通过母乳、配方奶和其他食物摄取，精神营养主要依靠丰富的外界信息和家长的关爱。家庭是婴幼儿接触最早、最多的环境，是生命早期最重要的信息源。因此，在家庭养护和教育过程中，充分地关注环境的设置、提供个体成长所需的信息刺激，可以帮助婴幼儿脑组织形态和功能得到良好发育，养成受益终生的习惯，形成健全的人格特质，进而极大地促进婴幼儿全面发展。通过本单元的学习，你将了解家庭环境创设对婴幼儿成长的重要性以及物质环境与精神环境的科学创设方法。

学习目标

1. 了解家庭地理位置选择对婴幼儿成长的重要性。
2. 理解0～3岁婴幼儿家庭空间区域划分的原则和环境布置的要求。
3. 领会家风在0～3岁婴幼儿家庭精神环境创设中的重要性。
4. 能够遵循0～3岁婴幼儿玩具选择的标准，选择并有效利用玩具育儿。
5. 掌握0～3岁婴幼儿家庭心理环境创设的基本方面。

内容导览

- 单元十 0～3岁婴幼儿家庭环境的创设
  - 任务一 0～3岁婴幼儿家庭物质环境的创设
    - 一、地理位置的选择
    - 二、空间的区域划分与环境布置
    - 三、玩具的选择与使用
    - 四、家庭经济资源的有效利用
  - 任务二 0～3岁婴幼儿家庭精神环境的创设
    - 一、优化家长的示范作用
    - 二、0～3岁婴幼儿家庭心理环境的创设

任务一　0～3 岁婴幼儿家庭物质环境的创设

《颜氏家训》有言："古者，圣王有胎教之法：怀子三月，出居别宫，目不斜视，耳不妄听，音声滋味，以礼节之。"日本教育家铃木镇一也曾说过："每一个能学会说话的孩子都不是笨孩子，只要给予他学说话那样的环境和教育条件，他就能学到人类可能掌握的一切知识，充分发挥出他的聪明才智来。"由此可见，古今中外的教育家都十分强调环境对婴幼儿成长的影响。婴幼儿的成长主要依赖家庭养护，成长环境也主要依赖家长提供，因此家长应重视 0～3 岁婴幼儿成长的家庭外部环境选择和内部环境创设。

一、地理位置的选择

0～3 岁婴幼儿在其所处的环境中逐渐成长，不同于成人的是婴幼儿难以自主选择和创造生长环境，他们总是在潜移默化中接受外界的刺激影响。"孟母三迁"的故事充分证明了环境对个体发展的重要性。对婴幼儿而言，家庭所处的地理位置是至关重要的外在影响力，摆在家长面前的问题是：如何选择一个适合婴幼儿健康发展的良好的地理位置。

图 10–1　走进大自然

家庭地理位置的选择一般要考虑城市、街区、空气质量、噪声污染、卫生条件、交通便利、社区服务、教育设施等。通常，家庭的居所会选择工作所在地，年轻家长也在一定程度上考虑婴幼儿未来成长的大环境，倾向于选择自己认同的、经济文化比较发达的城市。但是对于一般家庭而言，居住地的选择往往有一定的被动性，不同地域的生活成本也不同。家长应根据经济条件、工作地址或家庭其他因素选择居住地，切不可盲目追求远超出自己能力范围的地域。无论家庭位置在哪里，家长都可以在周末或空闲时间带婴幼儿走进大自然中，闻闻春天的花香、听听夏季的虫鸣、看看秋天的红叶、摸摸冬天的雪花，丰富婴幼儿的感知觉经验。

这里主要针对街区、社区等较微观的居住地理位置的选择给出一些建议。

一是社区管理规范、环境安全、生活便利，如周边多是居住地、有大中型的超市或商场。

二是社区服务全面、环境优美、交通便利，如出门便可以乘坐公共交通或者步行就可以到达超市、医疗机构、托幼机构等。

三是社区物质文化设施丰富、洁净卫生、教育资源充足。例如，社区附近有图书馆、博物馆、科技馆等可以开阔婴幼儿视野的场所，配套了托育机构、早教中心、幼儿园等能够就近接受早期照护、教育的机构等。不建议将住所选择在空气污染、噪声污染严重的嘈杂环境中，也尽量远离工厂和闹市区，避免不良的外界环境给婴幼儿带来不良的影响。所谓“蓬生麻中，不扶而直；白沙在涅，与之俱黑”。另外，为减少婴幼儿发生意外事故的情况，居住地位置选择也需避开马路边，因为马路边对会走会跑但无防患意识的婴幼儿来说是莫大的安全隐患；湖边、海边环境虽然优美舒适（图 10–2），但家长也要对爱玩沙水的婴幼儿多加照顾，避免其溺水等。

图 10–2　无栏杆的湖边

0～3 岁婴幼儿无意识地接受着环境中的各种刺激，所以，居所的选择最好有利于其接触积极、乐观、弘扬社会主旋律的信息，以便帮助婴幼儿形成正面的发展动力。房屋尽量通风良好、光线充足、视线开阔且所在社区人文素养较高。这样，秩序井然、洁净卫生、安全和谐、丰富便利的生活环境便为 0～3 岁婴幼儿身心健康成长提供了有力保障。

二、空间的区域划分与环境布置

除了良好的社区环境外，家庭空间是 0～3 岁婴幼儿最主要的生活和活动场所，因此家居环境需要结合 0～3 岁婴幼儿发展特点与需求精心设计与布置。

1. 空间的布局

家长在规划家居环境时，应在充分考虑 0～3 岁婴幼儿生活起居习惯和便于照顾的基础上，关注各空间的位置、结构、大小、可操作性等因素，尽量科学合理地开辟出一块可供婴幼儿自由活动、游戏、阅读等相对独立的空间，并结合婴幼儿的喜好精心布置。

考虑到婴幼儿睡眠的安全和家长照料其生活的方便，0～3 岁的婴幼儿需要与家长同屋不同床，在父母卧室的大床旁边添置一个带围栏的小床是非常不错的选择，但不建议在大床边直接搭上高高的围栏，两片围栏之间的缝隙有夹伤婴幼儿手脚的风险。

如果家庭居住条件允许，家长可以给婴幼儿开辟出一个独立的儿童房间。儿童房要求有合适且充足的照明，能让房间温暖、有安全感，有助于消除孩童独处时的恐惧感，充足的光照还能帮助婴幼儿补充微量元素。儿童房应设在空气流通较好的区域，以保证新鲜空气的提供。

如果家庭空间有限，无须强求分割出儿童房，否则反而会造成空间的局促。可以采用隔离的方法，把客厅、阳台或卧室的某个角落开辟出来，铺上地垫、放上儿童书架、小沙发、玩具架等，给婴儿开辟一个相对独立的游戏和玩耍空间；架设小画架，或利用阳台、卫生间有墙砖的内墙，或在一面墙上贴白板贴，作为婴幼儿的涂鸦墙 / 美工区；在棚顶粘贴装饰画或者富有童趣的灯饰让婴幼儿感受光影和色彩，也可以悬挂风铃、播放柔美的或节奏感强的音乐体会动感和音效。

妈妈可以给自己创设一个舒适的喂奶专区，享受哺乳的幸福，体验美好的亲子互动时光。6 个月后婴儿开始添加辅食，需要有专门的餐椅和进餐的空间。

如果有条件，家长还可以给婴儿布置一个冷静角，当婴幼儿情绪激动、生气发脾气时，可以陪伴其安静地坐下，拥抱他，让他摸摸喜欢的玩具，看看书，抱抱小熊等，使表达能力欠缺的婴幼儿通过积极的方式，转移注意力，稳定情绪。

家庭专属区域的划分能够满足婴幼儿身体成长的需要、心理发展以及归属感的需求，也有助于婴幼儿专注地做事情，养成良好的收纳习惯和终身受益的阅读习惯。

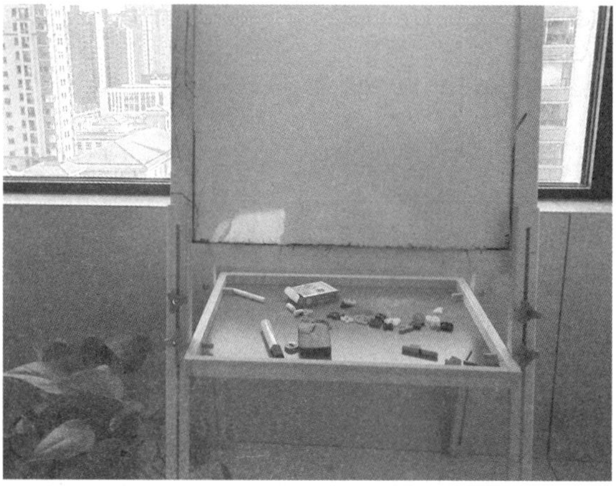

图 10–3 小画架

图 10-4 阅读区

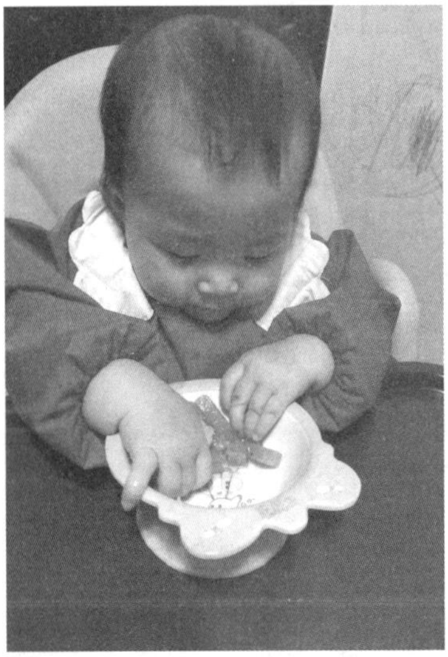
图 10-5 坐餐椅

2. 环境的布置

家庭环境布置应在确保婴幼儿安全、健康的基础上，充分融入陶冶和教育元素，做到舒适、美观、整洁、有序，营造良好的游戏和活动环境，陶冶婴幼儿的情操。

房屋装修是影响婴幼儿健康的重要因素。装修材料的选择要绿色环保，符合婴幼儿使用标准，如墙面选择儿童专用漆，家具尽量选择原木的或免漆的。家具选择圆角，高矮适中，避免磕碰，确保婴幼儿安全。装修好后需经过长时间晾晒，做室内除醛处理，达到国家规定的入住标准方可入住。家长在注重装饰物美观和功能的同时，也应该关注材料的绿色环保。

室内棚顶和墙壁底色要颜色简洁、明快，墙壁装饰尽量色彩鲜艳，对象与背景有较为明显的区分度。可以根据婴幼儿的月龄变换墙上装饰物，在其起居室内悬挂或者摆放色彩鲜艳的玩具，易于婴幼儿看到、听到、触摸到，能有效互动。如在小床上给婴儿悬挂可以旋转的玩具，在床边摆放婴儿喜欢的黑白卡、彩色卡或其他适合抓握的玩具，锻炼婴儿的抓握、触觉、视觉、听觉和手眼协调能力。

家庭室内布置要做到简单、美观、大方、明快、好玩、易于互动，摆放必要的家具（尽量少，避免有堆砌感，更不能杂乱无章），尤其是婴幼儿自己的空间，更要确保适宜活动、玩耍和操作。可根据年龄购置不同的玩具和书籍，准备书架、玩具架，并做好收纳；也可以放上小帐篷、秋千、滑梯、摇马、蹦床、大龙球、滑板、平衡车、扭扭车等稍大的玩具，还可以配备小乐器及音乐装置，做到有声空间。

家长可以根据婴幼儿的兴趣，适当地进行主题布置。例如，2 岁的幼儿对动物感兴趣，就可以准备动物玩偶、各种动物照片、卡通图片等张贴在家里，也可以准备相应的绘画材料、音乐等，让幼儿认知动物的外部特征，丰富其对感兴趣事物的经验。

图 10–6　大象图片

虽然当下很多家庭的物质条件都较好，但家长切不可盲目过度布置，甚至在物质上攀比、赶潮流，应根据婴幼儿成长中不同月龄和兴趣的需求选择布置家居的材料，并随需要的变化及时添加或更换。环境布置时应尽量达到具有吸引力、立体互动性的效果，好的环境可以使婴幼儿通过视觉、听觉、触觉等充分接受外界环境的有益刺激。同时，各种玩具和书籍要做到分类收纳，且有固定的位置，用时每次拿出一个，不用时物归原处，然后再选择另一个，不仅能培养良好的专注力，也能养成分类的意识和收纳的习惯。婴幼儿的衣物也要有专门的收纳区，便于家长和婴幼儿的取放。

三、玩具的选择与使用

玩具是婴幼儿成长中忠实的伙伴，也是其成长中重要的影响因素。好的玩具不仅能促进婴幼儿的大运动、精细动作、思维能力和创造性的发展，还对婴幼儿的艺术审美起熏陶作用。因此，家长在选择玩具时要避免一些误区，尽量兼顾玩具的安全性、适用性、丰富性等因素。

（一）玩具的选择

1. 玩具选择存在的误区

一是贪多比贵。随着物质生活水平的提高和对早期智力开发的关注，家长们竭尽所能地爱护婴幼儿，购买玩具往往成为一些家长表达爱的方式，买多、买贵倾向较重。尤其是很多工作忙碌或外出打工的家长，把多买玩具作为代替陪伴的手段，弥补内心的愧疚。

二是盲目从众。一些家长购买玩具追逐潮流，流行什么买什么，但不一定符合婴幼儿的兴趣，时常闲置，造成不必要的浪费。还有的家长只关注到了"网红"玩具的美观、好玩，而忽略了玩具的安全性与实用性。正确的做法是充分了解婴幼儿的发展需求和兴趣点，统筹已有玩具的类型与功能，再决定是否购买，或买多少。

三是品类单一。由于缺乏对婴幼儿的了解，家长在选择玩具时盲目迎合婴幼儿的喜好，往往一种类型玩具数量过多，其他类型玩具很少。比如，有的孩子喜欢车，家里地面、茶几上就摆满了大大小小的玩具汽车；有的孩子喜欢毛绒玩具，家里到处都摆放着各种款式的动物或娃娃玩偶。

四是选择家长喜欢的玩具。现在的玩具种类丰富多样，有很多是家长儿时未闻未见的，便买回家以弥补自己内心的不足。如有个爸爸特别喜欢一款遥控汽车，买回家后一个星期都爱不释手，爸爸问3岁的幼儿："儿子，你为什么不玩汽车呢？"其实这个汽车一直被爸爸霸占，儿子都没机会碰一下。

2. 玩具选择的建议

为婴幼儿购买玩具要了解婴幼儿的发展特点和兴趣，在保证玩具环保安全的前提下，选择适宜的玩具。家长在选择的时候需要注意以下几个方面。

（1）安全性。

安全是前提，玩具首先要符合3C认证，这对缺乏安全意识、喜欢乱抓、啃咬的婴幼儿来说尤为重要。家长在选择玩具时要关注材质是否无毒、表面是否光滑无毛刺、是否会掉毛掉渣、是否易断易裂、是否有异味、是否有线头等。尤其对1岁以内口欲期的婴儿更应该选择食品级的玩具。

（2）适用性。

一是要根据0～3岁婴幼儿的年龄特点，购买贴近婴幼儿生活、满足其发展需要的玩具，昂贵的、流行的玩具并不一定适合婴幼儿的需求；二是要数量适中，不能太多，玩具过多会分散婴幼儿的注意力，也不利于专注力、创造力和探究精神的培养。

例如，2 岁多的幼儿对剪刀感兴趣，喜欢剪纸，而家长怕幼儿伤到自己或剪坏物品，就把剪刀收起来，不让幼儿碰触，这是不可取的。正确的做法是，家长为幼儿选择合适的剪刀，教会幼儿正确使用剪刀的方法；而对于 1 岁前的婴儿则要把剪刀收起来，放在婴儿够不到的地方，确保安全。家长还要根据不同性格的婴幼儿选择相应的玩具，如为胆小的婴幼儿提供毛绒玩具或娃娃，为浮躁的婴幼儿提供动手操作的积木、串珠等。

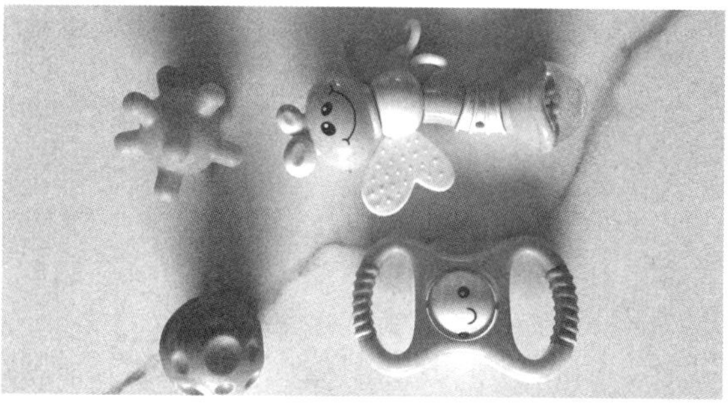

图 10–7　啃咬玩具

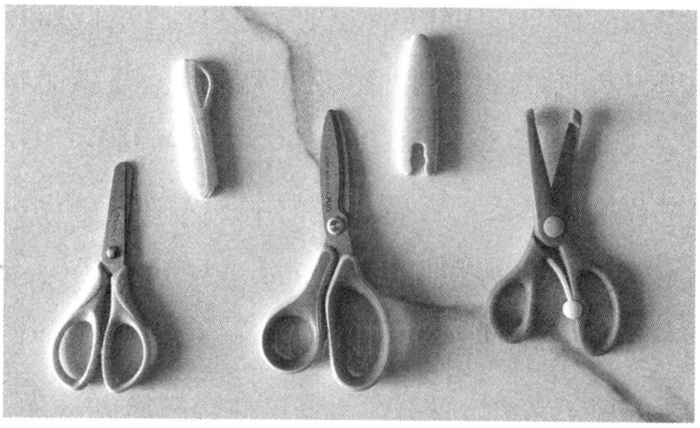

图 10–8　安全剪刀

（3）丰富性。

玩具的丰富性是指品类的丰富，不是数量的繁多。给婴幼儿选择玩具时需要从大运动、精细动作、思维发展、创造力、语言等方面来考虑，如动作类（平衡车、各种球、积木、叠杯、串珠等）、认知类（积木、形状盒、套杯、彩色珠子、动物模型等）、语言类（手偶、图画书 / 绘本等）、音乐类（摇铃、打击乐器等）、社会类（娃娃、毛绒玩具等）等，并根据婴幼儿的成长需求逐步添加和筛减。丰富的玩具能有效激发婴幼儿各种感官的发育，提升婴幼儿的感知能力，促进婴幼儿的心智发展。丰富并不意味着贪多，家长应注意每个阶段提供的玩具要适量，每次玩的时候只拿一种，不玩了就收起来，过多的玩具对婴幼儿的专注力、创造性培养均不利。玩几天之后的玩具，要根据婴幼儿的兴趣和喜好及时调整和增减，也可以把以前不玩的玩具再拿出来，让婴幼儿既保持熟悉感，也富有新鲜感。

（4）持久性。

为婴幼儿选择的玩具最好是在不同阶段都可以玩的，能够持续很长的时间，而不是一个玩具只玩几次就闲置，那便失去它的价值。婴幼儿随着年龄的增长、运动能力的增强和认知水平的提高，在不同阶段一个玩具可以玩出不同的花样和水平，锻炼不同的能力。如按摩球，1 岁前可以用来按摩婴儿的皮肤，发展触觉感受力，1 岁后，可以通过投掷锻炼幼儿手臂力量，还可以玩亲子互相传球游戏，增进亲子感情。有些玩具可以让婴幼儿在锻炼完一个能力之后先收起来，过段时间再拿出来锻炼更高的能力水平，如穿珠子玩具，1 岁半时注重手眼协调地穿珠子练习，2 岁以后便可以注重穿的速度、分类、排序等能力发展。

（5）开放性。

家长理解的玩具通常是从市场上买到的成品玩具。殊不知，开放性的材料（如雪糕棍、气球、吸管、羽毛、纸杯、纸箱等）由于贴近婴幼儿生活，更能激发婴幼儿的兴趣，也更能锻炼婴幼儿的动手能力、思维能力和创造力，而且还可以摆脱成品玩具的固有玩法。在操作这些开放性强的材料时，不同婴幼儿总是可以玩出不同玩法和水平，创意无限，这有利于增强婴幼儿的自信心。另外，家长还可以充分利用生活中的废旧物品，将其改装成玩具，变废为宝。比如，饮料瓶做成滚动玩具、月饼盒做成玩沙工具、精美的包装袋做成墙贴画、废旧报纸做成纸球等。不仅培养了婴幼儿的创造力，也渗透了节约意识。

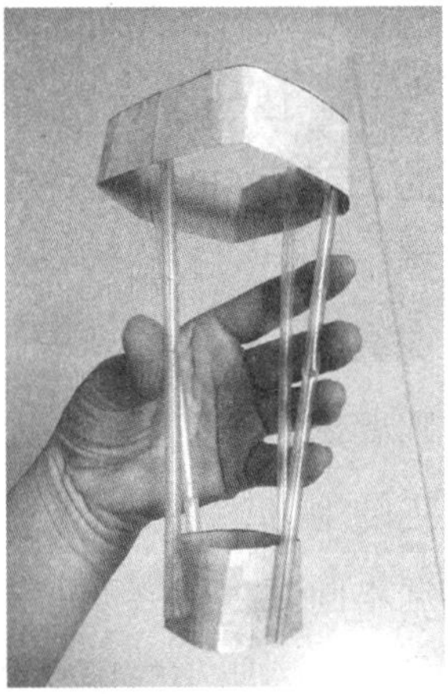
图 10-9　自制飞行器

相关视频

你见过用塑料瓶制作的火箭吗？一起扫码看看“自制火箭”的制作方法吧。

（二）玩具的使用

玩具对 0～3 岁婴幼儿发展的影响关键在于使用，玩具只有在用起来时才会发挥益智怡情的作用。

1. 尊重婴幼儿的主体地位

家长要确保婴幼儿在操作玩具时处于主体地位。婴幼儿拿到玩具后，家长要尊重婴幼儿对玩具的探索行为，不要拘泥于一种或几种固定玩法；家长还要在婴幼儿玩的时候保持安静，学会观察和耐心地等待，不要催促，不要急于介入；当婴幼儿需要帮助时，家长再介入，介入时也要以示范、鼓励、引导为主，避免包办或代替，充分尊重婴幼儿，发挥婴幼儿的主观能动性。

婴幼儿是玩具的主人，应该由婴幼儿来决定玩具的归属和是否分享。如一个 2 岁的幼儿拿着足球在广场上玩，有个小朋友想玩，家长一般会鼓励幼儿分享，但当幼儿不愿意分享时，家长会感觉没面子。其实，这个阶段的幼儿处于自我意识发展的关键阶段，是物权观建立的重要时期，他通过拥有物体来区分与他人的不同，家长要尊重幼儿的发展特点，让其决定是否分享，并尊重幼儿的决定。

尊重婴幼儿的主体地位，不是要满足他们的任何需要。当婴幼儿对购买玩具的要求不合理时，要抓住教育机会进行有意识的引导。家长也要通过一些玩具的选择改变婴幼儿已有的发展状态，尽可能多方面地触动其心智和情感的发展。

2. 归类和摆放

对玩具进行归类，并且整齐地摆放在玩具架相应的位置，既能发展婴幼儿关于分类概念的认知，也能给婴幼儿提供良好的秩序感。婴幼儿在使用的时候知道从哪里拿，在哪里玩，使用完了也知道放回哪里去，从小养成良好收纳习惯。

3. 玩具的清洁和保养

家长不仅要为婴幼儿提供安全、适宜的玩具，而且要注重玩具日常的清洁、保养、修复，确保婴幼儿玩耍时安全、卫生，并增加玩具的使用寿命。比如，对球类玩具、积塑类玩具可以用含有消毒液的水清洗，然后再用清水清洗后晾干；对木质类玩具用干净的毛巾擦拭即可；对毛绒类玩具可以定期清洗、杀菌、消毒；家长应定期或不定期检查是否有破损的玩具或书籍，可以带着婴幼儿一起进行修复和粘贴，若破损严重的或可能对婴幼儿身体造成伤害的需要及时丢弃，并引导婴幼儿说“谢谢你的陪伴，再见”。

家长可以带领婴幼儿共同选择、摆放、清洁玩具，利用这个时机与孩子有效沟通，进行劳动教育的启蒙，促进婴幼儿身心全面发展。

四、家庭经济资源的有效利用

家庭经济资源的利用不能以经济条件优劣来衡量。0~3 岁婴幼儿的成长与学习融汇在家庭生活中，家长要从家庭现有的生活设施、生活用具中充分挖掘教育资源，达成有效育儿的效果。

（一）生活用品的利用

生活处处皆教育。家长应有意识地自觉地开发生活用品的教育功能。如利用被子和木制家具教婴幼儿感受软硬；利用洗涮时间教会婴幼儿掌握洗脸、刷牙、洗袜子等生活技能；利用夹子晾晒袜子锻炼小手的精细动作，并把两只一样的袜子进行配对，把爸爸妈妈和自己的袜子进行大小的认知；利用白色的墙壁和彩色的衣服认识颜色；一根绒绳在巧手的家长那里也能魔术般地变换形状（如传统的翻绳游戏）；一块手帕能变成不同玩偶；一条浴巾就是婴儿的摇篮；一条床单、一席窗帘就让婴幼儿藏猫猫游戏的笑声充斥家里每个角落等等。

（二）厨房用品的利用

婴幼儿对厨房充满了好奇，这是教育的良好契机。盛菜时感受形状不同、大小不同的盘子和碟子；切水果时感受刀的特征，学习正确使用刀，并且学习与家人分享水果，感受分享的乐趣；包饺子时，让幼儿参与包饺子的过程，锻炼精细动作和生活自理能力，培养自信心和成就感，进行劳动教育启蒙；吃饭时，学习人与碗筷的一一对应，正确地使用勺子和筷子，学习餐桌礼仪；敲击锅碗瓢盆，感受声音的不同，丰富听觉认知等。

（三）废旧物品的利用

在婴幼儿的眼里，废旧物品可以变换多种形态，改造可能无限，他们对废旧物品的操作兴趣甚至时常超过精美的成品玩具。家里的纸箱、纸盒、纸杯、空瓶子是婴幼儿爱不释手的宝贝。家长可以利用纸箱给孩子制作形状盒、变形公交车，也可以把大的纸箱放在家里较大的空间做成一个可以钻爬的隧道，发展其对空间的探索；纸杯可以做各种手工，锻炼婴幼儿精细动作和对艺术审美的探索；空瓶子装上高低不同的水可以感受轻重，也可以通过敲击发出不同的声音，空瓶子中装入彩色的大米也可以变身小乐器等。对废旧物品的再利用，不仅开发了婴幼儿的智力，培养了创造力，锻炼了操作能力，更使节约、环保的理念植根于幼小的心灵。

图 10–10　自制玩具 – 彩色沙锤

（四）家长身体的利用

对于 3 岁以下的婴幼儿，尤其是 1 岁以下的婴儿，家长的身体是百玩不厌的大玩具。家长的身体为婴幼儿提供了丰富的锻炼前庭平衡的机会，如托抱着婴儿变身小飞机，和婴儿一起在床上翻滚，双腿变成滑梯，身体在地面搭成无数的洞洞让婴幼儿钻爬，游戏的同时增进了亲子间的感情；婴幼儿坐在家长腿上或趴在家长背上，通过家长身体的颠颤，可以让婴幼儿被动感知儿歌的韵律和音乐的节奏；家长的拥抱和抚摸更是带给婴幼儿满满的安全感和幸福感。

总之，在 0～3 岁婴幼儿的生活里，新异刺激无处不在，都是婴幼儿眼中的世界奇妙无穷，只要家长充分挖掘和有效利用，就能为婴幼儿营造良好的心智成长的空间。

任务二　0～3 岁婴幼儿家庭精神环境的创设

家庭良好的物质环境固然重要，但是对于需要全方位呵护养育的婴幼儿而言，家长温暖的怀抱、和善的笑容、亲切的话语、温和的动作和温馨的家庭气氛等更是婴幼儿得以健康成长的至关重要的精神环境。《中华人民共和国家庭教育促进法》指出："未成年人的父母或者其他监护人及其他家庭成员应当注重家庭建设，培育积极健康的家庭文化，树立和传承优良家风，弘扬中华民族家庭美德，共同建构文明、和谐的家庭关系，为未成年人健康成长营造良好的家庭环境。"面对经济的飞速发展、生活节奏的日益加快，婴幼儿养育过程中物质的丰盈与精神的匮乏成为鲜明的对比。留守儿童、单亲家庭、隔代养护、雇佣照顾等，隔离了亲子之间必要的陪伴、沟通与交流，影响着幼小心灵的健康成长。如何通过良好的家庭精神环境创设和健康的心理环境营造，奠定婴幼儿健康快乐成长的基础是本任务的重点。

一、优化家长的示范作用

家庭教育以家庭文化为背景，以家风为统摄，以家庭生活方式为外显形式，以家长行为为表征，家长作为家庭教育的主导者、执行者，其示范作用的发挥将左右教育效果，直接关乎 0～3 岁婴幼儿良好习惯的养成和完整个性品质的形成。

（一）端正的教养观念

家长所持的世界观、人生观和价值观会以生活化的言行表现在亲子生活中，通过亲子接触传递给婴幼儿，形成潜移默化的影响力。家长抱持正确的价值观就会坦然衡量和对待生活中的利弊得失，不会因为婴幼儿吃饭撒了便暴打一顿；家长积极乐观的人生态度便会使生活中充满欢歌和笑语，婴幼儿也会在轻松愉悦的家庭氛围中，自由地探索和成长；家长秉持科学的世界观就会学习科学的育儿知识和技能，不会在教养婴幼儿时迷信和盲从一些土方法，以致造成无可挽回的损失，如给新生儿绑腿造成髋关节脱臼，长期不给小婴儿洗头造成脑膜炎等。

因此，家长的思想观念直接关乎家庭成员行为、家庭气氛和亲子之间的交流，端正的三观对婴幼儿成长的意义不言而喻。

（二）进取的思想意识

21世纪信息与技术的快速迭代，将每个人带入前所未有的发展快车道，人们面临着巨大的挑战与机遇。儿童的性格主要受后天影响，0～3岁婴幼儿80%～90%的时间生活于家庭中，接触最多的人是家长，他们性格的萌芽主要受家长的影响。家长积极进取的观念与拼搏奋斗行为为婴幼儿树立了阳光、奋进的榜样，为儿童形成上进、拼搏、坚韧的良好性格打下底色。反之，家长淡漠、懈怠、因循苟且的生活与工作态度不仅无法适应时代的发展，影响家庭的经济状况，更有可能导致婴幼儿懒惰、贪图安逸、安于现状的消极品质萌芽。

俗话说“人生逆境十之八九、顺境十之一二”，事业和生活都难免有波折和挫败，家长的进取意识既能不断提升自己的发展水平，也能以积极的心态面对家庭交往，婴幼儿不会被遗忘在家庭的角落，也不会成为家长的出气筒。游戏时，家长既能理解并接纳婴幼儿，也会积极鼓励并引导其克服各种困难。

（三）不间断的终身学习

对婴幼儿养护的重视正以前所未有的状态而存在。对于初为人父、人母的家长而言，学习不仅是工作事业发展之必须，也是育儿之必须。0～3岁婴幼儿的培养不再是一个简单的抚养过程，而是走向科学养育的过程，这就对家长提出了更高的育儿要求。《家庭教育促进法》指出“未成年人的父母或者其他监护人应当树立正确的家庭教育理念，自觉学习家庭教育知识，在孕期和未成年人进入婴幼儿照护服务机构、幼儿园、中小学校等重要时段进行有针对性的学习，掌握科学的家庭教育方法，提高家庭教育的能力”。在育儿观念、育儿知识、育儿方式、育儿行为和育儿心理等方面都提出了高标准、严要求。家长要以终身学习的心态去迎接育儿过程中的种种挑战。以亲子沟通交流为例：当前玩具和游戏不断地推陈出新，要求家长紧跟时代的节奏，研究式地进行亲子交流，科学地陪伴婴幼儿长大。

（四）有公德心的社会行为

家庭是个小环境，也是构成社会的基本组织单位。正所谓：大河有水小河满，大河没水小河干。家长的公德意识、责任与担当行为不仅能够为营造和谐社会贡献力量，也以言行体现在生活中，为婴幼儿示范慈善仁爱的榜样；不仅能迎来周围人群的认可，也能以内心的丰盈与满足展示自己的阳光，惠及家庭和婴幼儿，使婴幼儿体验关爱与付出带来的愉悦感受。比如，义务植树、志愿者服务、做义工等琐碎平常的行为，常常会赢得赞赏和感谢，身边的婴幼儿也会惠及在爱的回报和感谢的氛围中，在其幼小心灵中种下爱的种子。

图 10-11　植树

（五）健康的生活习惯与交友方式

快节奏的生活、高度紧张的工作、繁华喧嚣的都市、方便快捷的沟通平台与软件，使人们的生活方式急剧变化，加班工作、夜生活、频繁的应酬、高强度的作业等，导致黑白颠倒、生活节律失调。这样的方式不仅成人难以消受，0～3 岁婴幼儿的生物钟也因家长的生活节奏而杂乱，有的婴幼儿习惯了晚上 12 点前不睡、白天 10 点前不醒，3 岁以后难以适应幼儿园的生活。当下的生活也改变了人们的饮食模式和锻炼习惯，不健康的饮食习惯和缺少运动影响了婴幼儿正常的身体发育，为以后罹患基础疾病埋下了隐患。因此，为了婴幼儿的健康家长也需要形成良好的生活习惯。

孔子所说“益者三友”“损者三友”，家长在交友上也应做婴幼儿的表率。婴幼儿的社会化是通过对他人的模仿和与他人的互动中进行的，家长积极开放的交友态度，正确的择友标准，良性的交友方式，都有效地深化、丰富了婴幼儿的社会性。

拓展学习

家长如何为婴幼儿做好交友表率呢？我们不妨来了解一下孔子的建议。扫描文旁二维码，阅读《孔子的交友建议》。

（六）积极的家务劳动行为

劳动是人类生存与发展的必要手段，将劳动教育寓于生活，对于0~3岁婴幼儿成长大有裨益。婴幼儿身心发展的特点，决定了他们的劳动教育应该始于家庭。

0~3岁婴幼儿活泼好动，充满好奇心，具有极强的模仿性，想要成为“大人”，家务劳动恰恰满足了他们的需求。家长积极从事家务劳动，夫妻间配合默契、气氛融洽、和谐互助，这能够激发婴幼儿的好奇心，甚至跃跃欲试直接参与劳动。家务劳动既寓教于乐又共享天伦，不仅有利于培养婴幼儿的生活自理能力，了解简单的劳动技能，更是培养婴幼儿参与意识、合作意识，增进亲子感情的好机会。家长不能因婴幼儿弱小而拒绝他们参与劳动，相反，应该陪伴、指导婴幼儿共同完成家务。比如，周末大扫除时分给婴幼儿力所能及的任务，可以是递抹布、撑口袋；洗澡时可以鼓励婴幼儿自己用浴花，大一点时自己洗袜子；包饺子时也给婴幼儿一个小面团，让他感受面软软、黏黏的感觉等。

有些家长抱怨孩子不干活、不爱劳动、懒惰、不能吃苦等，其原因在于从婴幼儿时期开始就忽视劳动教育，以溺爱的方式剥夺其劳动的机会，或者缺乏耐心，简单粗暴地阻止婴幼儿的劳动行为，让其养成了坐享其成的坏习惯。例如，当婴幼儿萌生了劳动意愿，满腔热情地想效仿教养人劳动时，有的家长以会弄脏衣服、会损坏物品等理由拒绝其参与劳动，导致婴幼儿逐渐丧失劳动的热情，也失去了宝贵的教育机会。

参与家务劳动为婴幼儿根植了尊重劳动、热爱劳动的种子，发展了认知能力、语言能力、动作技能，体验着成功的快乐，是婴幼儿全面发展教育不可或缺的组成部分。

二、0~3岁婴幼儿家庭心理环境的创设

在0~3岁婴幼儿成长过程中，健康的心理环境尤为重要。家长对婴幼儿的关爱、和谐的亲子关系、其乐融融的家庭气氛、民主的家庭氛围、家长健康的心态和家庭科学的教养方式是婴幼儿心理健康发展的重要条件。

（一）和谐的亲子关系

血缘关系是人与人之间最亲密、最直接、最初的人际关系。亲子关系作为家庭关系的重要组成部分，其以血缘维系亲子之间的情感，更体现为亲子之间的权利和义务。家长对于0~3岁婴幼儿负有抚养和教育义务，虽然婴幼儿的社会性才刚刚起步，但他们能够感知到家长真情的付出，在爱的灌溉中和谐的亲子关系逐

渐建立起来，也奠定了儿童内心的安全感。和谐的亲子关系直接影响婴幼儿的心理状态，尤其是他们的行为动机、态度、情绪、性格等。

（二）融洽的家庭成员间关系

如果把家庭比作爱的帆船，那么家人就是同船人，在人生的航程中同舟共济。家庭中夫妻之间、其他成年人之间、子女之间、亲子之间融洽的成员关系，才能营造出和谐的家庭氛围、形成良好的家风。0～3 岁婴幼儿懵懂地感受着、体验着、内化着家庭的氛围，并以其稚嫩的行为外显着他对家庭关系的感受和理解。融洽的家庭成员关系常常给婴幼儿以安全、祥和、快乐、恬静之感，相反矛盾、敌对、激惹的家庭成员关系会令婴幼儿有恐惧、威胁、不安、烦躁等不良感受，影响婴幼小心灵的健康发展。

（三）科学的教养方式

专断、放纵、忽视、溺爱型教养方式对 0～3 岁婴幼儿成长有百害而无一利。美国心理学家戴安娜·鲍姆林德的研究表明：在权威型、专制型、放纵型和忽视型四种家庭教养方式中，权威型的教养方式最有利于培养出乐观、自信、情绪饱满、善于社交的品质。在权威型家庭教育中，家长的权威体现在对婴幼儿的理解、尊重，经常性地与婴幼儿交流，帮助婴幼儿，对其需要和行为做出热情的反应，鼓励其表达自己的意见和观点，对其行为赏罚分明，等等。这一研究的启示是年轻家长要以科学的教养方式养育子女，前提是家长要关注、关心、理解、尊重、亲近、帮助和鼓励孩子，这对于年龄尚幼的婴幼儿尤为重要。

（四）对家长角色的认同

新手父母在面对 0～3 岁的婴幼儿时常常手足无措，尤其是对于自己还没有转变需要被照顾的心理定式的年轻家长。要求他们事无巨细地照顾一个婴儿，常常让这些家长感觉不适应，找不到育儿的幸福感、成就感和快乐，更多的是压力与迷茫。这时需要家长多与婴幼儿接触，尽快学会照顾婴幼儿的饮食起居，学会做家长，发自内心地以父爱母爱的情怀去养育好自己的子女。

（五）家长心理健康的维护

0～3 岁婴幼儿的羸弱要求家长无微不至的照护，稍有不慎就会带来危险。如有的婴幼儿误食药物中毒，有的不慎被玩具伤害，有的睡觉蹬被着凉生病，有的被家具磕碰，等等。对于工作繁忙劳累的家长来说，照顾婴幼儿是一件劳心费力的事，当人身体过分疲惫时心情很难平和，婴幼儿的哭闹无疑是雪上加霜，常常有不堪重负之感，家长的心理失衡便可能发生。因此，心理健康维护也是年轻家长的必修课，可通过以下途径适当调适心理状态。

第一，调整工作节奏，放松心情。为了应对婴儿降生后要处理的各种事务，新手父母应在孩子出生前便做好各种物质和精神准备，若需要调整工作内容或岗位也应提早安排。在面对工作和养育孩子的双重压力时，家长应注意放松心情，不要过于严苛地要求自己，劳逸结合，关注自己的情绪状态，及时调整做事情的节奏。

第二，运用心理暗示和冥想的方式舒缓心理压力。很多家长尤其是妈妈从熟悉的、忙碌紧张的工作岗位回归家庭，独立面对没有自理能力的小婴儿，心理上会产生很大的落差和挫败感。此时，家长可以回想与婴幼儿亲密玩耍的场景以及婴幼儿可爱的样貌，比如婴幼儿亲切呼唤爸爸妈妈稚嫩的声音、蹒跚学步的憨态、笨拙地帮助家长做事情的画面等，以此缓解精神压力。家长也可以在婴幼儿熟睡后，播放喜欢的轻音乐，给自己一个安静的空间，进行冥想练习，深呼吸，放下一切，只关注自己的呼吸、想法和内心感受，允许自己情绪的流淌，释放压力。

第三，寻求他人帮助，实现解放式调整。除了用高尚的父爱母爱支撑以外，也可以请育儿师或家中长辈帮忙，暂时分担育儿压力以放松身心。偶尔给自己放个小假，从育儿的忙碌中抽身出来，和伴侣一起看个电影，逛个街，买件自己喜欢的衣服，和朋友放松紧张的精神。

第四，与同辈家长沟通交流育儿心得体会，达到共情舒缓压力。家长可以与自己的亲朋、小区里的家长、早教机构的同龄或年长家长交流育儿经验，互相帮助，缓解焦虑情绪。

第五，学习育儿经验、科学高效育儿，排解烦恼，解除心理困扰。家长应该在孕期、产后不断学习育儿知识和技能，有了科学育儿方法和经验参考，顺畅育儿也能有效舒缓压力，紧张焦虑的心理得以调节。

婴幼儿出生前三年是其一生发展的奠基阶段，是身心成长速度最快的阶段，此时他们几乎完全依赖于家长的照顾。家长提供的物质环境和精神环境极大程度地影响着婴幼儿当下生活的体验和未来的发展，因此，家长作为子女的第一任老师，应为0～3岁婴幼儿树立正面榜样。无论贫与富，家庭成员关系融洽最重要；无论婴幼儿天资聪颖或愚钝、长相美与丑，血脉相连的亲子之爱都深厚而绵长；无论工作生活苦与累、忙与闲，科学育儿是担当也是幸福；无论人世沧桑，面对婴幼儿稚气的脸庞，都应体现家长的责任与担当，以积极的心态、科学的教养方式培育家国之栋梁！

学习检测

一、判断题

1. 为了给婴幼儿一个良好的生活环境，家长要竭尽全力选择有教育资源优势的居所。(　　)

2. 家长应该在家里给婴幼儿开辟独立的活动场地。(　　)

3. 给婴幼儿选择玩具，只要是婴幼儿想要的，那就一定是适合的。(　　)

4. 模仿家长行为是婴幼儿学习的重要方式，家长的身教比言传更重要。(　　)

5. 权威型的家长对婴幼儿理解、尊重，经常性地与婴幼儿交流，而不是靠打骂获得所谓的权威。(　　)

二、简答题

1. 如何理解 0~3 岁婴幼儿家庭地理位置选择的重要性?

2. 简述 0~3 岁婴幼儿空间区域划分的原则。

3. 简述 0~3 岁婴幼儿环境布置的要求。

4. 简述 0~3 岁婴幼儿玩具选择的原则。

5. 结合自己的实际谈谈家风在 0~3 岁婴幼儿家庭精神环境创设中的重要性。

6. 说说 0~3 岁婴幼儿家庭心理环境创设都包括哪些方面。

三、材料分析题

依依是一个 2 岁的小女孩，白白的皮肤，大大的眼睛，特别可爱。依依是家里的独女，一家人对依依特别宠溺，她要什么家长们基本都会满足。依依现在养成了每次出去都要买个玩具回来的习惯。家里各种各样的玩具堆满了她的房间，因此妈妈给她购置了几个玩具柜，带领她对玩具进行分类。依依每次玩的时候会把一筐的玩具都倒在地上，玩几分钟就对玩具失去了兴趣，跑开了，然后再倒一筐。妈妈在她离开后就抽空帮她收拾。

请问，依依妈妈关于儿童房布置、购置玩具、收纳玩具方面，有哪些值得肯定的地方？还有哪些需要改进的地方？请你给依依妈妈提一些指导依依玩玩具的合理化建议。

实践体验

1. 请结合你观察到的家长为婴幼儿选择玩具的经历，谈谈你对玩具选择的看法。

2. 请介绍一个你比较认可和欣赏的家庭区域划分和环境布置的实例，并说明认可的理由。

3. 请录制一段体现某种典型教养方式的婴幼儿家庭教育视频，并与他人分享视频内容，进行分析和评价。

4. 请讲述一个家长（或其他教养人）陪伴婴幼儿玩玩具的有趣故事，谈谈你的感想和体会。

参考文献

1. 黄人颂．学前教育学（第三版）[M]．北京：人民教育出版社，2015.

2. 李生兰．学前儿童家庭教育[M]．上海：华东师范大学出版社，2006.

3. 张家琼，李丹．0～3 岁婴幼儿家庭教育与指导[M]．北京：科学出版社，2015.

4. 北京市教育委员会．儿童早期教育[M]．北京：北京师范大学出版社，2010.

5. 李洪曾．学前儿童家庭教育[M]．大连：辽宁师范大学出版社，2002.

6. 冯德全．3 岁缔造一生[M]．北京：中国妇女出版社，2005.

7. 童笑梅．0～3 岁宝宝亲子游戏[M]．北京：中国旅游出版社，2010.

8. 冯德全．0～3 岁婴幼儿家长指导手册[M]．北京：中国妇女出版社，2007.

9. 车怀文．中国儿童早期能力训练方案[M]．北京：中国妇女出版社，2010.

10. 高钰彬．0～3 岁婴幼儿智力方案[M]．长春：吉林科学技术出版社，2010.

11. 秦瑞利．0～3 岁婴幼儿智力开发[M]．北京：中国纺织出版社，2009.

12. 韩慧茹．0～3 岁亲子游戏权威指导[M]．北京：中国妇女出版社，2010.

13. 黄晓峰．0～3 岁宝宝智能启蒙训练[M]．哈尔滨：哈尔滨出版社，2010.

14. 万迪人，谢庆．0～3 岁婴幼儿早期教育事业发展与管理[M]．北京：复旦大学出版社，2011.

15. 鲍秀兰．0～3 岁婴幼儿早期教育和早期干预[M]．北京：人民卫生出版社，2018.

16. 王明晖．0～3 岁婴幼儿认知发展与教育[M]．上海：复旦大学出版社，2011.

17. [美] 斯蒂文·谢尔弗．美国儿科学会育儿百科[M]．陈铭宇，周莉，池丽叶等译．北京：北京科学技术出版社，2017.

18. [美] 威廉·希尔斯，玛莎·希尔斯．希尔斯亲密育儿百科[M]．邵艳美，唐婧译．海口：南海出版公司，2009.

19. 中国营养学会．中国居民膳食指南[M]．北京：人民卫生出版社，2022.

20. 崔玉涛. 崔玉涛图解家庭育儿 2 母乳与配方粉喂养［M］. 北京：东方出版社，2017.

21. 孟昭兰. 婴儿心理学［M］. 北京：北京大学出版社，2005.

22. 文颐，王萍. 0～3 岁婴幼儿保育与教育［M］. 北京：科学出版社，2015.

23. 张兰香，潘秀萍. 学前儿童卫生与保健（第 2 版）［M］. 北京：北京师范大学出版社，2016.

24. 唐敏，李国祥. 0～3 岁婴幼儿动作发展与教育［M］. 上海：复旦大学出版社，2014.

25. 文颐. 婴儿心理与教育（0～3 岁）（第 2 版）［M］. 北京：北京师范大学出版社，2015.

26. 卢越，徐晓燕，赵葳. 0～3 岁婴幼儿抚育与教育［M］. 长春：东北师范大学出版社，2016.

27. 颜爱华，罗群. 0～3 岁婴儿护理与急救［M］. 北京：科学出版社，2015.

28. 赵凤兰. 0～3 岁婴幼儿智能开发与训练［M］. 上海：复旦大学出版社，2011.

29. 中国关心下一代工作委员会儿童发展研究中心专家组，中国国际人才开发中心. 儿童早期教育专业教程［M］. 北京：新星出版社，2011.

30. 夏莹. 婴儿教育学［M］. 上海：复旦大学出版社，2011.

31. 李天燕. 家庭教育学［M］. 上海：复旦大学出版社，2009.

32. 张家琼，李丹. 0～3 岁婴幼儿家庭教育与指导［M］. 北京：科学出版社，2015.

33. 万迪人，谢庆. 0～3 岁婴幼儿早期教育事业发展与管理［M］. 上海：复旦大学出版社，2011.

34. 陈帼眉. 学前心理学［M］. 北京：北京师范大学出版社，2015.

35. 李京蕾、国云玲、张莉娜. 学前心理学［M］. 北京：清华大学出版社，2018.

36. 周念丽. 学前儿童发展心理学［M］. 上海：华东师范大学出版社，2014.

37. ［美］Karla D. Carmichael. 游戏治疗入门［M］. 王瑾译. 北京：高等教育出版社，2007.

38. 李天燕. 家庭教育学［M］. 上海：复旦大学出版社，2007.

39. 彭立荣. 家庭教育学［M］. 南京：江苏教育出版社，1993.

40. 邓佐君. 家庭教育学［M］. 福州：福建教育出版社，1995.

41. 蔡元培. 蔡元培美学文选［M］. 合肥：安徽文艺出版社，2015.

42. 昝飞. 行为矫正技术［M］. 北京：中国轻工业出版社，2012.

43. 华红艳. 0~3岁儿童家庭教育任务探析［J］. 基础教育研究，2013（1）.

44. 杨文娟. 试论原生家庭在塑造儿童性格中的作用［J］. 学周刊，2017（10）.

45. 刘畅，伍新春，陈玲玲，邢学玮. 幼儿父母的原生家庭对其协同教养的影响：人际间变量及性别一致性的调节作用［J］. 华南师范大学学报（社会科学版），2013（12）.

46. 杨世昌，杜爱玲，王新友. 儿童个性特征与其父母养育方式的相关性［J］. 实用儿科临床杂志，2007（6）.

47. 吴雨薇. 论原生家庭对个体发展的影响———从家庭系统理论出发［J］. 泉州师范学院学报，2017（6）.

48. 管相忠. 家长委员会：家校社协同育人实施途径探索［J］. 中国德育，2018（17）.

49. 许珊珊，王清. 家长学校的现状及思考［J］. 成人教育，2017（8）.

50. 刘天娥. 流动儿童家庭教育资源的现状研究［J］. 中国发展，2011（6）.

51. 廖思斯. 早教机构开展家庭教育指导服务工作：价值、难题与思路创新［J］. 教育观察，2018（7）.

52. 袁淑英. 美国家庭教育服务机构和指导师的主要职责［J］. 教育探索，2015（3）.

53. 邢丹. 家庭教育指导师必备的沟通技术［J］. 鞍山师范学院学报，2014（2）.

54. 龙海霞，陈理宣. 家庭美育功利化困境的反思［J］. 成都师范学院学报，2013（5）.

55. 张慧. 谈《颜氏家训》之家庭美育方法的现实意义［J］. 贵州教育学院学报（社会科学），2006（6）.

56. 苏晓莉，方志. 家庭：审美教育的摇篮与基地［J］. 湖南教育学院学报，2000（6）.

57. 谭燕. 学前儿童家庭美育的引导式策略浅析［J］. 牡丹江教育学院学报，2016（3）.

58. 张琴秀. 刍议家庭美育［J］. 教育理论与实践，1997（2）.

59. 蒋京川. 认知神经科学对早期学习的研究进展及其启示［J］. 早期教育，

2004（1）.

60. 何助宜. 浅谈良好家庭心理环境的创设［J］. 读写算：教育教学研究，2013（36）.

61. 王采栾. 如何创设良好的家庭教育环境［J］. 平顶山师专学报，2001（1）.

62. 陈红梅. 浅谈幼儿家庭教育环境的创设［J］. 赤峰教育学院学报，2001（6）.

63. 张韵怡. 幼儿园环境创设与幼儿环保教育［J］. 教育导刊（教育版），1999（5）.

64. 蔡迎旗，谢娜. 武汉市0-3岁婴幼儿家庭教养现状及改进建议［J］. 学前教育研究，2017（12）.

65. 左其沛. 主体性的生成与早期教育模式［J］. 中国教育学刊，2000（2）.

66. 杨元. 0～1岁婴儿动作发展研究［D］. 山西大学硕士学位论文，2012.

67. 贾艳. 1～3岁婴儿动作发展研究［D］. 山西大学硕士学位论文，2013.

68. 辛宏伟. 甘肃省农村0～3岁婴幼儿家庭教养的现状与对策研究［D］. 兰州：西北师范大学，2004.